독일 통일 30년, 한반도 모색

프리마
Books

지은이

정태일 (충북대학교)
김주삼 (아·태교류협력연구원)
정주신 (한밭대학교)
김현정 (동아대학교)
김강녕 (조화정치연구원)
김경숙 (국가안보전략연구원)
강지연 (한세대학교)
박휘락 (국민대학교)

독일 통일 30년, 한반도 모색

1판 1쇄 발행 2020년 12월 30일

편 저_ 한국정치사회연구소·한국국회학회·10·18민주항쟁연구소
펴낸이_ 10·18민주항쟁연구소 편집부
펴낸곳_ 프리마북스
출판등록_ 제2010-21호
주소_ (우 302-859) 대전광역시 서구 둔산중로 14번길, 308호
대표전화_ 042-823-8282
FAX_ 042-472-0023
이메일_ primabooks@daum.net

ⓒ10·18민주항쟁연구소, 2020
ISBN 978-89-94947-20-4 93300
값 23,000원

※ 이 책 내용의 전부 또는 일부를 사용하려면 반드시 프리마북스의 서면 동의를
  받아야 합니다.
※ 잘못 만들어진 책은 구입하신 서점에서 교환해 드립니다.

독일 통일 30년, 한반도 모색

한국정치사회연구소
한 국 국 회 학 회
10·18민주항쟁연구소 편

30 Years of Unification in Germany, Seeking the Korean Peninsula

Edited by

10·18 Democratic Uprising Institute, etc

primabooks

책을 내면서

　2020년 초 전세계적으로 강타한 '코로나바이러스감염증-19'(COVID-19)로 인한 비정상적 일상은 전세계에 많은 어려움을 가져다주었다. 이런 세계적 재난에도 불구하고 2020년은 분단 동서독이 1990년 10월 3일 통일된 이래 어언 30주년이 되는 해이다. 반면 분단 한반도는 아직도 통일의 꿈이 요원한 상태에 있다. 한반도를 둘러싼 국제 정세도 우리에게 결코 유리하지만은 않게, 복잡하게 전개되는 양상을 띠고 있다. 이러한 때에 세계 유일의 분단국인 한반도가 독일 통일의 과정과 교훈을 점검하면서 진정한 통일의 길을 모색하고 통일 기반을 쌓는 계기가 되었으면 하는 바람을 가져본다.
　동서독은 통일이전에 제한된 범위에서 주민들의 상호 방문과 교류가 허용된 측면도 있었지만, 대부분은 분단 이후 동서독 주민의 서독으로의 거주이전이었다. 분단 당시부터 베를린장벽 설치 시까지는 동·서독 간 자유로운 이동이 가능하여, 정부 승인을 받아야 하는 이주가 진혀 없었다. 그러나 분단 이후 동서독 간 이주에 결정적 영향을 미친 사건은 1961년 베를린 장벽의 설치라 하겠다. 이때부터 동서독 간 이주는 강한 압력을 받게 되었다. 그럼에도 불구하고 다수의 동독이주민이 죽음을 무릅쓰고 내독 국경 및 베를린 장벽을 통해 서독으로 탈출하였다
　독일 통일과정에서 눈여겨 볼 특징은 서독 주민들은 동독을 관광 목적으로 가고자 했으나, 동독 주민들은 필사적으로 서독에 가서 살고자 하는 의지를 표출했다는 점이다. 그런데 동서독 통일의 서광은 1989년

11월 베를린 장벽이 붕괴되면서 나타났다. 베를린 장벽의 붕괴는 동서독 주민들, 특히 동독 주민들이 서독으로 가고자 했던 열정이 폭발하는 계기를 보여주었다. 이렇게 동독 주민들은 경제대국으로 변모한 서독에서 살고자 하는 열정에서 베를린 장벽의 붕괴는 물론 더 나아가 동독 공산정권을 붕괴시키며 1990년 10월 독일이 통일하기까지 통일 역군으로 일조한 셈이었다.

이 책은 한국정치사회연구소와 한국국회학회가 사단법인 10·18민주항쟁연구소의 주관으로 2020년 10월 23일 '독일 통일 30년, 한반도 모색'이라는 주제로 공동학술회의를 개최하면서 발제한 발표문을 수정가필하여 엮은 것이다. 코로나19 사태로 물리적 거리두기가 진행되고 있음에도 불구하고 학술회의를 성공적으로 마칠 수 있었던 것도 발제자뿐만 아니라 사회자 및 토론자들의 아낌없는 열정이 있었기 때문에 가능한 것이었다. 소위 거대 학회에서도 코로나19가 창궐하는 상태에서 학술회의 개최가 어렵다고 포기하는 마당에 한국정치사회연구소와 한국국회학회 및 10·18민주항쟁연구소는 인내를 갖고 지혜롭게 대전광역시의회 대회의실에서 무사하게 개최되었음을 감사하게 생각한다.

이날 학술대회에서 발표한 필자 8명의 8편 글을 많은 독자들과 함께 하자는 의미로 『독일 통일 30년, 한반도 모색』이라는 제목으로 공동으로 책을 엮어 펴내게 되었다. 이 책은 독일 통일 30년을 맞아 디테일한 측면을 고려해서 작성한 글로서 커다란 의미를 갖지 않을 수 없다. 아무쪼록 비정상적 상황에서 공사다망함에도 불구하고 적극적으로 참여해준 필자들의 노고와 정성에 감사드린다.

2020년 12월 30일 필자들을 대신해서

한국정치사회연구소 소장 정주신

차 례

• 책을 내면서 / 5

1장 독일분단의 기원에 대한 검토 : 얄타회담 전후를 중심으로
　　　/ 정태일 · **11**

Ⅰ. 서론 / 11
Ⅱ. 독일분단에 대한 연합국의 논의 / 13
Ⅲ. 미국과 소련의 대립구도와 독일의 분단과정 / 26
Ⅳ. 결론 / 33

2장 독일 통일과 국내외적 환경요인 / 김주삼 · **37**

Ⅰ. 서론 / 37
Ⅱ. 독일통일 관련 이론과 국제관계 / 39
Ⅲ. 독일통일과 국내적 환경요인 / 46
Ⅳ. 독일통일과 국제적 환경요인 / 54
Ⅴ. 결론 / 61

3장 베를린 장벽 붕괴와 독일 통일의 인과관계 / 정주신 · 67

Ⅰ. 서론 / 67
Ⅱ. 이론적 배경 및 연구방법 / 71
Ⅲ. 베를린 장벽 붕괴 이전의 동서독 분단과 베를린 분할 / 74
Ⅳ. 베를린 장벽 붕괴 이후의 동독 총선, 2+4회담, 동서독 통일 / 83
Ⅴ. 결론 / 101

4장 독일통일, 동·서독 주민의 정체성 형성과 게마인샤프트 복원 / 김현정 · 105

Ⅰ. 서론 / 105
Ⅱ. 통일, 게젤샤프트를 위한 게마인샤프트의 복원 / 107
Ⅲ. 분단 시기, 동·서독 간 이주 및 교류 / 110
Ⅳ. 포스트 통일, 게마인샤프트 복원과 동독 주민의 정체성 / 107
Ⅴ. 결론 및 시사점 / 122

5장 동서독 정상회담 : 통독과정에서의 역할과 한국에의 시사점 / 김강녕 · 127

Ⅰ. 서론 / 127
Ⅱ. 정상회담의 개념·유형·주요사례 / 130
Ⅲ. 동서독 정상회담의 전개 / 138
Ⅳ. 동서독정상회담의 역할·성과와 한국에의 시사점 / 156
Ⅴ. 결론 / 165

6장 독일 통일과 상호주의 / 김경숙 · 173

Ⅰ. 문제 제기 / 173
Ⅱ. 기존 연구 및 이론적 배경 / 175
Ⅲ. 국제 안보환경 변화와 신동방정책 / 179
Ⅳ. 한반도에 주는 시사점 / 193

**7장 효과적인 해외 파병 임무 수행을 위한 군사통합 방향 연구 :
독일 군사통합 사례를 중심으로 / 강지연 · 201**

Ⅰ. 서론 / 201
Ⅱ. 군사통합에 관한 기존 연구 / 205
Ⅲ. 동독과 서독의 군사통합과 특징 / 208
Ⅳ. 독일의 통일이후 해외파병 활동 / 218
Ⅴ. 결론 / 221

8장 독일통일 과정의 함의와 한국의 통일 준비 / 박휘락 · 229

Ⅰ. 서론 / 229
Ⅱ. 통일에 관한 절차적 정당성에 관한 검토 / 231
Ⅲ. 독일의 통일 과정 분석 / 236
Ⅳ. 통일에 관한 남북한의 현 상황 평가 / 245
Ⅴ. 평화적 합의통일을 위한 과제 / 250
Ⅵ. 결론 / 259

1장
독일분단의 기원에 대한 검토 : 얄타회담 전후를 중심으로

정태일 (충북대학교)

Ⅰ. 서론

　근대에 들어 국가는 민족을 기본단위로 하여 다양한 정치적 이념을 기반으로 국민국가를 형성하였다. 국민국가는 산업화를 통해 급격한 성장을 하게 되자 원료공급과 시장개척을 위해 영토적 세력확장에 몰입하게 되었다. 그런 상황 속에서 뒤늦게 산업화에 성공한 국가들은 그들보다 먼저 산업화에서 성공한 국가들과의 원료공급과 시장개척을 위한 경쟁에서 승리하고자 산업화와 동떨어진 국가를 대상으로 대규모 전쟁을 감행하였다.
　1914년 7월 28일부터 1918년 11월 11일까지 유럽에서 선진 강대국과 후발 강대국 사이에 제1차 세계대전이 발생하였다. 이 세계대전은 영국, 프랑스, 러시아가 중심이 된 협상국과 독일, 오스트리아-헝가리가 중심이 된 동맹국 사이에 시작되었으나 추후에 이탈리아와 일본, 미국이 협상국에 가입하였고, 오스만제국과 불가리아도 동맹국에 가입하였다. 제1차 세계대전은 협상국이 승리를 하여 독일, 오스트리아, 헝가리는 많은 영토를 상실하였으며, 러시아와 오스만 제국은 해체되었고, 유럽과 서남아시아에서는 많은 국가들이 독립하였다. 제1차 세계대전 이후 협상국을 중심으로 전쟁의 참화를 방지할 목적으로 국제연맹을 탄생시켰지만 유럽에서 극단적인 민족주의 부활인 독일의 나치즘 등이 발생하고, 아시아에서는 일본의 군국주의가 성장하면서 국제연맹에 의한 평화유지가 불가능하게 되면서 제2차 세계대전이 발발하였다.

제2차 세계대전은 1939년 9월 1일부터 1945년 8월 15일까지 유럽, 아시아, 태평양 지역에서 미국, 영국, 프랑스, 소련, 중국의 연합국과 독일, 이탈리아, 일본의 전체주의 국가들 사이에 벌어진 전쟁이다. 1929년에 시작된 세계적인 경제공황이 세계경제를 파탄으로 몰아가자 경제위기를 극복하기 위하여 미국은 뉴딜정책을 실시하였고, 영국과 프랑스는 관세율을 높이는 방법으로 자국의 경제적 이익을 강화하였다. 이에 자본주의적 경제의 기초가 튼튼하지 못했던 독일, 일본, 이탈리아 등은 심각한 경제난에 빠지게 되었다. 당시 이탈리아에서는 무솔리니가 정권을 잡았고, 독일에서는 히틀러가 등장하여 독일의 재무장을 선언하였다. 한편, 일본은 대륙침략전쟁을 일으켜 만주지방을 점령한 다음 중일전쟁을 일으켰다.

이와 같이 식민지를 가지지 못한 독일, 이탈리아, 일본이 대외침략으로 경제적 위기를 벗어나고자 하였다. 그러나 제2차 세계대전은 1943년에 이탈리아가 항복하고, 1945년에 독일과 일본이 무조건 항복하면서 종결되었지만 세계는 미국을 중심으로 한 자유진영과 소련을 중심으로 한 공산진영으로 양분되는 계기가 되었다.

이에 이 글은 제1차 세계대전의 전후처리과정과 달리 제2차 세계대전의 전후처리과정이 한국과 독일에게 분할점령 후 분단과정을 거치게 하였다는 점에서 독일분단의 기원에 대한 논의를 그 당시 전개되었던 국제회담을 통해 분석하고자 한다. 따라서 본 연구는 제2차 세계대전의 전후처리과정을 얄타회담을 기준점으로 하여 이전과 이후로 구분해 미국, 영국, 소련이 패전한 독일의 전후처리과정에서 어떤 역할을 했는지를 분석하고자 한다.

Ⅱ. 독일분단에 대한 연합국의 논의

1. 얄타회담 이전 독일문제

제2차 세계대전이 진행 중임에도 불구하고 영국의 처칠(Winston Churchill) 수상은 미국과의 견해차이를 줄이기 위해 사전협의를 요구하였다. 그러나 미국의 루스벨트(Franklin Delano Roosevelt)는 소련의 스탈린(Joseph Stalin)이 의심할 것을 두려워해 처음에는 영국의 사전협의를 거부하였으나 1941년 8월 14일에 미국의 루스벨트와 영국의 처칠은 대서양의 영국 군함 프린스 오브 웨일스(Prince of Wales)에서 전후 연합국의 목표와 전후 질서에 대해 14개의 평화조약인 대서양헌장(Atlantic Charter)[1]을 발표하였다.

대서양헌장에서 미국과 영국의 정상은 미국과 영국은 영토 획득이나 다른 목적이 없으며, 당사국 국민의 자유로운 의사에 어긋나는 영토 변경도 원하지 않는다는 입장을 밝혔다. 두 정상은 어떠한 형태의 정부를 선택할 것인가 하는 문제에 대해서도 모든 국민들의 권리를 존중하며, 나치독재가 멸망해도 모든 국민들이 자신의 국경선 안에서 안전하게

---

[1] 대서양헌장은 세계평화와 국제협력의 도모 등을 천명하여 향후 연합국의 공동선언문과 국제연합의 이념적 기반이 되었다.

거주할 평화가 이루어지기를 바란다고 하였다. 이와 같이 대서양헌장이 발표될 때까지만 해도 미국이나 영국은 독일을 분할할 생각은 하지 않고 있었다. 대서양헌장에서 영국과 미국의 정상이 독일문제에 관해 언급한 것은 다음과 같다.

"양국은 나치 폭정이 완전히 멸망한 후에는, 모든 국가들에게 자기들 국경 내에서 안전하게 살 수 있는 수단을 제공해 주고, 또 전 세계의 국민들에게 공포와 궁핍에서 벗어나 자유 속에서 일생을 살 수 있게 해 줄 평화가 확립되기를 희망한다."[2]

그러나 제2차 세계대전이 확산되자 소련에 의해 독일의 분할논의가 시작되었다. 제2차 세계대전은 1939년 9월 1일 히틀러(Adolf Hitler)가 폴란드를 침공하면서 시작되자 영국과 프랑스는 폴란드를 구하고, 히틀러의 침략정책을 저지하기 위해 전쟁에 개입하였다. 히틀러는 1940년에 덴마크와 노르웨이를 점령한 데 이어 1941년 6월에 파리까지 점령하여 유럽을 자신의 지배 속에 넣었지만 히틀러의 야심은 이에 끝나지 않고 소련으로 향하였다. 히틀러는 1939년 8월 23일에 소련과 체결한 불가침조약을 파기한 후 1941년 6월 22일에 소련을 공격하여 9월에 레닌그라드를 포위하였으나 소련의 혹독한 겨울 추위로 더 이상 진격할 수 없었다. 그러자 소련군은 후방에서 전력을 재정비하여 독일군에 대항할 준비를 하고 있었다. 한편, 일본은 1941년 12월 7일에 진주만 습격을 시작으로 미국을 공격하였고, 미국은 즉각적으로 일본에 선전포고를 하였다. 여기에 1941년 12월 11일에 독일과 이탈리아가 미국에 선전포고를 하였다. 이에 미국이 전쟁에 개입하면서 전쟁은 전 세계로 확대되었다.

---

2) https://ko.wikipedia.org/wiki/%EB%8C%80%EC%84%9C%EC%96%91_%ED%97%8C%EC%9E%A5 (검색일: 2020/10/03).

제2차 세계대전이 전 세계로 확산되자 영국과 소련은 독일에 대항하기 위해 동맹관계를 도모하게 되었다. 1941년 12월 이든(Anthony Eden) 영국 외무장관은 소련을 방문하여 동맹관계를 협의하였다. 그 당시 스탈린은 영국의 이든 장관에게 전쟁이 끝나게 될 경우에 독일과 체결할 강화조약의 내용을 언급하면서, 전쟁을 일으킨 독일을 분할하여 약화시키자고 2차례나 제의하였다(김기동·정남기 1988, 38). 스탈린은 독일의 라인란트(Rhineland)와 바이에른(Bayern)을 각각 별도의 독립국가로 만들고, 동프로이센을 폴란드에게 넘겨주고자 하였다.

하지만 영국의 이든 장관은 스탈린의 제의가 대서양헌장의 원칙에 위배되기 때문에 받아들일 수 없다고 하였다. 영국은 유럽에서 세력균형이 유지되는 것이 중요하다고 생각하였으며, 독일이든 소련이든 한 나라가 유럽의 주도권을 갖는 것을 원하지 않았다. 이에 소련의 스탈린은 대서양헌장이 소련을 겨냥한 것이라며 강하게 비판하였다. 그럼에도 영국과 소련은 1942년 5월에 동맹조약을 체결하였다.

독일에 대한 분할논의가 소련 스탈린의 제의에 의해 처음 시작되었지만 1941년 말까지 미국의 루스벨트, 영국의 처칠, 소련의 스탈린은 독일의 분할이 가능할 것인가에 대한 확신이 없었기 때문에 더 이상의 구체적인 논의는 성사되지 않았다. 독일의 분할에 대한 논의는 1943년 10월의 모스크바 3국 외상회의와 1943년 11월의 테헤란회담(Tehran Conference)에서 본격적으로 시작되었다. 소련의 스탈린의 제의에 따라 1943년 10월 19일부터 30일까지 모스크바에서 미국, 영국, 소련의 외상들이 모여 외상회의를 개최하였다. 모스크바 외상회의(Moscow Conference)에서는 다음과 같은 합의가 이루어졌다.

"장래 독일의 국경을 1937년 12월 31일 당시의 국경선을 기준으로 정한다. 이에 따라 오스트리아와 쥬데텐 지역 등 그 동안 독일이 강제로 취득한 영토를 독일 영토에서 제외하기로 한다. 그리고 독일의 행정권도 새로 설치될 연합국 통제기구에 위임시키고, 독일의 군국주의와 나치주의를 제거할 뿐 아니라 전쟁에 이용될 수 있는 산업시설을 모두 파괴시키기로 결정한다. 또한 이러한 일련의 일들을 준비하기 위하여 유럽자문위원회(European Advisory Commission)를 설립하기로 한다."3)

소련의 모스크바에서 개최된 3개국 외상회의 이후 1943년 11월 28일에서 12월 1일까지 미국의 루스벨트, 영국의 처칠, 소련의 스탈린이 이란의 테헤란에서 회담을 개최하였다. 테헤란회담에서 소련의 스탈린은 독일의 위협으로부터 오는 안전보장을 확고히 하고자 하였다. 스탈린은 중부 유럽이나 동부 유럽에 어떠한 강력한 나라가 세워지거나 약소국들이 연합한 나라가 세워지는 것을 허용할 수 없다고 하였다. 그 이유는 제1차 세계대전에 이어 다시 독일의 공격을 받게 된 소련은 독일을 철저히 약화시키기 않고서는 소련의 안전이 위태로울 것이 분명한다는 것이다. 이에 미국의 루스벨트는 독일을 5개의 나라로 나누자고 제의하면서 루르지역과 자르지역을 국제기구에서 관리하자고 하였다(권오중·나인호 2006, 49). 또한 테헤란회담에서는 독일의 동부 국경선 문제도 논의되었다. 소련과 폴란드의 국경선으로는 영국의 외무장관 커즌(George Nathaniel Curzon)가 1920년에 제의했던 커즌선에 기반하여 폴란드의 동쪽 일부 영토가 소련의 영토로 편입됨에 따라 3개국 정상은 편입된 만큼 독일의 영토 일부를 폴란드에게 넘겨주기로 하였다. 물론 테헤란회담에서는 독일의 분할문제와 독일의 동부지역 일부를 폴란드에게 넘겨주는 문제가 논의는 되었지만 최종적인 결정이 내려진 것은 아니었다.

---

3) http://cafe.daum.net/eurohc/P2zN/16?q=%ED%85%8C%ED%97%A4%EB%9E%80%ED%9A%8C%EB%8B%B4%20%EB%8F%85%EC%9D%BC (검색일: 2020/10/03).

테헤란회담 이후 미국에서는 독일에 의한 전쟁이 불가능하도록 독일을 전면적으로 약화시키려는 계획이 추진되기도 하였다. 1944년 미국의 재무장관인 모겐소(Henry Morgenthau Jr.)는 전후 독일에 대한 여러 조치가 담긴 '독일의 항복 이후 계획안(Suggested Post-Surrender Program for Germany)인 '모겐소플랜(Morgenthau Plan)'을 작성하였다(이규하 1980, 269-271). '모겐소플랜'의 주요 내용은 다음과 같다.

"독일의 비무장화: 연합국의 목표는 독일의 항복 이후 최단 시간 내에 독일의 완전한 비무장화를 달성해야 하는 것이다. 이 목표는 독일군과 독일인의 완전한 무장해제(모든 전쟁자료 제거 및 파괴 포함)를 넘어서 모든 독일 군수산업의 완전한 파괴와 군사력의 기반이 되는 기타 주요산업의 파괴 또는 제거를 의미하는 것이다.
독일의 분할: 소련이 흡수하지 않은 나머지 동프로이센 지역 및 실레시아 남부지역은 폴란드가 할양받는다. 프랑스는 자르지역과 라인강-모젤강으로 둘러싸인 인접 영토를 할양받는다. 루르지방 및 주변 공업지대를 포함한 지역은 유엔에서 설립될 국제안보조직이 통치하는 국제지대로 만들어야 한다. 독일의 남은 지역은 2개 자치독립국으로 분할하여 바이에른, 뷔르템베르크, 바덴 및 인근 지역은 남독일국으로, 프로이센지역과 작센, 튀링겐 및 인근 지역은 북독일국으로 만든다. 신생 남독일국과 오스트리아이 구경은 정치적 국경을 1938년 이전 국경으로 하는 대신 관세동맹을 맺게 한다."4)

모겐소플랜은 독일의 일부 지역을 다른 나라에 넘겨주고, 독일의 산업시설을 완전히 파괴하여 농업국가로 전환시키는 것으로 1944년 9월 11일부터 19일까지 캐나다의 퀘벡에서 열린 미국 루스벨트와 영국 처칠의 회담에서 가서명되었으나 전후 독일을 지나치게 약화시키는 것은

---

4) https://ko.wikipedia.org/wiki/%EB%AA%A8%EA%B2%90%EC%86%8C_%ED%94%8C%EB%9E%9C (검색일: 2020/10/03).

현명한 처사가 아니라는 양국 내의 반발에 따라 추후에 서명이 철회됨으로써 실현되지 못했다.

테헤란회담을 전후하여 논의되기 시작한 전후 독일의 분할논의는 미국에 의한 5+2분할, 영국에 의한 2개국 분할 등이 제기되었지만 확정된 결론을 도출하지 못해 세부사항을 유럽자문위원회에서 결정하도록 하였다.[5] 1944년 7월부터 11월까지 개최된 유럽자문위원회 회의에서는 3+1로 독일을 분할하는 방안이 제시되었다. 즉, 독일을 3개 지역으로 나누어 미국, 영국, 소련이 하나씩 맡아 통치하고, 베를린지역은 3개국이 공동통치하는 방식으로 분할 점령하자는 것이었다.

2. 얄타회담에서의 독일문제

1943년 10월의 모스크바 3개국 외상회의에서 합의된 것이 의거하여 1944년 1월 런던에 유럽자문위원회가 설치되었다. 유럽자문위원회는 1944년 7월 25일에 독일에 무조건 항복을 요구할 것을 권고하는 동시에 전후 독일에 대한 분할 점령을 권고라는 전후 처리문제에 대한 보고서를 연합국에 제출하였다. 유럽자문위원회는 주요 임무는 종전 이후 독일의 분할점령문제와 점령지를 통치할 연합국 통제기구의 설립문제를 협의하는 것이다.

유럽자문위원회는 1944년 9월 12일에 '독일 점령지역과 대베를린 행정에 관한 의정서(런던의정서)'에 가서명하고, 11월 14일에는 '점령 독일을 통제할 기구 설립에 관한 런던협정'에 대해 의결하였다. 런던의정서는 점령지 간의 경계선을 결정하고, 베를린에 4개국 공동점령지구라는 특수한 지위를 부여한다. 런던협정은 연합국통제위원회(Allied Control

---

[5] 테헤란회담에서 소련의 스탈린은 독일을 여러 조건의 부분으로 분할할 것을 원하였으며, 영국의 처칠은 프로시아를 독립국으로 만들어 독일의 남부 지역을 다늅 연방의 일부로 만들 것을 제안하였다.

Council)를 설치하기로 합의한 협정인데, 이 연합국통제위원회는 전 독일에 대한 통일적인 사무를 관장하도록 되어 있다.

런던의정서에서 제기된 독일의 점령지역에 대한 분할안 합의과정을 보면 다음과 같다(김학성 2002, 60-61). 미국, 영국, 소련이 1944년 9월 12일에 가서명한 런던의정서에서 전쟁이 끝나면 분할 점령해야 하는 독일의 영토에 대한 기준점은 1937년 12월 31일로 확정하였다. 그 이유는 히틀러가 1938년 3월에 오스트리아를 강제로 병합했고, 9월에는 쥬데텐 지역을, 그리고 1939년 3월에는 메멜 지역을 차지하였기 때문에, 이를 독일의 영토로 인정하지 않겠다는 것이다.

첫째, 소련이 점령할 지역 안에 있는 베를린은 미국, 영국, 소련이 나두어 점령한다. 둘째, 독일의 동부 지역은 소련이 점령한다. 셋째, 독일의 북서 지역과 남서 지역은 어느 나라가 점령할 것인가에 관해서는 영국과 미국의 합의가 이루어지지 못했으나 11월 14일에 합의가 이루어졌다.6) 영국은 퀼른 및 함부르크 등이 있는 북서 지역을 점령하고, 미국은 프랑크푸르트와 슈투트가르트, 그리고 뮌헨 등이 있는 남서 지역을 점령한다. 단, 미국이 점령하기로 한 북서 지역은 항구가 없는 점을 고려해 영국의 점령지역 내에 있는 브레멘과 브레머하펜 항구 등 필요한 주변지역에 대해 미군사령관이 통제권을 행사할 수 있도록 하였다.

런던의정서에 따라 영국, 미국, 소련 간에 독일의 분할 점령지역에 대한 합의가 성사된 후 각각의 국가는 비준절차에 돌입하였다. 영국은 1944년 12월에 비준하였고, 미국은 독일의 산업지역인 루르 지역을 영국에 넘기게 되자 이에 대한 불만으로 1945년 2월 1일에 런던의정서를 비준하였으며, 소련은 2월 6일에 비준하였다. 이에 런던의정서는 1945년 2월 6일에 발효되었다.

---

6) 영국과 미국 간의 합의가 이루어지지 않은 이유는 1944년 9월의 퀘벡회담(Quebec Conference) 이후 점령지 선택에 관해 두 나라가 다소 불편한 관계에 있었기 때문이다.

한편, 1944년 11월 14일의 런던협정은 미국, 영국, 소련의 점령국 사령관이 점령 지역 내에서 최고의 권한을 행사하고, 독일 전체에 관련되는 문제에 대해서는 공동으로 권한을 행사하기로 한 것이다. 런던협정에 따라 3개국은 독일 점령지역을 통치할 최고기구인 '연합국통제위원회'를 설립하기로 합의하였다. 이 연합국통제위원회의 주요 임무는 전체 독일에 관련된 문제에 관하여 통일적인 점령지 정책을 마련하는 것이며, 연합국통제위원회의 결정은 만장일치로 하였다. 특히, 연합국통제위원회는 전체 독일의 문제가 어느 한 점령 당사국이 뜻하는 바와 다르게 될 경우에, 각국은 점령 지역 내에서 독자적으로 최고의 권한을 행사할 수 있게 되었는데, 이는 향후 피점령국으로서 독일의 앞날이 험난하게 전개되도록 하였다.

런던의정서와 런던협정에 따라 미국의 루스벨트, 영국의 처칠, 소련의 스탈린은 1945년 2월 4일부터 11일까지 크림반도 우크라이나에서 얄타회담(Yalta Conference)을 개최하였다. 당시 이탈리아가 1943년에 항복한 상태였고, 독일의 패전도 막바지로 치닫는 상황에서 얄타회담은 이전의 회담과는 완전히 다른 차원으로 진행되었다.

미국의 루스벨트는 얄타회담에서 독일문제 해결 외에도 소련의 조속한 대일참전 유도와 새로운 평화기구인 국제연합에 소련을 가입시키고자 하였으며, 중부와 남동부 유럽에서 소련의 영향력이 확대되지 않도록 노력하였다. 한편, 얄타회담에서 영국의 처칠은 서부 유럽에서 영국 단독으로 독일을 상대하기가 어렵다면서 프랑스도 독일의 한 지역을 점령하도록 하는 동시에 연합국통제위원회에도 가입시키자고 제의하였다. 처칠의 프랑스 참여 제의는 향후 새로운 강대국으로 부상한 소련을 상대로 독일문제와 유럽문제를 협의할 경우에 프랑스와 공동으로 대처하는 것이 바람직하다는 판단에서 나온 것이었다.

영국의 프랑스 참여 제의에 소련의 스탈린은 프랑스가 독일의 서부

지역을 노리는 것을 알고 있기 때문에 프랑스의 참여를 반대하였지만[7], 미국의 루스벨트가 프랑스의 참여에 찬성하자, 스탈린은 프랑스의 점령지역이 영국과 미국이 점령할 지역 내의 일부를 차지하는 조건이라면 프랑스의 참여를 수용하겠다고 양보함으로써 영국과 미국이 스탈린의 의견을 받아들여 프랑스가 독일 점령에 참여하였을 뿐만 아니라 연합국통제위원회에도 가입하였다.

미국, 영국, 소련은 1945년 2월 11일의 얄타회담에서 전쟁이 끝나면 독일을 나누어 점령하기로 하고, '만일 프랑스가 점령지 하나를 인도받고, 연합국통제위원회에 4번째 회원국으로 가입하길 원한다면, 3개국이 초청'하기로 합의하였다. 또한 2월 11일의 얄타의정서에서는 '프랑스가 점령할 지역은 영국과 미국의 점령지역 내에서 이루어지며, 그 범위는 영국과 미국이 프랑스와 협의하여 결정'하기로 하였다. 프랑스는 얄타회담의 결정에 1945년 5월 1일에 런던협정에 가입하였으며, 독일분할에 관한 런던의정서에는 독일이 항복한 이후인 1945년 7월 25일에 가입하였다.

따라서 프랑스는 얄타회담에 참가하지는 않았지만 독일의 한 지역을 점령하고, 독일 점령지 통치문제를 다룰 연합국통제위원회에도 가입하여 전후의 독일문제에 깊숙이 관여할 수 있게 되었다(정기동·정남기 1988, 41; 이규하 1999, 120-123).

결국 얄타회담은 미국의 루스벨트, 영국의 처칠, 소련의 스탈린이 모여 런던의정서와 런던협정을 통해 전후 독일문제에 대해 다음과 같은 사항을 합의하였다.[8]

첫째, 독일을 소련, 미국, 영국, 프랑스 4개국이 분할하여 점령한다.

---

7) 1944년 12월에 프랑스의 드골(Charles de Gaulle)이 소련과의 우호조약체결을 위해 소련을 방문했을 당시 스탈린이 오데르-나이세선을 독일의 동부 국경선으로 설정하자고 제의하자 드골은 스탈린에게 라인강 선을 장래 독일의 서부 국경선으로 인정해 달라고 제의한 적이 있었다.
8) https://ko.wikipedia.org/wiki/%EC%96%84%ED%83%80_%ED%9A%8C%EB%8B%B4 (검색일: 2020/10/03).

둘째, 독일의 군수산업을 폐쇄하거나 몰수한다. 셋째, 연합국은 독일인에 대해 최저생계를 마련해 주는 것 이외에는 일체의 의무를 가지지 않기로 합의한다. 넷째, 전쟁의 주요 전범들을 독일 뉘른베르크에서 열릴 국제재판에 회부하기로 합의한다. 다섯째, 전후 배상금에 대한 문제는 별도의 위원회를 구성하여 위임하기로 하였다.

3. 얄타회담 이후 독일문제

유럽에서 독일군은 1945년 4월 29일에 이탈리아에서 항복하고, 5월 7일에 랭스에서 공식 항복문서에 서명하였으며, 5월 8일에 베를린에서 소련군에 항복함으로써 유럽에서 제2차 세계대전은 종결되었다. 이에 연합국은 1945년 6월 5일 '독일의 패전과 독일에 대한 최고통치권 인수에 관한 선언(베를린선언)'을 발표해 향후 독일은 연합국의 통치권에 귀속된다는 사실을 확인하였다.[9]

1945년 7월 17일부터 8월 2일까지 포츠담에서는 1945년 5월 9일에 독일이 항복하자 미국, 영국, 소련의 3개국의 트루먼, 처칠(애틀리, Clement Attlee), 스탈린이 전후의 독일 문제를 포함한 여러 문제를 처리하기 위한 회담을 진행하였다.[10] 포츠담회담(Potsdam Conference)은 전후 독일문제를 논의하는 것이 핵심이었으나 그에 앞서 합의가 원만하게 진행될 수 있는 이탈리아, 루마니아, 불가리아, 헝가리, 핀란드 등과의 강화조약체결문제를 먼저 처리하고, 그런 다음에 외무장관위원회설치, 독일문제, 쾨닉스베르크와 그 인접지역문제, 전쟁범죄, 오스트

---

9) http://kyoposhinmun.de/speziell/2020/06/15/5566/ (검색일: 2020/10/03).
10) 포츠담회담 기간 중 영국은 총선에서 노동당의 애틀리가 승리하여 7월 28일부터는 처칠을 대신하여 참석하였으며, 미국은 루스벨트가 1945년 4월 12일에 뇌출혈로 사망하자, 트루먼((Harry S. Truman)이 대통령에 취임하여 미국을 대표하게 되었다. 이에 제2차 세계대전에 따른 문제를 논의하기 위해 회담에 스탈린만이 유일하게 계속 참석하게 되었다.

리아와 폴란드문제, 독일인들의 이주문제들을 협의하였다.[11]

미국, 영국, 소련의 3개국 정상들은 얄타회담에 따른 얄타선언을 이행하기 위하여 포츠담회담에 대한 결과 보고서인 '베를린 3자회담 결과 보고서(포츠담협정)'을 8월 2일에 채택하고, 종결하였다. 포츠담협정은 독일의 점령 목적과 점령 기간 중 독일통치에 관한 기본원칙을 규정하였다. 포츠담협정에서 연합국의 독일점령 목적은 독일의 무장해제, 비군사화, 비나치화, 민주화에 있음을 명시하고, 특히 독일산업의 비군사화에 중점을 두었다. 포츠담협정의 주요 내용을 보면, 다음과 같다.[12]

첫째, 포츠담협정은 독일과 오스트리아는 4개의 구역으로 나누어 영국, 미국, 프랑스, 소련이 각각 1개 구역씩, 마찬가지로 베를린과 빈은 수도라는 위상을 고려해 4구역으로 나누어 각각 점령한다.

둘째, 포츠담협정은 독일의 전쟁도발을 막고자 하는 목적으로 독일에서 탈나치화, 비무장화, 민주화, 비중앙집권화 등을 실시하기로 결정하였다. 포츠담협정은 독일이 이웃나라를 침략하거나 세계평화를 위협하지 못하도록 독일의 군사주의와 나치주의를 제거하기로 하였다(황선혜 2004, 142). 히틀러의 나치, 나치와 관련된 모든 조직을 파괴하고 나치시대의 각종 제도를 철폐시켜 어떤 형태로든 이러한 조직과 제도가 다시 생겨나지 않도록 단속하고자 하였다. 포츠담 협정은 점령 기간 중 독일 전체를 하나의 경제단위로 취급하기로 하였으며, 독일이 전쟁을 다시는 일으키지 못하도록 하도록 군수산업을 철거하고, 전쟁에 직접적으로 이용되는 물품의 생산을 엄격히 통제하기로 하였다. 즉, 독일을 철저히 무장해제하고, 모든 군사적인 요소를 제거하며, 군수품 생산에 이용될

---

11) 1945년 5월 9일에 소련의 스탈린은 모스크바 승전 연설에서 독일분할에 대한 유보입장을 보이면서 독일에 군대없는 중립적인 통일정부를 세우자는 제안을 하였으나 포츠담회담에서 거부당했다(정용숙 2016, 75-76).
12) https://namu.wiki/w/%ED%8F%AC%EC%B8%A0%EB%8B%B4%20%ED%9A%8C%EB%8B%B4#fn-3 (검색일: 2020/10/03).

수 있는 모든 산업시설을 철거하거나 통제하여 독일을 경공업 혹은 농업국가로 만들고자 하였다.

  셋째, 포츠담협정은 독일 국민을 멸망시키거나 노예화시키는 것이 아니라, 독일 국민이 민주적이고 평화적인 토대 위에서 새로운 생활을 준비하도록 기회를 주고자 하였다. 독일 국민에게 그들이 군사적으로 완전히 패하였으며, 나치의 무모한 전쟁 등으로 인해 독일경제가 파탄되었고, 이에 대한 책임을 피할 수 없음을 인식시키고자 하였다. 또한 새로운 민주주의의 토대 위에서 독일의 정치활동을 할 수 있도록 하며, 국제관계에서 평화협력을 위한 준비를 하도록 하였다.

  넷째, 포츠담협정은 독일로 하여금 전쟁 중에 연합국에 끼친 손해와 고통에 대해 가능한 한 최대의 배상을 하도록 대략 203억 달러의 전쟁배상금을 연합국에 지불하도록 하였다. 3개국은 점령지역 내 산업시설의 철폐와 독일이 해외에 갖고 있는 재산으로부터 보상을 받도록 하였다. 소련은 자신의 점령지역 내의 배상 이외에 서방 점령지역으로부터 독일의 평화산업에 중요하지 않은 산업자본시설의 15%를 식량, 석탄, 석유 제품 등과 같은 가격으로 교환받을 수 있도록 하였다. 또한 소련은 점령지역으로부터 독일의 평화산업에 중요하지 않은 산업시설의 10%를 아무런 전제조건 없이 받기로 하였다(노명환 2005, 257-259).

  다섯째, 포츠담협정은 독일의 영토변경에 관해 합의하였다. 미국, 영국, 소련 등 3개국은 동프로이센의 쾨닉스베르크시와 그 주변 지역을 장래 강화회담에서 영토문제가 확정될 때까지 소련에게 넘겨주기로 하였다. 폴란드의 서부 국경선의 최종적인 확정은 강화회담에서 결정하기로 하였지만 폴란드의 서부 국경이 확정될 때까지 발트해에서 스비네문데 서쪽으로 또는 이곳에서 오데르강을 따라 나이세강 서쪽 입구를 지나 체코슬로바키아 국경을 잇는 선의 동부 지역과 소련의 관할 아래에 들어가지 않은 동프로이센 지역을 폴란드가 관할하도록 하였다. 즉,

오데르강과 나이세강 동부 지역을 폴란드에 편입시킨 것이다(한수경 2018, 73-74).

포츠담회담 당시 스탈린은 영국의 애틀리에게 오데르-나이세강 선을 폴란드의 항구적인 서부 국경선으로 승인하자고 주장하였지만 애틀리는 이 문제를 장래의 강화회담에서 확정하기로 하고, 우선 오데르-나이세강 선의 동부 지역을 폴란드가 관할하도록 하자고 하였다. 이렇듯 명확하지 않은 결정은 독일이 통일되기까지 오데르-나이세강 선의 독일 동부 지역에 관해 두 가지로 해석이 가능하도록 하였다.

우선, 폴란드를 비롯한 동유럽 국가들은 이 지역이 폴란드에게 넘겨진 것으로 인정하였으며, 이에 폴란드 의회는 1949년 1월에 이 지역을 폴란드의 관할지역으로 하는 법을 제정하였다. 또한 동독은 건국 직후 오데르-나이세강 선이 평화의 국경선이라며 승인하여 1950년 7월 6일 폴란드와 체결한 괴를리츠조약(Treaties of Görlitz)에서 오데르-나이세강 선이 폴란드와 독일간의 상호 불가침의 평화와 우호의 국경선이라고 승인하였다. 반면에, 서독을 비롯한 서방진영은 포츠담협정이 문제의 지역을 폴란드에게 완전히 넘겨준 것이 아니고 최종결정은 강화조약에 위임했다고 생각하였다. 그 당시 독일은 정부가 구성되지 않았기 때문에 포츠담협정은 강화조약의 기본적 전제조건을 충족하지 못한다는 입장에서 서독은 독일의 동부 국경선과 동부 지역의 분할이 확정된 것이 아니라는 입장이었다.

한편, 포츠담협정으로 폴란드와 소련의 관할에 편입된 독일의 영토는 동프로이센, 쉴레지엔, 포메른, 그리고 브란덴부르크의 일부 지역인데, 그 지역의 면적은 1938년의 국경선을 기준으로 할 때 독일의 전체 면적에서 24%나 되었다.[13]

---

[13] 이 지역은 독일인들이 지속적으로 거주해 왔었기 때문에 독일문화가 강하게 작용하는 지역이었다. 특히, 쉴레지엔은 독일 전체 석탄 생산량의 17%를 차지하는 지역으로 전후 독일재건에 많은

또한 포츠담협정은 폴란드, 체코슬로바키아와 헝가리에 거주하고 있는 독일인들을 강제로 독일로 이주하도록 규정하였다. 포츠담협정에서는 '독일인의 이주가 합법적이고, 인도적으로 이루어져야 한다.'고 하였으나 현실에서는 달랐다. 포츠담협정으로 인해 오데르-나이세강 동부 독일 지역에 거주하던 약 560만 명의 독일인들이 강제로 추방되었을 뿐만 아니라 폴란드, 체코슬로바키아와 헝가리에 거주하던 독일인들도 강제로 독일로 이주하였다. 제2차 세계대전이 종전 후 1950년까지 서부 지역에서 약 798만 명이, 동부 지역에서 약 450만 명의 독일인들이 이주하였다(권영설 2006, 101).

위에서 살펴 본 포츠담협정은 제2차 세계대전 중에 여러 차례의 진행된 연합국의 합의사항을 재확인한 것으로 볼 수 있다. 독일문제에 대한 회담에 참여한 미국, 영국, 프랑스, 소련의 정치적 이해관계는 향후 독일의 점령문제가 많은 난관에 봉착할 가능성을 노정하고 있다.

Ⅲ. 미국과 소련의 대립구도와 독일의 분단과정

히틀러의 나치독일이 1945년 5월 8일에 무조건 항복을 선언하자 포츠담회담이 전후 독일 점령지역의 문제를 논의하기 위해 1945년 7월 17일부터 8월 2일까지 개최되었다. 포츠담회담은 포츠담회담 이전의 미국, 영국, 소련의 정상들이 합의한 독일 점령지역의 처리방안을 재확인한 것이다. 포츠담협정에 의해 연합군들은 독일을 4개 점령지역으로 분할하였다. 독일의 4개 점령지역은 남서부의 프랑스군 점령지, 북서부의 영국군 점령지, 남부의 미국군 점령지, 동쪽 오데르-나이세선까지 지역의 소련군 점령지로 나누어졌다. 포츠담협정에서는 이 4개 점령지를 '독일 전체

어려움을 줄 수도 있다.

(Germany as a whole)'로 불렸으며, 4개국 연합군은 독일 지역 내 각 점령지들의 통치권을 행사하였으며, 독일 전체의 동쪽에 있는 (구)독일 영토는 폴란드와 소련에게 이양하기로 결정하였다(권오중 2007, 26).

또한 연합군은 독일의 항복 선언에 따른 독일의 무정부상태를 방지하고자 1945년 6월 5일부터 4개국에 의해 점령통치를 실시함으로써 기존 독일의 행정권과 통치권은 연합군에게 이양되었다. 그 당시 4개국의 관할지역을 보면, 다음과 같다. 영국과 미국의 관할지역은 베스트초네(Westzone)로, 프랑스의 관할지역은 트리초네(Trizone)로, 소련의 관할지역은 오스트초네(Ostzone)로 불리었다.

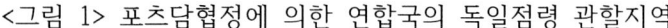

<그림 1> 포츠담협정에 의한 연합국의 독일점령 관할지역

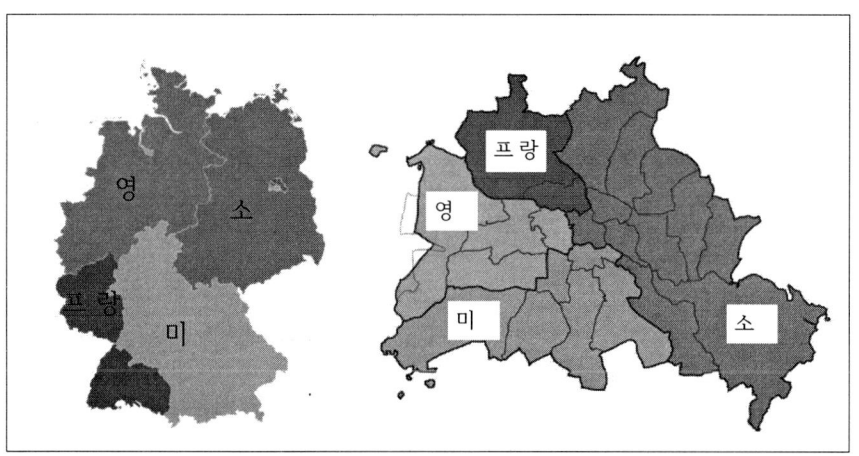

출처: https://blog.naver.com/leaguide/221315121303(검색일: 2020/10/03).
주) 왼쪽은 독일전역에 대한 분할점령이고, 오른쪽은 베를린지역 분할점령이다.

한편, 1948년과 1949년 사이에 소련은 미국, 영국, 프랑스가 제2차 세계대전 종전에 따라 장악했던 서베를린의 관할권을 포기하도록 봉쇄정책을 실시하였다. 이에 미국과 소련은 양국의 합의하에 독일문제를 평화적으로 해결한다는 것이 불가능하게 되었다. 따라서 1949년 5월 23일에 독일연방공화국(서독, Bundesrepublik Deutschland)이 서방 연합군 점령지역에 수립되어 1955년 5월 5일에 완전한 주권을 선언하였다. 한편, 1949년 10월 7일에는 독일민주공화국(동독, Deutsche Demokratische Republik)이 소련군 점령지역에 수립되어 독일은 분단국가가 되었다. 서독은 자유시장경제체와 의원내각제를 근간으로 하는 민주주의국가가 되었으나 동독은 인민민주주의체제를 표방하였지만 소련의 정치적, 군사적 통제를 받는 사회주의 위상국가가 되었다(이호근 2020, 118).

1. 독일연방공화국의 성립과정

1948년 4월부터 6월까지 미국, 영국, 프랑스, 베네룩스 3개국 등 6개국은 2차례에 거쳐 종전에 따른 전후 독일문제 등을 논의하기 위하여 영국의 런던에서 회담을 가진 후 런던선언을 채택하였다. 특히, 제2차 런던회담(1948년 4월20일~6월 2일)을 통해 미국, 영국, 프랑스 등 연합국은 독일인에게 장래 통일을 위해 자유민주주의 원칙에 입각하여 정부를 수립하도록 다음과 같이 요청하였다(이규하 1980, 291-292).

첫째, 각 점령사령관은 각 주정부의 총리에게 1948년 9월 1일까지 헌법제정을 위한 의회를 구성하기 위한 조치를 요청한다.[14] 둘째, 서부 점령지역의 유럽경제와의 통합과 루르지역 통제에 독일인의 참여를 요청한다.[15] 셋째, 서부 점령지역의 안전에 관한 기관 창설 등을 요구한다. 서독의 정부수립에 관한 소련의 반응은 1948년 6월 23일부터 24일까지 바르샤바 8개국이 회담을 한 후 런던회담이 독일분단을 획책하

---

14) 서독의 단독정부수립에 대하여 프랑스의 의회는 처음에 부정적이었으나, 소련의 베를린봉쇄정책으로 여론이 긍정적으로 바뀌자 의회에서 비준하였다(김진호 2014, 255).
15) 독일의 석탄생산지인 루르 지역과 자르 지역은 국제 감시체제를 통해 견제하고자 하였다. 자르 지역은 프랑스 관할 하에, 루르 지역은 국제 감시체제에 두기로 하였지만 루르 지역의 국제 감시체제가 제대로 이루어지지 않았다.

는 비민주적인 태도라고 비판하면서 포츠담선언에 따른 오데르-나이세선을 포함한 평화조약체결과 민주적 통일정부의 구성을 촉구하였다.

한편, 1948년 6월에 미국, 영국, 프랑스 등 연합국은 새로운 화폐, 마르크화(DM)를 3개의 서부 지역에 통용하기로 합의하는 통화개혁을 실시하자 소련은 제2단계 베를린봉쇄로 맞대응하였다.[16] 제2단계 베를린봉쇄는 통화개혁에 따른 강화된 소련의 조치이며, 서독의 정부수립을 방해하기 위한 공작으로 전쟁위협도 제기되었으나 미소 간의 비밀협상을 통해 베를린봉쇄는 해결되었다.

1948년 7월 1일에는 런던선언에 따라 작성된 ① 민주적, 연방주의적 헌법을 제정할 것, ② 주정부의 경계선 획정 및 변경사안을 제안할 것, ③ 점령조례의 기본원칙을 확정시킬 것(장래 서독정부와 연합국의 관계를 설정할 것) 등 3개의 '프랑크푸르트문서'가 3개국 점령군 사령관으로부터 독일 주정부 총리들에게 이관되었으며, 이에 대한 반응과 조치는 다음과 같다(권오중 2006, 44; 이규하 1980, 292-295).

첫째, 1948년 7월 8일부터 10일까지 개최된 코브렌츠(Koblenz)회담이다. 이 회담의 참석자들은 문서에 대한 부정적 반응과 첨예한 의견을 보였다. 회담 당시의 쟁점사안은 임시정부의 구성, 헌법 대신 기본법의 제정, 주정부의 새로운 구성, 점령 조례 등이었다. 여기에 독일 각 정당의 지도부와 주총리와의 의견차이도 분명히 나타났다. 코브렌츠회담은 점령사령관에게 큰 실망감을 주었지만 그들은 점령국들 간의 공조정책에 합의하고, 독일인에게 헌법제정 대신 기본법의 제정과 임시적 통일정부 구성을 위한 제헌의회의 구성을 허용하였다.

둘째, 1948년 7월 21일부터 22일까지 개최된 니더발트(Niederwald)

---

[16] 제1단계 베를린봉쇄는 1948년 3월 20일의 제1차 런던회담에 대한 보복조치였다. 소련은 베를린의 기존 수송 및 교통통로를 모두 폐쇄하여 여행자를 통제하는 증명서가 발급되고, 수송도 허가제로 통제되었다.

회담이다. 연합국은 연락장교를 동원하여 독일과 막후접촉을 진행하면서 니더발트회담에서 결의한 독일의 임시정부구성 방침을 최종적으로 수용하였다.17) 이에 따라 프랑크푸르트문서가 효력을 발생하기 시작하였다. 그 후 헌법제정심의위원회가 헤른킴제(Herrnchiemsee)성에서 1948년 8월 10일부터 23일까지 개최되었으며, 여기에서 서독기본법의 기준으로 연합국이 제시한 연방주의와 자유민주주의가 채택되었다.

셋째, 1948년 9월 1일에 제헌의회(Parlamentarischer Rat)가 구성되었다. 1948년 9월 1일 헌법제정을 위한 제헌의회가 소집되었으며, 제헌의회는 11개 주정부의 대표 65명으로 구성되었다.18) 제헌의회 의장에는 아데나워(K. Adenauer)가 선출되어, 각 정당이 제시한 의견들은 협의가 가능하였다. 그 당시 미국, 영국, 프랑스 등 연합국의 서독정부 구성원칙은 상이하였다. 미국은 미국식 연방국가원칙을 주장한 반면에 프랑스는 느슨한 국가연합을 원하였다. 영국은 중앙집권적 정부구성을 주장하였다. 미국은 연방국가원칙과 루르지역에서의 독일인 참여 등을 고수하였으나 프랑스와 영국의 안을 대부분 수용하면서 독일의 헌법제정방향에 대해 유연한 입장을 견지하였다. 결국 연합국은 1949년 5월 23일에 서독기본법을 수용해 독일연방공화국이 성립되었다. 1949년 8월14일에 실시된 제헌의회선거결과, 기민기사당은 31%, 사민당은 29.2%, 자민당은 11.9%, 공산당은 5.9%, 군소정당은 5%의 지지율을 확보하였다(박성조·양성철 1991, 167).

2. 독일민주공화국의 성립과정

독일민주공화국(동독)의 성립은 소련의 유럽정책과 밀접한 관계를 지

---

17) 당시 베를린시장 Reuter는 임시정부구성은 주권의 점진적 확보를 위한 행보라고 해석하였다.
18) 제헌의회의 구성을 보면, CDU(기독교민주당)·CSU(기독교사회당)·SPD (독일사회민주당)는 각각 27명, FDP(자유민주당)·DVP(독일민족당)·LPD(독일자유민주당) 각각 5명 ZDP(독일중앙당)·KPD(독일공산당) 각각 2명, 옵저버 자격의 Berlin대표는 5명이었다(박성조·양성철 1991, 167).

니고 있다. 소련은 미국, 영국, 프랑스 등 연합국의 서부 독일정책에 대한 대응과 체계적인 동독의 성립을 준비하였다. 종전 후 소련의 유럽정책은 3가지 전략에 근간하여 추진되었다. 첫째, 서방세력에 대항하는 직접병합지역으로 발트3국[19], 우크라이나, 백러시아, 동 폴란드의 지역이다. 둘째, 간접지배지역으로 인민 민주주의의 허리띠 역할을 해주는 동심원적 포위망에 의한 지배지역인데, 여기에는 동유럽의 스탈린화 작업지역으로 폴란드, 루마니아, 불가리아, 체코, 헝가리, 동독 등을 포함한다. 셋째, 완충지역으로 자본주의와 사회주의 간의 중간지역인 스칸디나비아, 중유럽, 서발칸 지역이며, 여기에 소련에 우호적인 독일 통일국가도 포함한다. 이에 소련의 독일정책의 목표는 독일 전 지역에서 소련에 우호적인 통일정부수립과 루르 지역에 적극적으로 가담하는 것이었으나 실패하였다. 사실 동독 지역은 소련의 의도를 고려할 때 인민 민주주의 지대보다는 완충지역에 포함되었다(김수자·오향미 2008, 89).

1944년 10월에 모스크바로 망명한 독일공산당의 대표들은 "민주주의 블럭 행동강령"을 채택하여 민주적 토지개혁, 기간산업의 사회주의화, 노동자 통합 등을 결의하였고, 1945년 6월 12일에 독일공산당의 빌헤름 피익(Wilherm Pick)과 발터 울부리히트(Walter Ulbricht) 등은 새롭게 독일공산당(KPD)을 출범시켰다. 당시에 이들은 독일에 소련 제도를 강요하는 것은 명백한 오류라고 강조하면서 반파쇼적 민주정권과 의회적 민주공화국의 건설을 주장하였다. 1945년 6월 15일에 동독 지역에 사민당(SPD)이 재창당되었으며, 이들은 독일공산당보다 더 급진적인 정강을 채택하였고, 이들은 소련 군정의 적극적 지지세력으로 안착한 후 생산수단의 국유화와 독일공산당과의 합당 등을 주장하였다. 한편, 소련은 1946년 4월 22일에 독일통일당(SED)을 창당시켜 사민당

---

[19] 발트3국은 라트비아, 리투아니아, 에스토니아이다.

(SPD)와 독일공산당(KPD)을 강압적으로 통합시켰다(권형진 2014, 204). 당시 대부분의 동독 정당인은 동서 사이에서 독자노선의 유지와 블록 정당화에 반대하였다. 동독의 정당인들이 대부분 민족주의적 노선을 강조하며, 동서진영의 교량역할과 독일 중립화를 지지하는 세력이었다.

1947년 11월 독일통일당(SED)은 서독에서의 변화를 의식하여 '통일과 정당한 평화를 위한 독일 인민회의'의 개최를 촉구하는 결의를 하였다. 이는 1947년 런던회담의 실패에 따른 소련의 조치로 동독에서의 인민회의는 동독 의회의 전 단계 역할을 담당하는 것이었다. 1947년 12월 6일부터 7일까지 처음 개최된 인민회의 참석자는 2,225명이었다. 인민회의는 소련당국이 소련에 우호적인 비정치적 인사를 대거 동원하였기 때문에 애초부터 독일의 민족적 정통성과는 무관한 것이었다. 이후 동독 지역은 소련의 의도대로 동독 정부구성을 위한 인민의회운동이 계속 강화되었다.

1948년 3월에 개최된 제2차 인민의회에서 독일인민협의회(Deutschen Volksrat)가 발족되었고, 독일인민협의회는 400명(형식적으로 100명은 서부지역 대표자를 포함)으로 구성되었으며, 통일헌법을 제정·심의할 것을 결의하였다. 이에 따라 1948년 10월까지 '헌법위원회'의 구성을 위한 기초 작업을 하였으며, 헌법위원회는 독일민주공화국을 출범시키는 의결기관이 되었다.

1949년 5월 제3차 인민의회를 거쳐 독일인민협의회는 1949년 10월 7일에 헌법안 통과시키고, "민주적 독일의 민족전선"으로 개칭되었으며, 그 임무로 반파시즘적 민주블록의 체계화를 통한 임시적인 인민대표자회의를 구성하는 것이었다(김현식 2006, 303). 이에 따라 1949년 10월 9일에 공산주의 체제를 국가이념으로 하는 독일민주공화국(동독)이 수립되었다.

Ⅳ. 결론

제2차 세계대전에서 승리한 연합국에 의해 패전한 독일은 인위적인 방법으로 분단되었다. 당시 독일의 분단은 강한 독일이 주는 위협요인을 해소하고자 소련에 의해 처음 제기되었으나 제2차 세계대전의 종전 전후과정에서 보면, 미국과 영국 등도 독일의 약화라는 입장에서 적극적으로 분할논의에 참여한 것으로 보인다. 이에 따라 독일은 미국, 영국, 프랑스, 소련 등 4개국 점령분할과정에서 미국을 위시한 서방 민주주의세력에 의해 소련의 동유럽 위성국가전략에 따른 독일민주공화국(동독)의 사회주의국가화에 대응하고자 민주주의에 기반한 독일연방공화국(서독)을 건설하면서 분단되었다.

제2차 세계대전은 전후처리과정에서 정치이데올로기에 기반한 블록화 현상이 발생하는 계기가 되었다. 국제사회는 미국과 서방진영을 축으로 하는 민주주의세력(자본주의)과 소련과 동유럽을 축으로 하는 사회주의(공산주의)세력으로 재편되면서 동서냉전체제를 겪게 되었다. 동서냉전체제의 구축은 전쟁의 패전국인 독일과 식민지를 경험한 한국에 있어 분할점령과 분단이라는 인위적 산물을 제공하는 직접적인 원인으로 작용하였다. 독일분단의 원초적인 원인은 강한 독일에 대한 위협요인을 제거하려는 연합국들의 정치적 의도에서 시작하였으나, 전후처리과정에서 볼 때 세계의 세력재편과정에서 강대국들의 패권안정화가 더욱 크게 작용한 것으로 해석된다.

독일분단이 정치이데올로기의 블록화 현상이 만든 산물로 인식되는 것은 독일통일이 미소 간의 블록화인 동서냉전체제가 붕괴되는 시점에 성사되었다는 점에서도 확인되고 있다. 독일통일과정에서 소련과의 관계설정을 어떻게 할 것인가는 매우 중요한 문제였으면, 이는 블록화의 당사자인 소련과 미국의 통일독일의 인정이 통일의 전제조건이라는 사실로 확인되었다.

　물론 분단독일이 통일독일이 되기까지는 국가연합과 연방국가와 같은 통일을 위한 모델과 제안이 끊임없이 토론되었다는 사실은 부인할 수 없다. 하지만 독일통일은 독일분단을 계획한 이해당사자들이 독일통일의 당위성을 인정함으로써 가능하였다. 따라서 독일분단과 통일독일이라는 관점에서 분단한국이 통일한국으로 나아가는 데에는 한반도의 분단에 참여한 이해당사국들의 협조가 전제된다는 사실을 상기할 필요가 있다.

■ 참고문헌

권영설. 2006. "분단과 통일 속의 독일국적법과 그 헌법문제."『중앙법학』제8집 제4호, 101.
권오중. 2006. "분단현상유지에 대한 저항인가, 순응인가?-전후 냉전질서의 형성과 베를린 선언."『국가전략』제12권 4호, 44.
권오중. 2007. "독일과 한국의 분단과 통일문제의 구조적 차이와 양국 정부가 추진한 통일정책의 변화와 한계에 대한 연구."『독일연구』제14호, 26.
권오중·나인호. 2006. "독일의 분단과 통일 그리고 한국문제의 현실."『한국독일사학회 학술발표대회논문집』, 49.
권형진. 2014. "분단과 독일인의 국민자격 변화의 역사적 고찰-전후 재통일까지의 동·서독 국적법 중심으로."『독일연구』제27호, 204.
김수자·오향미. 2008. "근대국가 건설기 민족주의의 변형과 굴절-한국과 독일에서의 분단극복과 민주국가 수립의 충돌."『이학사학연구』제36집, 89.
김진호. 2014. "독일문제와 제1차 베를린 위기-미소의 독일정책과 통화개혁을 중심으로."『역사교육』제130권, 255.
김학성. 2002. "독일의 통일문제와 국제정치."『통일정책연구』제11권 1호, 60-61.
김현식. 2006. "독일의 분단과 통일과정에서의 법적 논의."『서강법학』제8권, 303.
노명환. 2005. "동-서 유럽의 분단과 마샬플랜(Marshall Plan)의 기원에 대한 논쟁의 검토-소련과 미국의 동유럽 지역과 독일문제에 대한 정책을 중심으로."『동유럽발칸연구』제14권 1호, 257-259.
박성조·양성철. 1991.『독일분단과 분단한국』경남대학교 극동문제연구소. 167.
이규하. 1980. "제2차 세계대전후의 독일분단."『전북사학』제4집, 269-295.
이규하. 1999. "독일의 분단-전독기구를 위한 노력과 서독정부의 수립."『서양사론』제21·22집, 120-123.
이호근. 2020. "독일 통일 30주년과 분리통합에 대한 연구-독일의 전후 분리와 통합의 동학을 중심으로."『동서연구』제32권 3호, 118.
정기동·정남기. 1988. "한국과 독일의 분단에 관한 고찰."『현대이념연구』제3권, 38;41.
정용숙. 2016. "독일문제는 해결되었는가-독일문제의 과거와 현재."『역사와 세계』제50권, 75-76.

한수경. 2018. "70년 분단의 디아스포라와 평화, 통일의 꿈-독일분단과 통일로 본 한반도." 『정치와 평론』 제23권, 73-74.

황선혜. 2004. "독일 소련군정기(1945-1949)의 교육정책과 소련점령지역의 독일인 선전조직에 대한 고찰." 『한국교육』 제31권 2호, 142.

http://cafe.daum.net/eurohc/P2zN/16?q=%ED%85%8C%ED%97%A4%EB%9E%80%ED%9A%8C%EB%8B%B4%20%EB%8F%85%EC%9D%BC(검색일: 2020/10/03).

https://blog.naver.com/leaguide/221315121303 (검색일: 2020/10/03).

https://ko.wikipedia.org/wiki/%EB%8C%80%EC%84%9C%EC%96%91_%ED%97%8C%EC%9E%A5(검색일: 2020/10/03).

https://ko.wikipedia.org/wiki/%EB%AA%A8%EA%B2%90%EC%86%8C_%ED%94%8C%EB%9E%9C(검색일: 2020/10/03).

https://ko.wikipedia.org/wiki/%EC%96%84%ED%83%80_%ED%9A%8C%EB%8B%B4 (검색일: 2020/10/03).

http://kyoposhinmun.de/speziell/2020/06/15/5566/(검색일: 2020/10/03).

2장
독일 통일과 국내외적 환경요인

김주삼 (아·태교류협력연구원)

Ⅰ. 서론

1989년 11월 9일 독일 베를린 장벽이 붕괴되었다. 그후 동독인들이 서독으로 대량 탈출하면서 동서독은 1990년 10월 3일 역사적인 통일국가로 거듭났다. 동서독은 통일 후 사회적·경제적 통합과 심리적 갈등 등의 미해결 과제가 상당히 존재하였으나 이러한 문제들은 시간이 흐르면서 완화되고 올해 독일통일 30주년을 맞이하였다. 독일은 1945년 제2차 세계대전 패전국과 전범국으로 종전 후 미국, 영국, 프랑스, 소련 전승 4개국에 의해 강제로 동서독이 분단되고 분할통치를 받게 되었다. 당시 동독지역은 소련이 분할통치하고, 서독지역은 미국, 영국, 프랑스 3개국이 관리하였다. 이후 동독은 소련식 사회주의체제를 수용하고 사회주의 계획경제체제를 도입하였으나, 서독은 미국 등 서구 자유민주주의체제와 자본주의 시장경제체제를 도입한 결과 세계 최고의 선진 복지국가 지위를 갖게 되었다.

  그동안 1990년 동서독이 통일하게 된 배경과 원인을 설명하는데 있어서는 많은 연구들이 진행되어 왔었다. 이러한 연구성과에도 불구하고 독일통일에 대한 다각적인 접근이 필요할 것 같다. 독일통일 후 30년 동안 세계 각지에서 여러 학술자료와 통일사례 연구를 통해 동서독의 분단과 통일과정, 통일 후 독일의 사회통합과정 등에 관한 국내외 수많은 연구들이 지금도 진행되고 있는 것 또한 사실이다. 독일통일은 서독에 의한 동독의 흡수통일방식이었다. 이러한 서독의 동독 흡수통일 방식은 분단국인 한반도의 남북한을 비롯한 중국과 타이완 등에 시사하는 바도 크다고 본다. 또한 독일통일은 동서독의 민족통일달성과 같은 중요성에 더하여 분단국의 통일방식과 당시의 국제질서와 국제정세 및 동서독의 실질적인 역할 등은 당연히 분단국의 연구대상으로 제기된다. 본 연구는 올해 독일통일 30주년이라는 시점에서 그간 많은 연구에도 불구하고 독일통일에 대한 국내외적 환경요인에 초점을 맞추고자 하였다. 그 이유는 1989년 11월 9일 베를린 장벽 붕괴는 하루아침에 갑자기 무너졌는가? 독일통일 전 동서독의 노력과 교류협력은 어느 정도였는가? 당시 국제환경은 독일통일에 어떠한 영향을 미쳤고, 국제적으로 주도국의 역할은 어떠했는지 의문을 갖게 하기 때문이다.

  이 글은 이러한 문제의식을 가지고 2장에서 올해 독일통일 30주년을 맞이한 시점에서 당시 독일통일에 적용될 수 있는 국제정치 관련 이론과 국제기구 등의 고찰을 통해 독일통일을 분석해 보고, 이러한 국제정치 이론과 국제기구들이 당시 독일통일에 어떠한 영향을 미쳤는지를 살펴보고자 한다. 3장에서는 1990년 독일통일에서 동서독 정부와 민간부문은 어떠한 역할을 했는지 국내적 요인을 분석하며, 4장에서는 당시 국제정세와 독일통일에서 실질적인 국제회담으로 평가된 '2+4회담체제'는 누가 주도했고, 어떻게 작동됐는지 국제적 요인에 대해 살펴보고자 한다. 마지막 장에서는 독일통일 30주년를 맞이하면서 이 글의 함의와 결론을 도출하고, 독일통일이 향후 분단국인 한반도 등에 시사하는 바는 무엇인지를 모색해 보고자 한다.

Ⅱ. 독일통일 관련 이론과 국제관계

독일통일은 1989년 11월 9일 동서냉전의 상징인 베를린 장벽이 붕괴되면서 1990년 10월 3일 마침내 통일로 이어졌다. 30년 전 당시로 거슬러 올라가서 이 국제정치현상은 왜 나타났는지 분석할 필요성이 제기된다. 국제정치학적 측면에서 제2차 세계대전 전범국이자 패전국이었던 독일의 분단과 독일통일 문제는 국제정치학적으로도 시사하는 바가 매우 크다고 하겠다. 즉 독일의 재통일은 대내적으로 동서독의 교류협력도 중요하지만 당시 미국과 소련 등이 대외적으로 독일통일에 미친 영향력은 국제체제를 새롭게 전환시켰을 정도로 막강했기에 이에 대한 면밀한 분석도 필요하다고 본다. 독일통일은 동서독 내부적 요인과 국제적 요인 등이 함께 영향을 미쳤다는 점에서 독일통일에 적용시킬 수 있는 국제정치의 주요 이론과 국제기구 등을 중심으로 고찰해 보기로 한다.

1. 세력균형(Balance of power)

국제정치에서 한 국가의 존립과 독립의 유지는 매우 중요한 사항으로 국가의 존재 의의와도 직결된다고 할 수 있다. 독일은 제1차 세계대전과 제2차 세계대전의 모두 패전국으로서 1945년 패전 후 45년간 전승 4개국의 분할통치 속에서 1990년에 마침내 통일을 이루어냈고 현재 주요 선진국 G-7로 국제질서를 좌우하는 최고의 위치에 서 있다. 독일통일 문제는 1945년 제2차 세계대전~통일과정에서 개별 국가와 국제체제의 상호관계로 국제적 관점에서 분석되어야 한다.

조지프 S. 나이는 국제정치에서 헤게모니의 이동과 관련하여 힘(Power), 세력균형(Balance of power), 헤게모니(Hegemony)의 3가지 개념을 제시하면서 이 가운데 세력균형을 국제관계에서 가장 오래되고 일반적인 개념이라고 주장했다(조지프 S. 나이 1991, 35-45). 그는 강자의 위협에 대한 약자들의 견제장치인 세력균형을 국제관계에서 일반적인 현상으로 보고, 개별 국가의 독립과 위협에 대한 동맹 그리고 지리적인 문제 즉 지정학적 문제 외에 국가 간의 심리적인 문제도 발생할 수 있다고 설명했다(조지프 S. 나이 1991, 35-45).

독일통일은 1990년 당시 유럽지역에서 있었던 자유진영과 공산진영에 동서독이 미소 양극체제 속에서 존재한 나토(NATO)와 바르샤바조약기구(WTO)와 같은 양측의 안보공동체가 대표적인 사례일 것이다. 존 베일리스와 스티브 스미스는 국제정치를 분석하면서 세력균형에 동맹개념을 적용하여 냉전체제에서 발생했던 유럽지역의 동서진영과 나토((NATO)와 바르샤바조약기구(WTO)체제 분석을 했는데, 이는 세력균형의 전형적 사례 중의 하나라고 본다(존 베일리스·스티브 스미스 2007, 173).

주지하다시피 1945년 제2차 세계대전 후 국제질서는 미국과 소련을 중심으로 한 미국중심의 자유진영과 소련을 중심으로 한 공산진영 간의 냉전체제가 본격적으로 시작되었다. 동북아지역에서는 1950년 한국전쟁을 계기로 냉전체제가 더 격화되고 양 진영의 상반된 이념이 서로 노골적으로 충돌하는 현상으로까지 발생했다. 미소 냉전체제는 이후 1990년 독일통일 전까지 계속 자유진영과 공산진영 세력 간 치열한 체제경쟁과 대립갈등 양상을 보여왔다. 따라서 세력균형 이론은 동서독이 통일 전까지 소련의 공산진영과 미국의 자유진영 속에서 미소의 하위개념으로 그 궤를 같이 해 왔다는 점에서 논리적 근거와 타당성이 있다고 본다.

그런데 이러한 미소냉전체제 하에서도 동서독의 특징은 동서독 상호교류와 상호왕래가 1990년 통일 전까지 지속적으로 유지되어 왔다는 점이다. 이러한 당시 동서독 상황은 미소 냉전체제 내에서 동서독 문제를 다시 한번 고찰해야 할 이유이기도 하다. 이를 달리 해석하면 1990년 독일 통일은 동서독 내부의 노력에도 불구하고 만약 당시 미국과 소련이 독일 통일에 비협조적으로 나오고, 영국과 프랑스의 이해관계가 달라 동서독에 대해 국제적 지지와 협력을 하지 않았다면, 과연 독일이 통일되었을지도 의문이다. 따라서 독일통일은 국제적으로는 미국과 소련을 중심으로 당시 소련의 몰락 전까지 미·소가 세력균형을 어느 정도 유지한 상태에서 독일 통일에 대한 국제적 지지에 따라 자연스럽게 이루어졌다는 점에서 세력균형론이 보다 설득력이 얻고 있는 부분일 것이다.

한편 독일통일 분위기는 미소 냉전체제가 막판까지 진행되고 있었던 1989년 미국과 소련이 냉전체제 해체선언을 한 몰타선언 전부터 이미 진행돼 오고 있었는지도 모른다. 물론 냉전체제 후에 국제체제는 세력균형 관점에서 미소 양극체제를 미국과 중국의 'G2(Group of Two)'라는 새로운 세력 균형자로 바뀌었다. 이처럼 세력균형은 1990년대 양극체제의 붕괴 후 잠시 미국중심의 일극체제 현상을 보이다가 소련의 대체 세력으로 부상한 중국, EU(유럽연합) 등이 또다른 형태의 국제질서 내지 국제체제의 변수로 바뀌는 변화양상을 보여주고 있다.

2. 현실주의(Realism)

현실주의(Realism)는 국제관계론 가운데 가장 대표적인 정치이론으로 제1, 2차 세계대전과 같은 전쟁 속에서 국가의 생존과 국제관계에서 국가(State)를 주요 행위자로 간주하고 이를 중점적으로 다루어왔다. 20세기 국제관계 가운데 제1, 2차 세계대전에서 독일, 일본, 이탈리아는 전형적인 파시스트 국가들로서 자국민들에게 제국의 건설과 전쟁준비 그리고 강자생존 논리와 파시스트 사상을 종용하고 주입시키는 데 앞장섰다(민병오, 2011, 214).

현실주의는 국제정치에서 국가를 주요행위자로 보고 국가가 권력추구라는 본능적 속성과 국가권력 유지를 위한 생명력 유지라는 영속적 본능이 있다고 보는 시각이다(존 베일리스 외 2007, 170-171). 주요 현실주의자들을 살펴보면 고대 투키디데스(Thucydides), 마키아벨리(Niccolo Machiavelli), 토마스 홉스(Thomas Hobbes), 장자크 루소(Jean-Jacques Rousseau), 한스 모겐소(Hans Morgenthau), 케네스 월츠(Kenneth Walts), 길핀(Robert Gilpin), 미어 셰이머(Mear sheimer), 헨리 키신저(Henrry Kissenger)를 대표적인 인물로 포함시킬 수 있다(존 베일리스· 스티브 스미스 2007, 175-180).

현실주의(Realism)는 국제정치를 무정부 상태로 보고 국내정치보다 더 폭력적이고 나아가 국가소멸까지도 초래될 수 있다는 현실적 관점이다. 또한 국제정치는 국가들의 권력추구에서 강자의 힘의 원리가 작용한다는 점, 국제정치에서는 국가이익이 우선시 된다는 점을 강조하고 있다(이춘근 2009, 131-142).

이외에도 현실주의(Realism) 국제정치적인 것 외에 세계경제적 측면에서 1945년 전후 미국이 세계경제질서를 좌우한 브레턴우즈체제(Bretton Woods System)하의 국제경제기구도 그 대상이다. 이 경제체제는 세계경제질서를 대표적인 사례인데 패권국가로 주도권을 쥔 미국이 전후 국제질서에서 서구 자본주의 진영에서 달러를 기축통화로 하고 세계경제질서를 지배·관리함으로써 국제정치에서 완전한 패권국가로서의 역할과 지위를 행사해 왔기 때문이다.

1990년 독일통일은 미국중심의 자유진영 자본주의 세력이 소련 사회주의 공산진영을 압도함으로써 소련 자체가 내부분열하고 붕괴하는 역사적 선상에 있었다. 소련은 1985년 고르바쵸프의 등장과 함께 페레스트로이카(개혁: Perostroika)와 글라스노스트(개방: Glasnost)추진했으나, 그동안 다져온 소련(USSR: Union of Soviet Socialist Republic, 소비에트 사회주의공화국 연방)체제에 균열이 생기기 시작하였다(다음 백과사전, 2020/11/9). 소련의 몰락은 독일통일을 전후로 하여 소련 해체와 동구 사회주의권 붕괴가 동일선상에서 이루어졌다. 이러한 현상은 국제적으로 결국 미국 중심의 자유진영에서도 양극체제의 분열 후 새로운 국제체제로 변하는 모습을 보였는데, 그 사례가 유럽연합(EU)의 등장일 것이다.

1990년 독일통일은 당시 국제정세에서 미국이라는 초강대국의 힘의 우위가 나타나 미소 양극체제가 해체되는 역사적 사건의 상징이 되었다. 또한 1989년 11월 9일 베를린 장벽의 붕괴, 1990년 10월 3일 독일통일, 1992년 소련의 해체, 동구 사회주의권 붕괴와 같은 도미노 현상은 국제체제에서 미국이라는 국제행위자가 상대적 약자를 강력한 힘의 우위로 그대로 붕괴시키는 국제정치의 현실을 그대로 보여주는 현실주의적 시각에 논리적 타당성을 제공하였다.

미국은 2차 세계대전 후 국제관계에서 현실주의에서 강조하는 초강대국의 힘(Power)을 행사해 왔다. 냉전체제에서 유럽지역은 소련에 대항하기 위해 결성한 미국중심의 북대서양조약기구 나토(NATO: North Atlantic Treaty)와 소련 중심의 바르샤바조약기구(WTO: Warszawa Treaty Organization))는 동서진영 군사안보동맹체의 대결장이기도 했다. 그러나 1990년대 냉전 종식 후 바르샤바조약기구(WTO)는 1991년에 와해되었고, 기존의 동유럽 사회주의 국가들은 과거 자신들이 대항세력이었던 나토(NATO)에 새로운 회원국으로 가입하는 기현상까지 보였다. 이로써 미국과 유럽연합(EU), 서구 자본주의 진영 중심의 나토(NATO)는 국제질서에서 가장 대표적 국제안보동맹체로 부상하였다(민병오 2011, 216).

나토(NATO)는 냉전종식 후에도 유럽과 북미지역 미국과 캐나다를 포함하여 가장 강력한 군사안보공동체이자 군사동맹체로 여전히 미국 의존도가 높을 뿐만 아니라, 미국이 나토(NATO)총사령관을 임명하는 구조에서 미국의 위상과 패권은 현실주의 관점이 그대로 나타난다(민병오 2011, 216-222). 독일통일 후에도 국제질서는 미국이 여전히 초강대국 행위자로서 국제체제를 이끄는 리더십을 발휘하고 있다는 점에서 현실주의적 논리는 당분간 지속될 것으로 보인다.

3. 탈냉전(Post-cold war)

1989년 미국 부시 대통령과 소련 고르바쵸프 대통령은 몰타(Molta)에서 냉전체제(Cold war system) 종식을 공식적으로 선언했다. 이는 제2차 세계대전 후 국제질서가 미국과 소련 중심의 이념적 양극체제(Bi-polar system)가 아닌 제3세력인 중국과 유럽연합(EU)의 새로운 도전세력의 출현을 암시하였다. 미국은 1945년 제2차 세계대전 후 국제질서에서 자유진영을 대표하는 국가로 부상하게 되었고, 공산진영 종주국인 소련과 양극체제(Bi-polar system)의 중심축을 형성하게 되었다. 국제체제는 1960-1970년대 데탕트(Detente) 과도기를 거쳤다. 이후 데탕트(Detente)의 새로운 국제질서 분위기는 미국의 미중수교로 이어졌고 소련은 재정악화가 심화돼 결국 1990년대 소련과 동구 사회주의권 몰락에 대한 서막이 되었다(헨리 키신저 2012, 462-465). 물론 미국과 중국의 수교는 1979년 1월 수차례의 협상 끝에 성사됐지만, 미소중심의 냉전체제가 해체된 것은 1989년 12월 5일 몰타회담(Molta summit)에서 "동서가 냉전체제에서 새로운 협력시대로 접어들고 있다"고 한 몰타선언이 공식화되면서 동서 냉전체제는 종말을 맞이하였다(위키백과사전 2020/11/10).

미소 양극체제 종식배경은 어떤 측면에서 볼 때 소련의 미소체제 대결에서의 패배, 소련 내부적 경제악화 상황과도 직결되는데 시대변화에 역행한 사회주의 계획경제의 시스템에서도 근본적인 원인을 찾을 수 있다. 미소 양국은 1945년 종전 후 이념과 동맹그룹, 체제경쟁과 블럭형성으로 대결해 왔으나, 데탕트(Detente)체제 이후 소련은 미소경쟁에서 미국경제를 더 이상 따라잡을 수 없는 상황으로 밀렸고, 미소 양국의 국력격차는 갈수록 더 심화되었기 때문이다. 또 소련은 미국이라는 초강대국 외 서방국가 EU와 일본 등의 주요 선진국가들과의 체제경쟁구도를 더 이상 극복해 갈 수 없는 현실적 한계도 내보였다. 게다가 동일 사회주의국가인 중국과도 중소갈등이 대립구도로 격화되는 악재까지 겹쳐 있었다. 결론적으로 "소련의 제국적 과대팽창과 중앙계획경제체제가 변화하는 세계경제에 대한 대응능력이 뒤떨어진 점도 사실"로 보인다(조지프 S. 나이 2009, 221-224). 당시 냉전해체 배경 이면에는 소련이 당시 국제사회의 다원주의와 자국실리, 국익, 새로운 국제기구의 등장이라는 새로운 변화추세를 전혀 따라잡지 못하는 국가시스템에도 원인이 있었다. 당시 시대적 흐름은 1979년 미중수교, 1980년대 동유럽 민주화 바람의 격화, 1990년대 초반 소련 고르바쵸프의 실각, 소련 해체와 독립국가연합(CIS: Commonwealth of Independent States) 출범, 소련의 공산진영에 대한 종주권 행사 상실 등으로 이어졌다.

  냉전이 해체되면서 소련을 중심으로 한 동구 사회주의권 국가들은 공산정권의 붕괴와 시장경제를 도입하였고, 중국과 베트남의 개혁·개방이 본격화되면서 소련은 완전히 지구상에서 소멸되고 곧바로 새로운 러시아 시대를 만들어 나갔다. 1945년 제2차 세계대전 후 미소 중심의 이념대립의 냉전체제(Cold war system)는 1990년대 자국 실리중심의 탈냉전체제(Post-cold war system)로 전환되었고, 양극체제는 역사적 퇴물로 완전 폐기되었다. 따라서 1990년 10월 3일 독일통일은 이러한 국제정치의 큰 흐름 속에서 이루어진 탈냉전 국제정치의 상징물이 된 것이다.

III. 독일통일과 국내적 환경요인

1. 정부부문

독일통일은 유럽지역 제2차 세계대전 종전 후 1945년 7월 17일~8월 2일 열린 포츠담(Potsdam)회의에서 독일분할과 관련된 독일패전 전후 처리문제를 고찰할 필요가 있다(김용구 2006, 828). 독일은 1945년 7월 제2차 세계대전 패전국이자 전범국으로 당시 연합군으로 참전한 미·영·프·소 전승 4개국으로부터 동서지역 분단과 분할통치를 받게 되었다. 서독은 1945년 분단 후 미국, 영국, 프랑스가 1949년까지 통치하였고, 동독은 소련이 통일 전까지 소련의 위성국가로 관리해 왔다.

"독일문제: 독일은 미·영·프·소 4국이 점령하는 지역으로 분할되나 경제적으로는 하나의 공동체로 남는다는 원칙에 합의하였다. 그리고 가까운 장래에 독일에는 중앙정부를 수립하지 않기로 하였다. 독일의 완전한 군비해제와 비무장화, 나치당의 해산과 나치당의 근절, 전범의 재판, 그리고 독일교육의 감독 등이 결정되었다. 독일 배상에 관해서는 소련에게 많은 비율이 돌아가도록 하였다. 제1차 세계대전의 경우와는 달리 얄타회담에서는 현물로 배상한다는 원칙을 채택한 바 있다. 소련은 소련의 점령지역에 있는 생산물과 배상으로 획득할 뿐만 아니라 영·미 점령지역에 있는 공장, 기계의 4분의 1에 해당하는 물자를 배상으로 제공받기로 하였다"(김용구 2006, 828).

1) 서독

서독은 1945년 7월 포츠담 회담 후 미국의 마셜플랜의 원조를 받고 서구 자유민주주의와 시장경제를 받아들였다. 통일 전 서독정부는 1945년~1990년 통일 전까지 콘라도 아데나워 총리(1949~1963년), 빌리 브란트 총리(1969~1974년), 헬무트 콜 총리(1982~1998년)가 대표적인 총리로 재임하였다(통일부 2016, 62-68). 서독은 정부차원에서 2차 세계대전 후 1949년 5월 23일 독일연방공화국 기독교 민주당 출신인 초대 아데나워 총리는 할슈타인 원칙(Hallstein Doctrine)[1]에 따라 '힘의 우위' 정책을 추진하였고, 1955년 유럽공동체(EC)와 북대서양조약기구(NATO)에 가입하였다. 그 뒤를 이은 사민당 출신 빌리 브란트 총리가 '동방정책(Ospoltik)'을 추진하면서 할슈타인 원칙(Hallstein Doctrine)은 폐기되었다. 그럼에도 서독 내부에서는 동서독 통일에 대한 찬반여론이 팽배했다.

서독은 1970년 8월 서독-소련 간 불가침 조약을 체결하고, 1972년 동서독 간 기본조약을 체결하였으며 1973년에 동서독이 국제연합에 동시가입하여 화해와 긴장완화 정책을 추진해 나갔다. 서독은 미국과 영국, 프랑스 등 서구 자유진영과 함께 공동안보와 경제협력을 도모해 나가면서 1980년대 중반 소련으로부터 불기 시작한 동유럽 민주화 열기에 빠져들게 되었다. 특히 1980년대 후반부터 소련 고르바쵸프의 개혁·개방정책은 동서진영 대립의 상징인 동서독을 흔들었다.

1989년 11월 9일 베를린 장벽 붕괴 당시 서독은 기민당 헬무트 콜 총리였다. 서독은 1990년 10월 3일 통일 될 때까지 동독에 대한 일방적 통일정책을 추진하지 않은 것으로 분석된다. 그 이유는 1945년 제2차 세계대전 패전국이 전승 4개국으로부터 동서독이 강제 분단되고 분할통치를 당하면서 '통일'을 강조하면 독일민족주의의 부활로 비쳐질 수 있었기 때문으로 해석된다. 또 서독은 분단 후 동서진영 간 양극체제가 지속된 가운데 동서독의 통일정책 추진이 오히려 통일을 가로막

---

1) 할슈타인 원칙(Hallstein Doctrine)은 서독이 동독과 국교를 수립한 동유럽국가들과 수교하지 않는다는 대외강경책으로, 1966년 사회민주당 출신 발리 브란트 총리가 할슈타인정책을 청산할 때까지 유지되었다.

는 역효과를 낼 수 있다는 우려를 고려한 것으로 보인다. 그 배경에는 동서독을 둘러싼 국제환경도 있었겠지만 서독은 대동독정책 내에서 내독성이라는 중앙부서를 두고 서독 국민들에게 자유 민주주의체제, 민주시민교육, 법치주의, 독일역사, 유럽과 국제사회 이해 등을 교육하고 관리해 왔다.

1990년 통일 전 당시 서독은 일부 통일반대 세력에도 불구하고 베를린 장벽 설치 후부터 1989년 베를린 장벽 붕괴까지 동독인 약 30만 명을 서독으로 입국시키는 조건으로 34억 마르크를 동독정부에 제공하는 인도주의 정책을 일관되게 추진해 왔다. 서독정부는 독일통일에 대한 찬반 여론에도 불구하고 1990년 10월 3일 독일통일 전까지 동독에 대한 일관된 교류협력정책을 꾸준히 추진해 왔다.

한편 서독정부의 동독인에 대한 정책적 지원은 민족 내부교류차원과 인도주의적 차원에서 진행되었다고 평가할 수 있지만, 그 저변에는 독일 혈통주의와 서독이 분단 후 그들이 채택한 헌법과 1960년대 신사회운동 등의 시대적 상황에 따른 인권, 평등, 환경운동 분위기, 난민정책을 추진해 왔던 점들도 함께 분석할 필요성이 있다(김미자 2012, 149-166; 유숙란 2010, 237-255; 고상두 외 2011, 241-258).

이외에도 서독은 정부차원에서 1990년 통일 전까지 동독 정치범과 동독 군인, 동독 간행물과 동독 방문자 인터뷰 자료들을 정부 중앙기록보존소를 통해 기록화하는 정부차원의 성실한 노력을 보였다.

독일통일은 서독의 헬무트 콜 총리와 소련 고르바쵸프 대통령이 '독·소 간 코카서스정상회담(Caucasaus Summit)을 통해 통일조건으로 아래 〈표 1〉과 같은 8개 주요내용에 서명하면서 합의를 이루어냈고, 코카서스 정상회담은 20세기 동서 냉전체제 종식의 외교적 명작으로 평가할 수 있다(박삼봉 독일통일정보연구소 2020/10/9).

〈표 1〉 코카서스 정상회담의 주요내용

①독일통일은 서독, 동독 및 베를린 시를 대상으로 한다.
②독일은 통일 시점을 기해 주권을 완전히 회복한다.
③통일된 독일은 국가의 무제한적 주권을 행사하며 동맹 가담과 관련해 독자적인 결정을 내린다. 이 선언은 유럽안보협력회의의 정신과도 일치한다. 서독정부는 통일된 독일이 북대서양조약기구(NATO)에 잔류하기를 원하며, 동독정부도 이에 동의할 것으로 확신한다.
④통일된 독일은 소련 정부와 소련군의 동독철수에 관해 조약을 체결하기로 한다. 동독 주둔 소련군은 3년~4년 과도기 내에 철수한다. 또한 독·소 양국은 동독에 서독 마르크화 도입을 위한 과도기 조약을 체결한다.
⑤소련군이 동독 영토에 잔류하고 있는 한 나토동맹의 동독 확대는 불가하다. 이에 따라 나토조약 제5조와 제6조 나토 회원국에 대한 공격은 동맹 전체에 대한 공격으로 인정하고 공동의 대응조치를 취한다는 조항)은 불변한다. 서독 연방군은 통일과 동시에 동독과 베를린에 주둔한다.
⑥동독 영토에 소련군이 잔류하는 한 미·영·프 3개 연합군은 통일 후라도 서베를린에 주둔한다. 서독정부는 연합국에 이를 요청하고 각국 정부와 관련조약을 체결한다.
⑦서독정부는 진행중인 빈(Wein)회담(당시 독일문제에 대한 국제회의)에서 통일된 독일의 군대를 3~4년 내에 37만 명으로 감축한다는 의무사항을 공표한다. 군내 감축은 빈 협정의 발효와 함께 실행에 들어간다.
⑧통일된 독일은 핵, 화학, 생물무기 제조, 보유 및 처리를 포기하고 비확산조약(NPT) 회원국으로 남는다.

2) 동독

동독은 1949년 10월 인민의회에서 '독일민주공화국' 헌법을 통과시키고 동독 공산정권을 수립하였다. 그러나 동독은 서독이 미국의 마셜플랜 원조정책으로 혜택을 입은 반면 소련과 폴란드에게 전쟁배상금을 지불해야 하는 정반대의 입장이었다. 다만, 정권 초기 코메콘(COMECON: 소련과 동유럽 사회주의권 국가들의 경제상호원조회의)에 가입하였으나, 서독과의 경제적 격차가 상대가 안될 만큼 차이가 컸고, 이로 인해 동독인들이 계속 서독으로 도주하는 등 불안정 상태는 계속 되었다. 동독정부는 이러한 서독으로의 탈출 현상이 계속 늘어나자 이를 구실로 1961년에 동서냉전의 상징물인 베를린 장벽을 설치하였다.

1989년 11월 9일 베를린 장벽 붕괴 전 동독에서는 이미 5월경부터 동독 국경을 넘어 다른 유럽지역으로 탈출을 시도하는 현상이 발생하기 시작했고, 동독에서 매일 2,000명 규모가 대량으로 서독으로 탈출하는 통제불능 상태까지 치달았다. 이러한 동독 내 정치·사회적 혼란 상황은 동년 11월 4일 베를린에서 100만 명 규모의 촛불시위로 이어지면서 점점 확산되었고, 당시 동독 에리히 호네커 서기장의 공산정권은 이러한 갑작스런 이 대혼란 상황에 대한 위기관리능력을 상실하고 거의 무정부 상태와 같은 최대의 위기상황을 맞이하였다(dailynk 2020 /9/23).

당시 언론자료를 살펴보면 1989년 8월 당시 동독 호네커 서기장은 간암 수술로 3개월간 정부 업무를 제대로 수행할 상황도 아니었다. 동유럽이 민주화 바람으로 혼란기에 빠지자 동독은 자체적으로 문제를 해결하기 보다는 소련의 지시만을 기다리는 피동적 자세로 바뀌었다. 호네커 서기장 공산정권 권력 내부적으로 일부 참모들이 서기장을 제거하려는 쿠데타 계획까지 세우는 등 분열현상도 발생했다. 동독정부는 1989년 〈표 2〉 주요상황과 같이 복잡한 상황에서 시위장소인 라이프찌히 중심가에 「인민군 발포명령 89-105」를 하달하고 실탄도 지급할 정도로 무력진압을 계획했으나 실제로 발포하지는 않고 작전실패로 돌아갔다(dailynk 2020/9/23).

〈표 2〉 1989년 동독의 주요 상황

- 1989. 6. 매일 동독인 2,000명 규모 서독으로 탈출
- 1989. 7. 동독인 서독으로 대규모 탈출 시작
- 1989. 8. 21. 동독 호네커 서기장 간암 수술
- 1989. 9. 11. 동독 반체제인사 노이에스 포럼(Neues Forum) 조직
- 1989. 10. 7. 소련 고르바쵸프 대통령 동독 주둔 소련군 이동 금지
- 1989. 10. 7. 소련지도부, 동독 주재 코마체프 대사를 통해 동독정부의 무력진압 금지 입장 전달
- 1989. 11. 7~8. 동독정부 「인민군 발포명령 89-105」 하달, 실탄 지급
- 1989. 11. 8. 동독 정치국원 에곤 크렌츠 라이프치히에서 발포명령 취소
- 1989. 11. 9. 베를린 장벽 붕괴, 사회통일당 지배체제 붕괴
- 1989. 12. 3. 동독 정치국, 중앙위원회 총사퇴, 호네커 등 전직 고위간부 사회주의통일당으로부터 제명
- 1989. 12. 5. 호네커 서기장 연금
- 1989. 12. 6. 크렌츠 국가평의회 의장 사임, 동독 사태 악화

1989년 10월 7일 소련 고르바쵸프 대통령은 동독정부의 무력진압을 반대했다. 소련은 동독 주둔 소련군은 더 이상 동독 공산정권의 보호해주지 않고 오히려 동독 정부의 무력진압을 통제하는 역할을 맡았다(dailynk 2020/9/23).

"1989년부터 1990년 10월 3일 통일될 때까지 동독에서 서독으로 탈출한 동독인은 1989년에 34만 4천여명, 1990년 1월~6월 사이 23만 8천명으로 총 58만 2천 여명으로 당시 동독은 정규군 17만명을 보유하고 있었음에도 서독으로 탈출하는 동독인을 통제하지 못했다"(dailynk 2020/9/30).

1989년 11월 9일 당시 동독 크렌츠 내각은 정치국원 공보담당이었던 샤보프스키를 통해 '여행자유화(개정안)'을 발표하게 하였다(dailynk 2020/10/3). 당시 동독정부는 동독인의 자유화 의지 실체를 제대로 파

악하지 못하고 여행자유화 계획만을 발표하면 이것으로 동독인들이 공산정권을 지지할 것으로 판단했지만, 오히려 이 잘못된 발표로 11월 9일 베를린 장벽이 무너지는 역사적 사건을 기록으로 남기게 되었다.

2. 민간부문

1990년 독일통일은 1945년 제2차 세계대전 전범국이었던 독일에 대한 연합군으로 참전한 미국, 영국, 프랑스, 소련 전승 4개국에 의한 동서독 분단이 종식된 것을 상징적으로 의미한다. 서독은 자연스럽게 미국, 영국, 프랑스 서구 자유민주주의와 시장경제체제인 자본진영에 편입되어 국제사회에서 이들 국가들과 어깨를 나란히 하는 등 세계최고의 선진 복지국가 대열로 부상하였다. 그러나 동독은 분단 당시 소련 사회주의체제를 수용하고 소련식 사회주의 계획경제를 도입하여 국제적으로는 소련 공산진영에 편입돼 통일 전까지 공산체제를 유지하였다.

"동독은 1949-1961년 베를린장벽이 설치되기 전에 동독인들이 서독으로 약 250만명이 탈출하자, 28년간(1961. 8. 13.-1989. 11. 9.) 베를린 장벽 길이 136km, 높이 3,6m로 베를린 장벽을 설치하였다. 베를린 장벽 초소에 기관총과 지뢰, 철조망, 군견, 감시병, 감시벙커, 야간 서치라이트 등을 설치하였으며, 나중에는 이 장벽에 전기선 감지경보장치까지 설치하면서 동독인의 서독행을 철저히 막았다"(문화일보 2020/12/9, 위키백과 2020/10/10).

베를린 장벽은 동서냉전체제의 상징이자 공산체제의 상징물이기도 했다. 그러나 동서독은 〈표 3〉의 동서독 간의 국력비교 격차에도 전승 4개국으로부터 분단상황에서도 동서독 간 서신왕래와 인적교류, 경제적 지원 등 교류협력을 진행해 왔다. 이러한 교류협력사업들은 1989년 베를린 장벽 붕괴와 독일통일에 공감대를 형성하는 요소로 작용하였다.

〈표 3〉 동서독 간의 국력비교

구분	서독	동독	비교(서독/동독)
면적	35만 6천㎢	10만 8천㎢	3.3 배
인구	6,260만 명	1,640만 명	3.8 배
병력 수	49만 5천 명	16만 6천 명	3.0 배
수교국가	162개국	134개국	1.2 배

구분	서독	동독	비교(서독/동독)
국민총생산	12조 2,452억 DM	2,837억 DM	43.2 배
1인당 GDP	20,558억 달러	9,703 달러	2.1 배
실질성장률	3.8%	1.9%	2 배
무역규모	6,111억 달러	470억 달러	13.1 배
수출	3,413억 달러	237억 달러	14.4 배
수입	2,698억 달러	233억 달러	11.6 배

출처: http://dailynk.com/ "통일직전 동서독 간의 국력 차이는"(최종 검색일: 2020/10/5).

동독은 서독으로부터 통일 전까지 동독인의 서독 이주에 대한 지원금에 협력하고 수용하였다. 이러한 동서독의 교류협력은 다른 유럽국가들의 지지를 이끌어 냈고, 1980년대 중반 소련으로부터 동유럽에 불어 닥친 민주화 바람에 힘입어 인접국가들이 동독인의 서독으로 탈출하는 데 협력하게 하는 효과도 얻어냈다. 1989년 11월 9일 베를린 장벽이 붕괴되기 전부터 헝가리는 동독인들이 헝가리 영토를 경유하여 오스트리아로 탈출하는 것을 허용할 정도로 동독 탈출에 매우 협조적이었다(조지프 S. 나이 2009, 222).

IV. 독일통일과 국제적 환경요인

1. 국제정세

　독일통일은 1990년 10월 3일 이루어졌지만 어쩌면 독일통일을 위한 국제정세의 기류는 대략 10년 전 1981년대 미국 로널드 레이건 대통령의 소련에 대한 '힘의 우위' 정책의 실질적인 효과를 배제할 수 없었다. 국제적 측면에서 미국은 1979년 1월 1일 미중수교를 기점으로 이미 미소 양극체제의 틀을 깨기 시작하였다. 미국은 강력한 군사력과 경제력을 기반으로 해외주둔 군사비용을 유용하게 관리해 나갔으나, 소련은 경제사정 악화로 해외주둔 등 군사비용을 감당해 내지 못하였다. 독일통일은 유럽 국제정세에 비추어 볼 때, 소련의 경제사정 악화로 국제체제 관리능력이 현저히 약화되자 미국이 당시 유럽통합을 진행하고 있던 영국과 프랑스와 보조를 맞추어 소련을 압박하여 결국 소련이 어쩔 수 없이 승인한 것으로 풀이된다.

　독일통일은 "①고르바쵸프의 신사고(New Thinking)외교노선에 따른 영향 ②서독의 동방정책과 화해정책의 성과물, ③서독이 소련에 대한 막대한 경제제공의 결과물"이라는 평가도 존재한다(dailynk 2020/9/25). 그러나 이러한 해석과 주장에도 불구하고 소련은 처음부터 독일통일을 찬성하지 않았고 오히려 반대했을 뿐만 아니라, 반대→ 중립화→ 지연→ 합의 패턴으로 전환하면서 결국 어쩔 수 없이 독일통일을 승인하는 과정을 거쳐왔다.

　이러한 소련이라는 공산진영의 종주국의 리더십은 소련 내부 정치분열과 경제악화로 국제적 위상과 역할이 축소되었거나 상실되었다. 소련은 1985년 고르바쵸프 대통령의 집권으로 잠시 정치·경제적 안정을 이루는 듯하였으나, 고르바쵸프의 실각으로 소련공산당 권력싸움과 내부분열은 심화되었고, 고르바쵸프의 실각 후 1990년 소련은 해체되고 말았다. 독일통일은 1989년 베를린 장벽 붕괴 전 소련 등 국제정세를 살펴보는 것도 매우 중요하다고 본다.

소련은 1989년 10월 28일 바르샤바 조약기구에서 1968년 11월에 발표한 브레즈네프 독트린(Brezhnev Doctrine)을 파기하고, 동독과 헝가리에서 소련군을 철수하였다. 그 당시 소련의 입장은 동독과 헝가리에 주둔하는 소련군의 주둔비용의 부족으로 이들 지역에 계속 소련군 주둔 비용 유지가 어렵다는 것이었다(dailynk 2020/9/26).

소련은 동독과 헝가리 등에서 소련군을 철수하는 조건으로 서독과의 코카서스 회담을 통해 경제적 대가를 톡톡히 받아냈다. 당시 서독은 소련군 철수시기를 3~4년으로 판단했다. 이의 구체적인 합의내용은 「동독주둔 소련 점령군의 체류 및 철수를 위한 과도기적 조치에 관한 협정」과 「소련군 기한부 주둔에 관한 조약」으로 소련이 1994년 8월 31일 동독 주둔 소련군을 완전히 철수시킨다는 것이다(dailynk 2020/10/3).

통일부 자료에 의하면 서독이 통일 전후 과정에서 소련에게 지원한 비용은 "통일과정에서 생필품 명목으로 2억 2천만 마르크, 차관형식으로 50억 마르크, 농산물 명목으로 10억 마르크를 지원했고, 통일 후에는 소련군 철수비용으로 155억 5천만 마르크를 지원" 하여 총 217억 7천만 마르크를 지원한 것으로 집계된다(통일부 2016, 57).

2. 2+4회담

독일통일은 분단 후 1990년 10월 3일 동서독이 통일 될 때까지 미국, 영국, 프랑스, 소련 전승 4개국이 국제적으로 지지를 해 주었기 때문에 가능했다. 독일통일과정은 당시 전승 4개국의 독일통일에 대한 입장을 살펴볼 때, 미국은 처음부터 독일통일에 적극적인 입장이었던 반면, 영국과 프랑스에는 처음에는 반대하다가 찬성으로 선회하였고, 소련도 처음부터 반대하다가 중립, 찬성으로 선회한 것을 확인할 수 있다. 독일통일을 성공적으로 만들었던 시스템은 미국이 고안해 낸 2+4(동서독, 미·영·프·소)국제 합의체제였다. 2+4체제는 독일통일과정에서 역작이고 독일외교의 승리로도 평가된다(dailynk 2020/10/6).

여기에는 당시 영국과 프랑스가 당시 유럽공동체(EC)의 정치적, 경제적, 군사안보적 통합프로그램 진행과도 이해관계가 맞물렸다고 볼 수 있다. 통일 전 독일은 유럽공동체에서 약 30%를 차지하고 있어 세계적으로도 대외무역량에서 미국, 일본과 비슷한 최상위 수준이었다. 영국, 프랑스는 유럽공동체의 안전과 영향력 확대 등 전략적 이해관계와도 맞물려 당사국들의 이익이 일치된 산물이었다고도 볼 수 있다(안상욱 2010, 125-147).

독일통일을 둘러싼 전승 4대국의 2+4체제 회담에서 쟁점은 "오더(Oder)-나이세(Neisse) 국경선 문제와 통일독일의 병력 상한선, 동독 주둔 소련군 철수와 통일독일의 북대서양조약기구(NATO) 잔류 문제" 등으로 압축할 수 있다(dailynk 2020/9/28). 당시 미국은 베이커 국무장관이 통일 후 독일이 나토 잔류를 독일통일 조건으로 1989년 11월 28일 「독일과 유럽분단 극복을 위한 10개항 계획」을 제시하게 하였다. 서독은 미군이 유럽의 '안전보장자'로서 계속 주둔해야 한다며 소련을 적극적으로 설득했다. 그 방법으로 〈표 4〉와 같이 6개 전제조건들을 제시하였다(dailynk 2020/9/28).

<표 4> 독일통일 6개 전제 조건

① 유럽안보협력회의(CSCE)[2] 최종 의정서의 자결권 조항에 따라 2차 세계대전 전승 4대국 (Four)이 동서독(Two) 통일선택에 개입해서는 안된다는 원칙
② NATO에 관한 비확대
③ NATO가 악귀가 아니고 소련을 적으로 간주하지 않는다는 것 G-7회담 적극 활용
④ NATO, 바르샤바조약기구(WTO)가 없어져도 존속한다는 것
⑤ 통일독일을 독립적으로 NATO밖에 방치할 경우, 소련과 유럽에 매우 위협이라는 것
⑥ 통일독일 후 소련군은 600km, 미군 4,000km 밖으로 물러나는 것을 절대수락 할 수 없다는 것

유럽안보협력회의(CSCE) 합의조건들은 당시 서독 콜 총리와 소련 고르바쵸프 대통령이 코카서스 회담에서 합의하면서 1990년 11월 3일 독일통일 성사로 이어졌다(홍기준 56-75, 통일부 2016, 40-71).

3. 독일통일에서 미국의 역할

1) 영국과 프랑스에 대한 미국의 억할

동서독은 상호 간 원만한 교류와 당시 소련과 동유럽에 불어닥친 민주화 바람이라는 국제기류에 힘입어 동서독과 전승 4개국의 합의, 서독과 소련의 독소 코카서스 회담 후 1990년 10월 3일 독일통일을 이루어냈다. 1989년 베를린 장벽 붕괴가 이루어지면서 동유럽은 상당히 혼

---

[2] 유럽안보협력회의(CSCE, Conference on Security and Cooperation in Europe, 1975년 헬싱키에서 창립 총 38개국이었으나 1995년 1월 이후 OSCE (유럽안보협력기구: Organization for Security and Cooperation European)는 미국과 캐나다를 포함하여 56개국으로 증가하였다.

란을 겪었고 동독인들은 1년간 계속 서독으로 탈출행보를 하였다.

독일통일은 국제적으로 전승 4개국의 협조와 승인이 있어야만 정당성을 인정받을 수 있었기 때문에 전승 4개국 가운데 미국의 독일통일에 대한 적극적이고 절대적인 역할을 배제할 수 없을 것이다. 미국은 독일통일을 성사시키기 위해서는 서독지역의 영국과 프랑스를 설득해야 하고, 동독지역에 대한 절대권한을 가지고 있었던 소련을 설득하고 독일통일에 대한 합의조건으로 경제적 보상을 제공해 주어야만 하는 경제적 보상에 대한 대안책을 마련하였다. 만약 이러한 미국의 주도적이고 치밀한 중재적인 노력이 없었다면, 아마도 독일통일은 동서독의 자체 힘만으로는 결코 통일을 쉽게 이루지 못했을 것이다. 물론 이러한 미국의 외교적 성과는 〈표 5〉의 진행상황과 같이 동서독의 통일의지와 미국과의 국제적 협력이 결합되면서 가능하였다(dailynk 2020/10/8).

〈표 5〉 영국과 프랑스에 대한 미국의 역할 진행상황

-1989. 동유럽 민주화운동 본격화
-1989. 헬무트 콜 서독 총리 독일통일 언급
-1989. 5. 미국 부시 대통령 독일통일 환영 언급(워싱턴 타임즈)
-1989. 10. 24. 미국 부시 대통령 독일통일 콜 서독총리 발언, 지지
-1989. 11. 29. 미국 베이커 국무장관 「독일통일과 유럽분단 극복을 위한 10개항 계획」 발표, 지지
-1989. 12. 13. 영국 대처총리 미국 부시 대통령 정상회담에서 「독일통일과 유럽분단 극복을 위한 10개항 계획」 발표를 지지
-1990. 2. 미국 부시 대통령 서독 콜 총리 지지
-1990. 4. 20. 부시 미국 대통령 미테랑 프랑스 대통령 정상회담, 독일통일 승인 약속을 받아냄
-1990. 4. 29. 부시 미국 대통령 더블린 EC특별 정상회담에서 독일통일 지지결의안 통과에 도움

영국과 프랑스는 미국의 독일통일 설득에 긍정적으로 반응한 것은 제2차 세계대전 후 유럽지역에서 유럽안보공동체인 나토(NATO)와 유럽통합(EU) 과정에서의 서독과의 전략적 이해관계와 깊은 연관성을 추론할 수 있다 (홍기준 2008, 217-233). 통일독일은 이후 미국이 예상한대로 나토(NATO)정회원국이 되었고, G-7국가로서 미국의 외교노선에 영국, 프랑스와 함께 공동보조를 맞추어 나갔다.

2) 소련의 독일통일 반대 극복을 위한 미국의 역할

1990년 당시 소련은 독일통일에 처음부터 반대를 했고 독일통일을 용인할 생각조차 없었다고 본다. 소련이 독일통일을 반대한 이유는 독일통일은 사회주의 패배를 인정한다는 점, 동독주둔 소련군 주둔비용 문제, 동독은 소련의 주요 상품 공급지 상실로 경제적 손실을 우려했기 때문으로 분석된다.

미국은 1990년 독일통일이 이루어질 때까지 소련이 이를 반대할 것을 우려하여 소련이 독일통일과정에서 개입과 지연을 못하게 4강회의, 4대국 대사회의, CSCE정상회의(유럽안보협력회의: CSCE; Conference on Security and Cooperation in Europe), 평화회의 등을 개최하는 것을 제의하였다. 또 미국은 소련의 이러한 방해를 사전에 차단하기 위해 영국, 프랑스, 서독과 협조 하에 이를 적절히 거부하는 한편 2+4체제형식의 국제회담 개최로 2차 세계대전 전승 4개국의 동의절차를 대폭 간소화 시켰다. 미국은 이러한 일련의 노력을 1990년 11월 3일 독일통일 될 때까지 〈표 6〉 진행과정과 같이 치밀하게 추진해 왔음을 확인할 수 있다(dailynk 2020/10/8).

〈표 6 〉 미국의 독일통일을 위한 역할 진행과정

-1989. 12. 19. 미국, 세바르나제 소련 외무장관 NATO사령부로 초청, 화해 분위기 조성
-1990. 2. 28. 미국, 독일통일 후에도 독일이 NATO 정회원국으로 남을 것을 서독 콜 총리와 합의
-1990. 3. 7. 소련 고르바쵸프 대통령 통일독일 NATO 정회원국 거부
-1990. 5. 소련 고르바쵸프 대통령 미국 방문, 통일독일 NATO 정회원국 합의
-1990. 6. 미국, 더불린 EC정상회담에서 EC집행위원회로 하여금 대소련 원조계획안 수립 결의
-1990. 7. 5. 미국, 고르바쵸프에게 NATO정상회담에서 변화된 NATO에 관한 선언을 결의하게 함
-1990. 7. 9. 미국, 휴스턴 G-7 정상회담에서 대소련 경제지원대책 결의
-1990. 7. 16. 소련 세바르나제 외무장관, 서독 콜 총리와 코카서스 회담에서 독일통일 수락

그러면 미국은 왜 이렇게 독일통일에 적극적으로 나서게 되었을까? 그 이유는 당연히 국제적 측면에서 독일통일이 미국이 주도하는 신국제질서 재편과 세계전략 등 국익에 도움이 되었기 때문이다. 그렇지만 한편으로는 미국은 1945년 동서독 분단 후 서독이 서구 자유민주주의 체제를 수용하고 미국의 세계전략에 따라 동맹국으로서 공동보조를 잘 맞춰왔다는 점, 만약 독일통일이 이루어진다면 유럽지역의 새로운 질서를 구축할 수 있는 버팀목이 될 수 있다는 점을 확신했기 때문이다. 또 미국은 소련이 우려한 서독의 동독흡수통일을 냉전종식의 상징으로 나타낼 수 있다는 점, 곧 미소 양극체제에서의 승리와 국제질서에서의 미국의 리더십 승리라는 체제우위적 상징성도 내포돼 있었다고 본다.

V. 결론

독일통일 30주년을 맞이하면서 새로운 국제질서는 미중 G2체제 혹은 미국, 중국, EU 다극체제 아니면 무극체제로 나타나는 양상을 보이고 있다. 그럼에도 국제관계에서 변하지 않는 것은 현실주의적 관점에서 특정국가의 국제행위자로서의 '힘(Power)'은 시대를 초월하여 변함없이 권력이동을 하고 있다는 것이다.

독일은 베를린 장벽이 무너지고 1990년 민족통일이라는 기쁨과 성취도 있었지만, 통일 후 통일후유증도 상당히 많았고 아직도 진행 중에 있다. 이러한 통일후유증은 동서독인들의 사회적·경제적·심리적 후유증으로 나타나기도 시작했으며 과거 1등국민, 2등국민, 오씨(Osis), 베씨(Wesis)와 같은 상대 비하적 용어들이 만들어질 정도로 사회적 갈등현상이 발생하기도 했다. 통일후유증은 실업률, 평균수명, 경제성장, 통일비용, 통일이익, 동서독 주민 간의 갈등도 1990년 독일통일로부터 30년이라는 시간을 거치면서 점차 줄어들고 그 격차가 좁혀지고 있다.

이 글에서 1990년 10월 3일 독일통일이 이루어지기 전까지 통일은 동서독 국민들이 원한다고 해서 그냥 쉽게 이루어지지 않는다는 것을 확인할 수 있었다. 국제질서와 국내외적 환경, 통일국가와의 이해관계, 국익들을 고려하지 않을 수 없다는 것이다. 독일은 1990년 독일통일을 통해 1945년 제2차 세계대전에서 전범국, 패전국이라는 전쟁의 유산과 오명을 씻을 수 있는 계기를 마련했다. 그러나 독일이 통일이라는 목표를 달성하기까지는 동서독의 내부적 협력에도 불구하고, 국제적으로 미국의 절대적 역할이 없었다면 독일통일은 결코 쉽게 이루어지지 않았을 것이다.

이러한 장벽들은 본문에서 수많은 난관과 국가 간의 이해관계를 통해서 확인할 수 있었다. 국제관계에서 미국이 독일통일에 적극적으로 나선 것은 결국은 미국의 외교전략과 국익차원이라고 할 수 있지만, 보다 더 중요한 것은 서독과 미국의 전략적 이해관계가 일치되었기 때문에 가능했다고 본다. 또한 독일통일에서 간과해서는 안될 중요한 사항은 서독은 통일될 때까지 동독인이 서독으로 이주하는데 경제적 지원금을 수 년간 계속 지원해 왔다는 점이다. 민간부문의 서신왕래, 인적교류, 문화교류 프로그램 역시 동서독이 꾸준히 진행해 왔다는 점도 시사하는 바가 크다. 동서독의 이러한 정부와 민간부문의 동시 노력들은 전승 4개국 뿐만 아니라, 유럽과 국제사회에서도 독일통일을 지지하게 한 동력으로 작용하였다.

독일통일을 간략히 요약하면 첫째, 미소 양극체제에서 냉전이 종식되는 시점에서 소련의 세력약화로 동서독이 통일의 기회를 갖게 되었다는 것이다. 둘째, 1990년 당시 독일통일은 유럽통합과정 중에 전략적 이해관계가 일치되어 쉽게 이루어질 수 있었다는 것이다. 셋째, 미국은 독일통일에 적극적인 중재자로서 절대적인 역할을 했다는 점이다. 넷째 동서독은 1990년 통일전까지 꾸준히 인적교류와 문화적 교류협력 정책을 진행해 왔다는 것이다. 다섯째, 독일통일은 서독의 흡수통일 방식을 통해 이후 유럽연합(EU)과 나토(NATO) 가입함으로써 4대 전승국 간 국제적 신뢰를 유지하고 국제사회발전에 순기능적 역할로 이어졌다는 것이다.

이러한 동서독의 통일사례는 분단국 한반도 통일에 시사하는 바가 매우 크다. 그러나 동서독은 동족끼리 동족상잔과 같은 내전상황은 없었다. 그러나 남북한은 1950년 6.25전쟁이라는 동족상잔의 비극이 있었고, 체제경쟁과 북한의 한반도 사회주의화 목표는 아직까지 수정되지 않고 있으며, 핵과 미사일 등 전략무기개발로 안보위협은 가중되고 있다. 중국과 타이완 문제 역시 하나의 중국 원칙아래 양안문제로 동서독 문제처럼 쉽게 이루어질 사안은 아니라고 본다.

2020년 국제질서는 탈냉전 시대임에도 동북아지역의 한반도와 중국의 양안문제는 독일통일과 같이 동일한 분단국 통일대상 사례로 일괄 적용하기는 힘들 것이다. 다만, 국제적 변수로서 체제경쟁적 국가일 경우, '힘의 우위'에 의한 상대의 세력약화가 이루어지든지, 아니면 자연스런 국가소멸 현상이 나타날 경우 어느 쪽으로의 통일이든 쉽게 이루어질 가능성은 높다고 본다. 이러한 변수는 탈냉전체제에서 자국실리라는 현실에서 그 가능성이 더 높게 나타날 수 있을 것이다.

하지만 독일통일은 1990년에 이루어졌지만 30년이라는 세월동안에 통일 후 동서독 간 사회적·경제적·심리적 갈등과 같은 통일후유증이라는 부정적 문제도 발생했었다. 통일 후 통합과정의 부정적인 사례는 향후 분단국인 한반도와 중국 양안문제에서 참고해야만 할 사안이다. 독일통일 사례는 분단국가의 통일은 결과 자체가 중요한 것이 아니라, 그 통일과정에서 후유증을 사전에 제거해 나갈 수 있는 프로그램 개발도 매우 중요하다는 교훈을 시사한다는 점에서 의미가 있다고 본다.

■ 참고문헌

고상두·하명신. 2011. "독일 망명정책 변화의 국내적 영향요인에 과한 연구", 「국제정치논총」 제51집 1호, pp. 241-258.
김용구. 2006. 『세계외교사』, 서울: 서울대학교출판부.
김미자. 2012. "한국과 독일 환경정치의 초기발전과정 비교." 「국제정치연구」 제15집 2호, pp. 149-16.
민병오. 2011. 『국제안보 쟁점과 해결』, 서울; 명인문화사.
안상욱. 2010. "유럽통합의 관점에서 본 독일통일: 유럽통합 진전에 따른 통일의 진전과 통합과정에서의 동유럽 통합절차와 차별성." 「국제정치논총」 제50집 5호, pp. 125-147.
유숙란. 2010. "독일과 네덜란드의 이주민 정치적 통합과정 비교: 외국인의 지방참정권 확대정책을 중심으로." 「21세기 정치학회보」 제20집 1호, pp. 237-255.
이춘근. 2009. 『현실주의 국제정치학』. 서울: 나남출판.
조지프 S. 나이. 1991. 『21세기 美國 파워』. 한국경제신문사.
조지프 S. 나이. 2009. 『국제분쟁의 이해 이론과 역사』. 서울: 한울.
존 베일리스·스티브 스미스. 2007. 『세계정치론』. 서울: 을유문화사.
통일부. 2016. 『독일통일총서 외교분야Ⅱ 관련 정책문서』 서울: 통일부.
헨리 키신저. 2012. 『헨리 키신저의 중국 이야기』. 서울: 민음사.
홍기준. 2006. "CSCE 레짐동학(1972-19940분석: 권력, 이익, 지식을 중심으로." 「국제정치논총」 제46집 3호, pp. 56-75.
홍기준. 2008. "유럽통합의 경로의존성과 창발성." 「국제정치논총」 제48집 4호. pp. 217-233.
박삼봉통일통일정보연구소. http://blog.daum.net/germanunification/14979145, "독·소 코카서스 정상회담: 통일의 최대관문." (최종검색일: 2020/10/9).
다음백과사전. https://search.daum.net/search?w=tot&DA=UME&t, "페레스트로이카." (최종검색일: 2020/11/9)
위키백과사전. https://ko.wikipedia.org/wiki, "몰타회담," (검색일: 2020/11/10).

http://dailynk.com/. "동독 공산정권이 총 한방 못 쏘아보고 멸망한 이유는?"(최종검색일: 2020/ 9/23).

http://dailynk.com/. "소련은 왜 독일통일을 수락하게 되었는가?"(최종검색일: 2020/9/25).

http://dailynk.com/. "독일통일의 최고의 공로자는 누구인가?"(최종검색일: 2020/9/26).

https://dailynk.com/. "2+4회담의 쟁점은 무엇이었으며 미국과 서독은 어떻게 해결했는가?"(최종검색일: 2020/9/28).

http://dailynk.com/. "독일이 조급한 통일을 추진하게 된 이유는 무엇인가?"(최종검색일: 2020/ 9/30).

http://dailynk.com/. "통일직전 동서독 간의 국력 차이는"(최종검색일: 2020/10/5).

http://dailynk.com/. "21세기의 기적으로 불리는 독일통일의 과정"(최종검색일: 2020/10/3).

https://news.joins.com/article/23864981?cloc=Joongang|sundayhome|middlenews, "통독 2+4조약 성사뒤엔 코카서스의 기적 있었다"(최종검색일: 2020/10/6).

http://dailynk.com/. "독일통일과정에서의미국의 역할은?"(최종검색일: 2020/10/8).

https://ko.wikipedia.org/wiki/%EC%B2%B4%ED%81%AC%ED%8F%AC%EC%9D%B8%ED%8A%B8_%EC%B0%B0%EB%A6%AC "체크포인트찰리,"(검색일: 2020/10/10).

http://www.munhwa.com/news/view.html?no=2018020901033330307001, "베를린 장벽 28년, 붕괴 후 28년,"(최종검색일: 2020/12/9).

3장
베를린 장벽 붕괴와 독일 통일의 인과관계

정주신 (한밭대학교)

Ⅰ. 서론

　독일이 제2차 세계대전의 전범국인 독일은 전승4국으로부터 1945년 8월부터 물리적인 동서독으로 분단된 이후, 1990년 10월 동서독 중심의 통일을 성취하기까지 45년간 분단 상태가 지속되었다. 그러다가 갑자기 베를린 장벽의 붕괴로 동독이 무너지면서 통일되었다. 돌이켜보면, 전승4국 중에서 당시 능력으로 미국을 이길 수 없다고 판단한 소련은 승전국끼리의 합의를 깨고 동독을 세웠다. 그러자 미국·영국·프랑스는 나머지 지역에 서독을 세웠다. 이에 대해 1948년 6월 소련의 베를린 봉쇄는 동서 유럽에서의 냉전을 상징하는 일대 사건이었다.
　베를린은 본래 전부가 소련 점령 지역이었으나 독일의 전통적 수도라는 상징성 때문에 미·영·불 3개국이 압력을 넣어서 동서베를린으로 분할된 결과 서독으로서는 월경지가 되었다. 독일을 미국·영국·프랑스 중심의 서독과 소련 중심의 동독으로의 분단과 동독내의 베를린을 과거 독일의 수도였다는 이유만으로 서베를린과 동베를린으로의 분할은 전승4국의 편리에 따라 계획적이고 강압적으로 영토 분열을 획정한 것이었지, 독일 국민과 동서독 주민들의 의사와 무관하게 이뤄졌다.

제2차 세계대전 이후 독일이 분단되면서 서독의 법적 수도는 1949년 5월 23일 분단, 1990년 8월 31일 통일 관련 조약 체결, 1990년 10월 3일 통일이 이루어지기까지 명목상 수도는 베를린(Berlin)이었으나 실질적 수도는 사실상 본(Bonn)이었다. 통일 이후에는 본에 있던 연방 기관들이 대거 베를린으로 이전했지만, 베를린은 공식적으로 동서독의 주권이 미치지 못하는 전승4국의 관할지역인데다 소련 관할지역인 동독에 둘러싸인 월경지였기에 실질적으로 수도(首都)로서의 기능을 할 수 없었다.

그러므로 제2차 세계대전 이후 전범국인 독일이 전승4국에 의해 점령 분단했듯이 동독 내에 속한 베를린 또한 독일 수도로서의 상징성 때문에 전승4국에 의해 또다시 분할되었다는 것은 독일의 이중 분할 문제를 의미한다. 이 이중 분할의 독일문제는 독일 내부 문제보다는 독일 외부 문제에 의해 작용될 수밖에 없었고, 결국 독일 내부냐, 아니면 독일 외부냐를 중심으로 통일문제를 해결해야 하는 관점이 대두되었다.

전승4국에 의한 위로부터의 분단 과정이 전범국 독일 영토와 그 수도 관할지 베를린을 분할시켰다. 이는 독일이 또다시 전범국이 되는 것을 막자는 의도였지만, 독일 국민과 베를린 주민들의 이산과 분열을 초래하는 결과가 되었다. 반대로 독일 국민과 베를린 주민들은 전승4국, 특히 소련과 동독 체제에 맞서면서 분단 독일과 분할 베를린 영토에 펼쳐진 장막과 철조망을 극복하고자 하였다. 그 결과 독일 통일은 분단 동서독과 분할된 동서베를린을 단일 독일 원상태로 복구하는 과정이었다.

그래서 제2차 세계대전 후 독일이 외세에 의해 분단되고 영토마저 분할된 것은 독일 국민이나 동서독 주민들의 활동반경은 물론 교류에 치명타가 되었다. 그러나 베를린 장벽의 붕괴는 독일 국민이나 동서독 주민들을 움직였다. 그러므로 분단 독일이 통일 독일로 나설 수 있었던 것은 독일 국민이나 동서독 주민들이 뭉치면 외세도 이들의 통일 환경에 응할 수밖에 없었던 형국이었다. 외세가 만든 베를린 장벽을 뚫고 통일 독일을 염원하던 터에, 독일 통일은 베를린 장벽의 붕괴로 일사천리 진행되었다. 즉 베를린 장벽의 붕괴는 동독에서 1990년 3·18총선으로 의석수의 대부분이 서독정당에 귀속되는 결과를 가져왔다. 그리고 소위 전승4국도 동서독과 더불어 2+4회담에 우호적으로 참여하기에 이르렀다. 베를린 장벽 붕괴란 밑으로부터의 통일 과정이 정상적인 통일 독일과 독일인으로 합치는데 큰 작용을 가져왔다.

  1961년 울브리히트(W. Ulbricht)의 기자회견 장면과 1989년 샤보브스키(G. Schabowski)의 기자회견 장면은 베를린 장벽의 시작과 종말을 각각 상징한다. 베를린 장벽의 구축, 이어진 구역별 국경 장벽의 구축, 마침내 베를린 장벽의 붕괴 장면은 오늘날까지 독일 통일의 상징성으로 전세계적으로 방송되고 또 재방송되고 있다.[1] 1989년에 베를린 장벽이 무너졌고, 1990년 9월 12일에 서베를린에 대한 연합국 점령이 해제되고, 독일 연방 공화국의 일부로 편입되었다. 이후 1990년 10월 3일에 독일의 재통일이 실현되면서 동베를린과 서베를린의 구분은 그 의미를 상실하였고, 베를린은 독일의 수도(首都)로 회복되었다.

  따라서 승전4국이라는 외세나 그들의 국제적 환경이 독일과 베를린을 분단시킨 요체가 되었지만, 반대로 독일 통일 과정은 무엇보다도 베를린 장벽이 붕괴되면서 동서독 주민들에게 통일 열정을 불어넣어 주면서 시작되었다. 그러므로 독일이 분단되었으나 분단의 중심추는 독일

---

[1] https://heritage.unesco.or.kr (검색일: 2020/07/22).

수도였던 베를린에 관심이 집중되었다. 더구나 베를린 분할의 향방은 독일 통일과 깊은 연관이 있음을 알 수 있다. 즉 독일 분단과 동서독의 존재, 분단 베를린과 베를린 장벽, 베를린 장벽의 붕괴와 독일 통일로 급변하는 상황 변화를 보여주었다. 그러므로 이 글이 추구하고자 하는 바는 '베를린'에 집중된 동서독이나 전승4국이 독일 통일의 전초기지인 베를린을 피해갈 수 없게 만들었음을 고찰하는 것이다.

분단 베를린의 중요성은 베를린이 소련 관할 지역인 동독 내에 위치해 있었고, 그 베를린이 승전4국에 의해서 또다시 분할되었다는 데서 독일 통일의 중요한 배경요인에 있었다 할 것이다. 동서독 분단과 더불어 동서 베를린 분단은 독일이 이중 분단이라는 오명을 남겼지만, 결국 이중 분단이 통일로 가는 단초였다는 데서 이 글의 필요성을 찾을 수 있다. 특히 큰 틀로서 동서독 분단으로서의 동서독 통일보다는 작은 틀의 범주에서 동서 베를린 분단이 베를린 장벽의 붕괴를 겪고서 동서 베를린 통합과 통일 독일을 이끄는 원동력이 되었다는 데서 이 글의 필요성을 지닌다. 동베를린의 경우 명목상 소련군 관할 지역이었기에 '주'가 아닌 '특수지역'으로 간주된 것은 베를린 장벽이 붕괴되면서 나타난 결과물로써 독일 통일의 명분을 쌓는 계기가 되었다는 점이다.

따라서 베를린 분단 이후 베를린 장벽이 공고화되는 것처럼 보였으나, 동독당국 대변인 샤보프스키의 말실수로 급격하게 베를린 장벽이 붕괴되면서 분단 베를린은 통일 베를린으로 가는 견인차가 되었고, 궁극적으로는 통일 독일의 발원지로 탈바꿈 된 셈이었다. 그러므로 이 글의 목적은 동서독 통일이 거시적 차원의 관점에서 정상회담 등을 통한 동서독 분단을 해결하려는데 초점을 둘 것이 아니라(정주신 2020), 오히려 국소적 의미에서 동서 베를린 분단, 특히 베를린 장벽의 붕괴로부터 기인됐다는 점에서 베를린 장벽 붕괴와 독일 통일 간의 그 인과관계(因果關係, causality)에 초점을 두고자 한다. 즉 베를린 장벽의 붕괴가 독일 통일로 이룬 완성체로 결과지어진 바, 그 인과관계를 연구하는 것에 그 목적을 둔다.

Ⅱ. 이론적 배경 및 연구방법

독일 통일과 관련한 국내의 선행연구는 대체적으로 독일 통일에 대한 개괄적인 저서 위주, 즉 분단과 통일의 현대사를 다룬 연구, 독일 통일과 동독 재건과정, 그리고 분단 극복의 경험 등을 다룬 것(손선홍 2005; 김국신 외 1994; 정용길 2009; 김영탁 1997; 백경남 1991; 서지원 역 2004)이다보니, 직접적으로 통일 독일을 이룰 수 있는 전제조건으로 베를린 장벽의 붕괴를 연계한 연구가 부진해 온 한계를 보였다. 다시 말해서 독일통일은 국제적 환경요인과 정상회담의 대가(代價)였지만, 연구과정에서는 이를 독일통일 전개과정의 일환으로 본 것이다(정주신 2020). 그러나 이는 베를린 장벽의 붕괴가 독일 통일의 원동력으로 작용한 점을 간과한 경향이었다.

그 다음 통일독일과정에서의 정당 혹은 정치 집단 및 단체 중심의 미시적 관점에서 논의, 이를테면 통일 독일과정에서 정치·사회단체들의 대응(서병철 편 2003), 독일통일의 당내 역학 관계 내지는 국내성치적 결정요인 분석(유진숙 2011), 개별 수상의 전략적 판단과 선택을 통한 정치적 리더십 발휘(유진숙 2008), 독일 및 구동독 지역 정당체제 연구(정병기 2011; 김면회 2010; 김종갑 2003) 그리고 독일통일에서의 특정 정당의 고찰 및 역할론(김경미 2002; 김도태 1996) 등의 연구는 정당 내의 역학관계를 둘러싼 파워게임이나 특정 정당의 사례, 그리고 동독 내 정당체계 분석에 머물고 있어 통일독일을 이룬 베를린 장벽의 붕괴가 묻혀버리는 경향이 있었다. 베를린 장벽의 붕괴는 변화된 국제적 환경요인과 2+4회담으로 작용한 것이어서 기존 연구는 베를린 장벽의 붕괴를 담아내지 못하는 한계를 보였다.

그리고 독일의 통일방식 모델에 따라 한반도 통일 모델을 추구하고자 하는 연구자들도 동서독 통일을 베를린 장벽의 붕괴의 일환으로 보거나, 아예 베를린 장벽의 붕괴가 독일 통일을 가져다준 쾌거를 간과해 연구하는 경향을 보여주었다. 그 결과 베를린 장벽의 붕괴와 향후 DMZ 붕괴 등 당면한 남북한 통일과 관련한 후속연구를 진행시키지 못하는 한계를 드러냈다. 선행연구가 이처럼 동서독 통일이 국제적 환경요인의 변화나 동서독 정상회담의 결과였음을 알고 있지만, 실상은 베를린 장벽의 붕괴의 변화를 연구자들이 간과하고 정치적 및 경제적 통합에 치우쳐 연구한 셈이었다. 그 결과 연구자들은 한국에서 독일통일 사례를 모범으로 여기지도 않았을 뿐만 아니라, 베를린 장벽의 붕괴를 통한 독일통일로서의 사례를 벤치마킹 해오지도 못했다. 이들 연구자들의 방식은 어쩌면 국제환경의 변화나 정상회담의 개최에 초점을 두었지 굳이 베를린 장벽의 붕괴에조차도 의미를 두지 않았다는 데 문제가 있다. 독일이 통일될 수 있었던 가정 중요한 열쇠가 베를린 장벽의 붕괴였음에도 말이다.

그렇다면, 베를린 장벽의 붕괴 연구가 취약하다는 것은 바로 한국에서 통일연구의 새로운 척도를 DMZ에서 찾아야 하는 연구가 희박하다는 것을 의미한다. 베를린 장벽 붕괴 연구의 요체는 동독주민들이 서독으로 가고자 했던 열정이 묻어나기 때문에 중요하다는 얘기다. 그것은 다름 아닌 한반도 주변상황의 변화와 남북정상회담을 통해 이산가족상봉을 넘어 탈북자 문제의 해결 및 남북한 주민들이 상호 방문, 북한 주민들이 한국의 텔레비전·라디오·신문을 보고 듣고 읽을 수 있게 하는 등 북한과의 협정을 체결해 사회문화적 교류협력이 제도적 차원에서 이루어져야 할 것이다.

서독 정부는 평화 공존을 넘어 동독 주민들의 삶의 질, 인권개선에 초점을 뒀고, 이에 대한 동독 주민들의 반응은 폭발적이었다. 마침내 베를린 장벽의 붕괴가 동독이 서독과, 혹은 동독주민이 서독주민과의 통일을 향한 힘찬 행진을 보여준 것이었다. 베를린 장벽의 붕괴 과정에서 동서독 주민들의 열정이 DMZ에서도 나타나야 함으로 북한 주민들의 삶의 질과 인권 개선에 초점을 두고, 북한 주민들의 공감을 얻는 데 중지를 모아야 할 것이다.

이런 의미에서 베를린 장벽의 붕괴가 독일 통일의 도화선(導火線)이 되었음을 인과관계적으로 분석하고자 한다. 그 전개과정을, "분단 '베를린'에 포커스를 두면서 동서독의 분단→ 동서베를린의 분단→ 베를린 장벽의 건설→ 베를린 장벽의 붕괴→ 동서독 통일"의 순서로 살피고자 한다. 사회과학계에서 인과관계는 선행하는 한 변인(X)이 후행하는 다른 변인(Y)의 원인이 되고 있다고 믿는 관계이다.[2] X가 Y의 원인이라는 인과관계가 있다는 분석, 즉 X가 있으면 Y도 있고, X가 없으면 Y도 없다는 의미한다. 이를 위한 연구방법은 베를린 장벽의 붕괴가 독일 통일의 바로미터였음을 증명해보고자 기존 독일 통일 관련 문헌 조사 및 인터넷 자료 조사 등을 활용할 것이다. 베를린 장벽의 붕괴와 관련하여 독일의 성공적인 통일 사례를 분석하고자 하는 것은, 한반도가 세계 유일의 분단국으로 베를린 장벽 붕괴에 기인한 동서독 주민이 역할이 지대했기 때문이다.

동서독 통일이 동서독 정상간의 정상회담의 결과만으로 이뤄지지 않았으며, 당시 베를린 장벽의 붕괴가 국제환경의 변화와 맞물리면서 독일 통일이 시작되었다. 요컨대 고르바초프(M. Gorbachev)의 개혁과 개방이 베를린 장벽의 붕괴의 원인을 제공하였듯이 베를린 장벽의 붕괴 또한 독

---

2) https://namu.wiki/w/상관관계와 인과관계 (검색일: 2020/01/23).

일 통일의 전제조건으로서 2+4회담으로 결과지어 졌다. 그 인과관계는 베를린 장벽의 붕괴가 국제환경의 변화와 등치되면서 2+4회담으로 통일이 앞당겨졌다는 점이다. 결국 독일 통일 과정에서 베를린 장벽의 붕괴에 대한 연구가 미진한 것도, 어쩌면 연구 초점이 소련의 붕괴와 같은 국제적 환경의 변화보다 현저히 적었기 때문으로 볼 수 있다.

다시 말해서 국제적 환경의 변화가 독일주민, 특히 동독주민을 자극하였고, 그 힘은 베를린 장벽 붕괴와 함께 독일 통일을 이뤄내는 결정적 요인이었다. 동서독의 통일은 독일을 전범국으로 각인한 전승4국의 강압의 의한 독일의 동서독 분단과 그 일환으로 독일 수도였던 베를린 분할에서 찾을 수 있다. 그래서 이 연구의 연구방법은 동서독 통일이 베를린 장벽 붕괴의 원인과 결과가 가져온 만큼, 베를린 장벽의 건설과 붕괴를 인과관계적 관점에서 다루고자 한다. 분단 독일과 베를린 분열이 전승4국의 편리에 따라 계획적이고 강압적으로 나타난 영토 획정일 뿐이었지만, 독일 통일의 본질은 독일 국민과 동서독 주민들의 의사 집약인 베를린 장벽 붕괴로부터 찾을 수 있다.

따라서 전승4국에 따라 독일이 분단되고 수도 베를린마저 분할시킨 외세의 의도는 독일의 2차 대전 이후 재무장 방지용이었으나, 불행한 것은 독일 국민, 동서독 주민들의 희생을 가져왔다는 점이다.

Ⅲ. 베를린 장벽 붕괴 이전의 동서독 분단과 베를린 분할

1. 전전회담과 동서독 분단

전전(戰前)인 1943년 12월 1일 테헤란회담에서 3국(미국·영국·소련) 정상이 독일을 분할하여 공동관리 방안을 논의하였고, 1945년 2월 4일~11일까지 제2차 세계대전 종반에 개최된 얄타회담에서 미국·영국·프랑스·소련 4국 연합국의 지도자들은 독일을 패전 후 분할 점령한다는 원칙을 내세웠다. 그러던 차에 1945년 5월 8일 독일군은 연합군의 점령으로 무조건 항복하였고, 5월 9일 독일은 소련군에 항복하여 동부전선의 모든 영토를 빼앗겼다. 1945년 제2차 세계대전의 패전 이후 승전4국은 6월 5일 베를린 공동선언을 통하여 점령국 관리위원회를 설치, 독일의 최고통수권을 인수하였다. 종전(終戰) 후 미국·영국·소련의 3국 정상 간 1945년 7월 26일에 열린 포츠담회담에서 논의된 연합국 중심의 승전4국에 따라, 독일은 동서독으로 분단되었고, 독일 수도였던 베를린조차도 동서 베를린으로 분할되었다.

주지하듯이 승전4국은 포츠담조약에 따라 승전4국이 독일을 4개로 분할하여 관리하기로 하였으나, 4개 점령지역에서 각각 상이한 점령정책을 시행함으로써 독일의 분단은 더욱 굳어졌다. 베를린 지구는 공동관리 하에 둔다는 4개국 공동선언을 발표하였다. 포츠담회담에 의하여 미국, 영국, 프랑스 군대가 베를린 서부지구를 장악하고 소련군이 베를린 동부지구를 장악하였다. 서독은 미국·영국·프랑스 관할 지역을 합쳐서 동독과 분리되었다. 베를린은 본래 전부가 소련 점령 지역인 동독에 있었으나 독일의 전통적 수도(首都)라는 상징성 때문에 미국·영국·프랑스 3개국이 압력을 넣어서 분할한 결과, 서독으로서는 서베를린이 월경지가 되었다. 게다가 동독 내에 속한 서베를린은 동독과 동베를린에서 고립될 수밖에 없었다. 그러나 소련의 노골적인 팽창정책은 서방 점령국인 미국, 영국, 프랑스가 결속하는 계기를 제공하여, 결국 서방 점령지대의 통합을 가져왔다. 이것이 독일 분단의 결정적 요인이었다.

결국 분단 독일은 민주주의 체제의 서독과 공산주의 체제의 동독으로 갈라지기에 이르렀다. 특히 미국과 소련은 이데올로기와 사회체제를 달리하였기 때문에 대립이 격화하였다. 미국은 소련과의 냉전이 격화하자 마샬플랜에 의한 경제원조를 단행하며, 1947년 소련의 독일과 서유럽 국가들에 대한 압력을 가하였다. 1948년 2월 미국, 영국, 프랑스의 서방측 3개국은 소련의 참여 없이 런던회담3)을 개최, 독일정책에 대한 소련의 팽창에 대응하는 공동방침에 합의하였다. 그리고 서 연합국이 새로운 화폐인 독일 마르크 DM를 3개의 서부지역에 통용키로 합의하는 1948년 6월 통화개혁에 대한 소련의 저항은 베를린 봉쇄(Berlin Blockade)4)로 나타났고 결정적으로 독일이 분단국가가 형성되는 과정이었다. 이런 소련의 봉쇄 전략은 1948년 3월 20일 1차 런던회담에 대한 보복조치였으며, 결과적으로 3월 30일 점령국 관리위원회로부터 탈퇴하고 베를린의 기존 수송 및 교통통로를 모두 폐쇄하는 것으로 나타났다. 6월 16일에는 베를린에 있는 통합사령부가 해체되었고, 사실상 전승4국의 점령테제는 끝나고 미·소간 냉전이 시작되었다.

이러한 분위기에서 1948년 7월 1일 군정 당국자들은 서방 점령지대의 독일 각 주정부 수상들에게 프랑크푸르트 문서를 각각 전달하였고, 이 문서에 근거하여 1949년 5월 8일 독일 연방공화국(BRD)의 기본법(헌법)을 제정하여 5월 23일 선포하고, 9월 7일에 임시수도를 본(Bonn)으로 정한 서독정부가 탄생하였다. 소련이 점령하던 동부지역에서는 1949년 10월 7일 독일민주공화국(DDR) 헌법을 제정하여 동베를린을 수도로 하는 동독정부를 수립하였다. 서방측의 공산주의 봉쇄정책은 케난(G.F. Kennan)의 소련 봉쇄론과 더불어 군사동맹의 결성으로

---

3) 1948년 2/3월(1차 회담)과 1948년 4월20-6월 2일(2차회담)로 나뉘어 개최된 런던에서의 6개국(미·영·프·베네룩스 3국; 소련은 불참)회담 결과로 런던의정서가 발표되었다. 이 런던선언에 따라 서독에서 연방정부의 수립이 추천되고, 독일인인 마샬플랜과 루르문제에 참여하였다. 따라서 미국은 유럽부흥계획에 장래 서독정부의 참여를 전제로 하되 프랑스도 기존의 독일정책을 포기한 것으로 정책을 강화시켰다.
4) 1948년 6월 24일~1949년 5월 12일 기간에 소련이 미국, 영국, 프랑스가 제2차 세계대전 이후에 장악했던 서베를린의 관할권을 포기하도록 하기 위해 취한 봉쇄정책이다. 미국은 소련이 베를린 봉쇄로 강행되자 서베를린 사람들의 생활고를 위해서 비행기로 식량과 연료를 제공하였다.

나타나, 1949년 4월 4일에는 유럽의 방위를 목적으로 북대서양조약기구(NATO)가 창설되었다. 이에 맞서 소련과 동독을 포함한 동구 여러 나라들은 1955년 5월 14일 바르샤바조약기구(WTO)을 체결하였다. 그 결과 1955년 소련은 동독이 완전한 독립 국가가 되었음을 선언했으며, 동독은 WTO의 일원으로 소비에트 연방의 위성국가가 되었다.

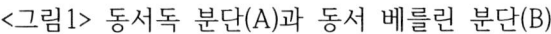

<그림1> 동서독 분단(A)과 동서 베를린 분단(B)

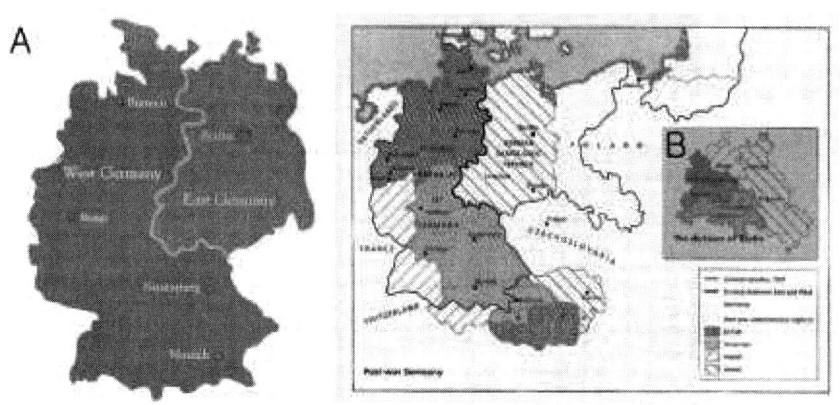

출처: https://search.daum.net/search?w=img&nzq (검색일: 2020/03/25).

2. 동서 베를린의 분할과 베를린 장벽의 건설

1949년 독일은 서독에는 '독일연방공화국'이, 동독에는 '독일민주공화국'이 각각 분단되면서 전승4국에 의해 분단이 고착화됐다. 아울러 동서독 분단과 더불어, 독일의 전전(戰前) 수도인 베를린도 전승4국에 의해서 4등분됐다. 서베를린을 미국·영국·프랑스 등 전승3국이 점령하고, 동베를린을 소련1국이 점령하였다. 1961년에는 '분단 독일'의 상징인 동서 베를린 분단선에 베를린 장벽이 세워졌다. 이후 국제적인 냉전체제 속에 치열한 체제 경쟁을 벌이던 동·서독은 동서 베를린 장벽 건설 이후 동서독

주민들의 이주와 관광의 어려움이 동독 당국의 갈등을 부추겼다.

1) 동서 베를린 분할

제2차 세계대전 종결 당시 독일은 연합군에 패해 도시 전체가 폐허가 되었을 뿐만 아니라 전전(戰前) 수도였던 베를린의 모습들이 거의 완전히 사라지게 되었다. 독일 본토의 전승4국에 의한 분단과 별도로, 베를린시 자체가 과거 독일 수도(首都)라는 상징성에 따라 전승4국에 의해 분할되었다. 전승4국이 베를린을 차지하였지만, 베를린의 분할은 소련 점령지구인 동베를린이 동독에, 나머지 3국 점령지구인 서베를린이 서독에 속하게 되었다. 그러므로 서베를린이 명목상 수도이고 독일의 재통일이 이루어지기 전까지 서독의 대안 수도는 사실상 본(Bonn)이었다.

동베를린(Ost-Berlin)은 동독의 수도였던 베를린의 동쪽 지역이며, 서베를린(West-Berlin)은 1945년부터 1990년까지 미국·영국·프랑스가 점령하였던 베를린의 서쪽 지역을 의미한다. 특히 동베를린은 1949년 독일의 분할과 함께 베를린의 '소련군 점령 지구'(동베를린)가 '연합군 점령 지구'(서베를린)에서 분리되어 생겨났다. 동베를린은 동독 영토와 이격(離隔)되지 않고 동독의 수도가 되었지만, 서베를린은 서독의 본토와 이격(離隔)되어서 정상적인 수도의 구실을 하기가 꽤 어려웠다.[5] 1989년 당시 동베를린이 면적은 409㎢, 인구는 127만 9,212명이었던 반면, 서베를린은 면적 479.9㎢, 인구는 2,130,525명이었다.[6]

냉전시기 동서 베를린은 각기 미국과 소련의 원조로 전쟁의 폐허에서 벗어나 양 체제와 이념으로 각각 영토가 분열되었다. 서베를린은 옛 소련군의 점령지역 한가운데에 있었기 때문에, 동독 영토에 완전히 둘러싸인 '육지의 섬'이었고, 동독에 완전히 둘러싸인 월경지가 되었다.

---

5) blog.naver.com/nadri97/221266456344 (검색일: 2020/06/24).
6) https://blog.naver.com/poohsi/222108155497 (검색일: 2020/09/13).

더욱이 동독은 독일의 재통일이 이루어지기 전의 독일 동부지역 위치했던 사회주의 공화국이었다.

나치 독일의 패망 이후 베를린의 지리적 위치는 독일의 중앙이 아닌 동부 지역에 치우쳤으므로, 동서 양 진영의 분할 점령 이후 수도 베를린 또한 동서로 나뉘게 되었다. 1948년 독일의 전후 처리 등을 두고 소련과 미국의 갈등이 고조되던 상황에서 소련은 서베를린까지 완전히 점령할 요량으로 서베를린을 소련제 탱크로 완전히 둘러싼 채 베를린 봉쇄를 감행했다. 그러나 소련의 베를린 봉쇄전략은 서베를린이 스스로 항복할 것이라는 예상을 깨고 미국의 상상을 초월한 대규모 베를린 공수작전으로 인해 실패하고 말았고 서베를린은 계속 서방 자유주의 세계의 도시로 남게 되었다.

1972년 6월에 미국, 영국, 프랑스, 소련의 4국이 동·서 베를린의 교류에 관하여 맺은 베를린 협정에 따라, 소련은 서베를린을 지배하지 못한다는 협정이 1990년 9월 12일까지 존재했다. 반면 동서독 통일로 동독은 1949년 10월 7일부터 1990년 10월 3일까지 존속했다. 서베를린은 미국·영국·프랑스가 공동으로 통치하는 지역으로 정해져 있었기 때문에 당시 서독에서 시행되고 있던 징병제가 적용되지 않았다.[7] 서베를린이 인구를 감소를 막기 위해서 보조금을 지급하자, 징병을 싫어한 서독의 젊은이 가운데는 서베를린으로 이주하는 사람이 있었다.

---

7) blog.naver.com/nadri97/221266456344 (2020/08/13).

<그림2> 동서독 분단과 동서 베를린 분단(원안)

출처: https://search.daum.net/search?w=img&nzq (검색일: 2020/03/15).

동베를린의 경우 명목상 소련군 관할 지역이었기에 '주'가 아닌 '특수지역'으로 간주되었다. 서베를린의 경우 1989년에 베를린 장벽이 무너졌고, 1990년 9월 12일에 서베를린에 대한 연합국 점령이 해제되고, 독일연방공화국의 일부로 편입되었다. 이후 1990년 10월 3일에 독일의 재통일이 실현되면서 동베를린은 서베를린과 합쳐져 베를린주가 됐고, 서베를린의 구분은 그 의미를 상실하였다. 그리고 동독 지역의 신연방주들인 브란덴부르크·작센·작센안할트·튀링겐·메클렌부르크포오포메른 5개주는 동독 시절 거의 40년 동안 사라졌다가 다시 생겨나면서 개별적으로 독일연방공화국(독일)과의 통합을 선택했다(중앙선데이 2020/12/05).

2) 동서 베를린 장벽 건설

독일의 승전4국에 패망과 동서독 분단으로 결과지어진 2차 대전 종결

이후 국제사회는 동·서 대립과 화해할 수 없는 자본주의와 공산주의 두 체제가 각자의 세력과 영향력을 추구하며 전세계적으로 이데올로기 대립 과정이었다. 그리고 전승4국 중 미국·영국·프랑스가 각각 자본주의를 중심으로 체제구축에 나서는 과정에서, 소련은 군대가 점령한 영토 위에 소비에트 방식의 동독 공산주의 독재정권을 수립하였다. 이러한 미·소 중심 냉전 속에 주요 대결 장소 중의 하나는 분단된 독일, 바로 '분단 독일'(divided Germany)과 같이 태동한 '분단 베를린'(divided Berlin)이 분단 독일을 통일로 풀어나가는 핵심사안의 요새지가 되었다.

첫째, 동독의 경우 동독시민에 대한 정치적 압박이 가중됨에 따라, 많은 숫자의 동독 시민들이 동독을 벗어나 서독으로 탈출하자 동서 베를린을 철저히 분리하는 정책을 강구하게 되었다. 1950~60년대 서독이 아데나워(K. Adenauer) 정부의 경제 정책과 미국의 마셜 플랜을 통한 원조에 힘입은 서독 국민들의 전후 복구 노력이 이룬 경제 부흥의 결과로 '라인강의 기적'을 이루게 되자, 이의 영향을 받은 동독은 서독과 달리 1953년 6월 17일, 모든 생산량을 10%로 늘리라는 당국의 명령에 항의해 동베를린에서 노동자들이 시위를 일으켰다. 소련군은 보병과 포병을 이끌고 시위를 무력진압 했고, 이 과정에서 시위에 참가한 수백 명의 사람들이 희생되었다.

둘째, 1961년 8월 13일 베를린장벽 설치 때까지 동독인 400만 명이 베를린 경유 서독행을 택하였을 뿐만 아니라, 그 후 매년 0.7~3만 명이 서독행하여 장벽 무너질 때까지 총 50만 명이 동독을 탈출하였다.[8]

---

8) 다른 자료에 의하면, 동독의 경제정책의 실패로 1950년부터(1950년대 초에는 상당수가 미등록자여서 제외) 1961년 8월 13일 베를린 장벽이 세워질 때까지 이탈 동독인의 수는 평균적으로 매년 약 22만 명, 총 256만 명에 달하였다. Wendt, "Die deutsch-deutschen Wanderungen-Bilanz einer 40jährig Geschichte von Flucht und Ausreise." *Deutschland Archiv*. Vol. 24 (1991), p.390.

이로 인해 동독의 경제건설이 곤란을 받게 되자 동독 정부는 국경을 철조망, 포탑 등으로 장벽을 세워 폐쇄하고자 했다. 그것은 국내를 향한, 자국민의 탈출을 방해하기 위한, 다시 말해 체제의 반대를 막기 위한 장벽이었다. 그리고 동독 비밀경찰이었던 슈타지(Stasi, 국가보안부)는 시민들 사이에 첩보원을 심어 동독 탈출 계획 등을 밀고하게 하는 지경에 이르렀다.

셋째, 서방과 동구권의 경제적 격차가 점차 벌어지고 자유에 대한 갈망으로 동베를린을 통해 서독으로 탈주자가 늘어나자 동독 정부는 1961년 야밤에 기습적으로 베를린 장벽을 세웠다. 서베를린으로 탈출하려는 동베를린 시민들이 늘자, 이를 막기 위해서 동독 정부는 1961년에 동베를린과 서베를린의 경계에 베를린 장벽을 세웠는데, 베를린은 동·서진영이 첨예하게 대립되는 냉전의 상징물이 되었다. 아니, 동서 베를린을 가른 '베를린 장벽'(Berlin Wall)은 냉전의 상징이 되었다. 브란트는 바로 이 때 서베를린 시장이었다.

넷째, 1961년 8월 13일에 세워진 베를린 장벽은 독일과 유럽, 나아가 이 세계의 정치적 분단을 공고히 만드는 상징이었다. 애초의 가시철조망 울타리는 체계적으로 콘크리트 장벽으로 변모하였고, 그 장벽은 다시 폭 15m에서 150m 이상에 이르는 '죽음의 띠(death strip)'로 둘러싸였다. 감시탑·전기신호 울타리·쇠사슬에 묶인 경비견, 차량의 진입을 가로막는 도랑, 사살하라는 '명령'(Schiessbefehl)을 받은 무장 경비병들이 삼엄한 분위기를 자아냈다.

다섯째, 베를린 장벽은 동독의 정치선전과는 달리 외부의 적에게 대항하기 위한 방어개념의 장벽이 아니었다. 그것은 국내를 향한, 자국민의 탈출을 방해하기 위한, 다시 말해 공산체제를 공고화하고 이 체제의 반대를 막기 위한 장벽이었다. 베를린 장벽은 소비에트 제국의 영향권 아래 있던 많은 동유럽 국가의 정치적 억압을 보여 주는 전세계적인 상징이자 그 국민에게 기본적인 인권조차 인정하지 못하는 취약한 공산주의 정권의 상징이 되었다.

Ⅳ. 베를린 장벽 붕괴 이후의 동독 총선, 2+4회담, 동서독 통일

동베를린이 서베를린과 바로 경계를 맞대고 있기 때문에, 1961년 이후로는 베를린 장벽이 건설되고 서베를린과의 난공불락의 경계를 이루었다. 그러나 1985년 소련 공산당 서기장 고르바초프의 등장과 그의 개혁과 개방정책에 따라 동유럽의 자유화 및 민주적 개혁 욕구가 분출하면서 소련 지배하에 있던 동독도 28년 만인 1989년에 베를린 장벽이 붕괴되면서 해체 수순을 밟았다. 1989년 11월 9일 베를린 장벽 붕괴에 이어서, 최초 자유선거인 동독 총선이 1990년 3월 18일에 치러지고, 1990년 10월 3일 독일 연방 공화국에 합병하여 통일되기에 이르렀다.

1. 베를린 장벽의 붕괴와 동독 총선

1) 베를린 장벽의 붕괴

1989년 11월 9일 밤에 일어난, 베를린 장벽의 붕괴는 그해에 유럽 곳곳에서 자유와 민주주의를 향해 일어난 여러 혁명과 크게 다르지 않았다. 베를린 장벽의 붕괴는 독일 및 유럽 대륙의 정치적 분단의 종식뿐만 아니라 냉전과 서유럽 및 동유럽 진영 체제의 와해를 의미했다. 특히 베를린 장벽 붕괴는 의도되거나 계획된 것이 아닌 만큼, 동독 공산당 공보담당 샤보프스키 대변인의 말실수가 불러온 동서독 주민들이 폭발적인 국경개방 주장과 동독 주민들의 서독으로의 탈출에 기인되어 독일 통일을 이뤄냈다는 데서 다른 여타의 난관을 극복하는 계기를 마련할 수 있었다.

첫째, 동서독 통일의 계기는 1985년 3월 고르바초프 소련 공산당 서기장의 등장과 그의 개혁(Perestroika)과 개방(Glasnost)에 의한 사회주의국가들의 변화 요구에 기인하였다. 소련이 동유럽 국가들의 민주혁명과 탈 공산화혁명을 무력으로 진압하는 근거가 되었던 '브레즈네프 독트린'을 포기하여 동독 주민의 무혈혁명을 가능케 했다. 1989년 6월 서독 방문시 베를린 장벽 조속한 제거 가능성 시사, 등 그의 개혁 의지와 독일 통일 관련성 발언으로부터 시작되었다. 그리고 1989년 2월 고르바초프의 결단으로 소련군이 아프가니스탄에서 아무런 성과 없이 철수[9]하고 1989년 봄 공산국가였던 헝가리가 선거를 통해 비공산세력의 쉬로시 정부가 정권을 잡으면서부터였다. 이런 일련의 고르바초프의 등장과 발언은 냉전이 해체되는 서막을 알렸다. 헝가리가 1989년 5월 국경개방을 단행하자 유례없이 동독주민들 수백 명, 수천 명이 헝가리 국경을 넘어 서독으로 탈출하였다. 이 과정에서 동독인들의 대거 탈출은 베를린 장벽 붕괴와 통일 독일을 가져오는 결정적인 요체가 되었다.[10] 이처럼 동유럽의 민주화 움직임이 가속화되고, 오랜 반공투쟁을 벌이던 폴란드의 민주화가 가시화 되고, 헝가리에서 공산주의와 무관한 쉬로시 정부가 들어섰다는 것은 동유럽의 대변혁이었으며 궁극적으로는 베를린 장벽 붕괴와 독일 통일의 단초로 이어질 수 있었다.

둘째, 동유럽의 민주화와 동독 주민들의 서독으로의 탈출은 결과적으로 베를린 장벽의 붕괴로 이어지는 계기가 되었다. 베를린 장벽이 붕괴되는 시작은 1971년부터 1989년 동유럽을 강타한 민주화 바람이 그의 정권을 무너뜨릴 때까지 동독의 지도자로 군림했던 호네커(E. Honecker) 정부가 동독의 공산당 통치에 대항하며 항의들이 일어난

---

9) 10년간 소련군은 연 65만 병력을 투입해 전사 13000여명 부상 53000명을 기록했다.
10) blog.naver.com/gustap83/221402745534 (검색일: 2020/04/24).

후인 1989년 10월 18일에 강제적으로 퇴임하고 크렌스(E. Krenz)가 후임으로 등장하면서 비롯되었다. 수많은 항의들이 일어남에 불구하고 크렌츠는 10월 18일 취임과 더불어 불어 닥친 11월 9일 베를린 장벽이 붕괴로 그의 권력도 무력화되면서 단기간 서기장으로 12월 3일 퇴진하였다. 11월 7일 크렌츠는 정치국의 3분의 2와 함께 빌리 슈토프 총리와 그의 내각의 사임을 인정하였다. 동독 중앙 위원회가 크렌츠를 당서기장 직위에 재선출 한 것은 서독으로 탈출하는 동독인들의 형세를 막기 위하여 서부로 여행을 위한 새 규정을 도입하는 등, 체코슬로바키아와의 국경을 재개하는 임무를 맡기기 위한 것이었다.

셋째, 베를린 장벽 붕괴의 발단은 동독 전 국경선 개방의 수습을 시도하는 과정에서 동독 공산당의 공보담당 정치국원 샤보프스키 대변인의 착오가 발생하면서 급격히 이뤄졌다. 이를테면 1990년 10월 3일 서독과 동독의 통일은 1년 전인 1989년 11월 9일 그날 결정된 여행법 개정안에 대해 설명하고 있던 동독 공산당의 공보담당 정치국원 샤보프스키의 기자회견이 베를린 장벽의 붕괴가 통일 성취의 결정타가 되었다. 11월 9일 저녁, 정치국 단원 샤보브스키(G. Schabowski)는 중앙 의원회의 정식 결과를 발표하였다. 동독 내에서 국경선 개방과 관련, 기자들이 언제부터 여행 사유화 조치가 실시되느냐는 기자의 질문에 그는 더듬거리며 대답했다. "… 모든 동독 국민은 베를린 장벽을 포함하여 모든 국경검문소에서 출국할 수 있도록 허용하도록 했습니다.", 기자가 또 다시 그게 언제부터인가요라고 했을 때, 샤보브스키는 "내가 알기로는, 음, 지금…, 지금 당장입니다.", 또 기자가 그럼 서독과 서베를린에 가는 것도 전부 자유인가요?라고 묻는데 대하여, 샤보브스키는 "그런 거 같은데요.."라고 대답하면서부터 동독 전 국경선 개방에 이르게 되었다.[11] 이처럼 샤보브스키의 말실수는 "여행 제한이 완화되었다"라고 전해져야 할 발표가 "국경이 개방되었다"라고 잘못 전달되었다. 이는 이탈리아의 한 신문사에 의해 "베를린 장벽이 붕괴되었다"(The Berlin Wall has Collapsed)라는 오보(誤報)로까지 이어지게 되었다. 이후 로이터 통신, AP통신, 뉴욕타임스 등 전 세계 언론들까지 앞 다투어 이를 보도하기 시작했다.12) 그날 밤 동독주민 수천 명이 베를린 장벽으로 몰려들면서 "지금 당장"의 국경개방을 요구하기 시작했다. 결국 수많은 인파의 압박에 눌린 동독 경비대들은 국경을 열게 되었다. 베를린 장벽 붕괴의 직접적 도화선은 동독 당국 대변인 샤보프스키 기자회견에서의 '말실수'가 부른 나비효과에 있었다. 그러나 1985년부터 소련 고르바초프 당 서기장의 개혁·개방 정책과 1989년 동구유럽 개혁은 동독 주민으로 하여금 통일 여망을 일깨웠다. 이는 베를린 장벽의 붕괴 조짐의 계기로 작용하였다. 이렇게 베를린 장벽이 무너졌고, 세계사의 흐름은 완전히 독일 통일의 흐름으로 바뀌게 되었다. 동독 정부가 국경의 개방을 인정함에 불구하고, 샤보프스키에 의한 말실수에 대한 언론들의 특보 타전(打電)이 수많은 동독인들이 서베를린으로 자발적인 탈출을 하는 결과를 가져왔다. 갑작스럽고 극적인 베를린 장벽의 개방이 동독 독일 사회주의통일당(SED) 통치의 정치적 붕괴로 이끄는 결정타가 되었다.

결국 서독은 고르바초프의 등장으로 동독을 압박할 수단이 생겼고, 공산당 독재를 무너트리고 민주화된 폴란드, 헝가리 등이 동독의 민주화를 고무시켰다. 헝가리는 동독인의 대량탈출이 이루어진 곳이다. 서독 정부나 동독 정부나 서로 당황하기는 마찬가지였고, 제2차 세계대전을 겪었던 다른 국가들은 독일 통일에 대해 매우 걱정 어린 눈빛으로 바라보았다. 하지만 동독당국 대변인 샤보프스키 기자회견에서의 말실수는 이미 통일이란 엎질러진 물이 되었고, 동독 정부도 베를린 장벽 붕괴 이후 통일 물결을 거스를 수 없었다. 서독과 동독 그리고 미국 영국 프랑스 소

---

11) https://hyuck99tvnews.tistory.com/26 (검색일: 2020/07/22).
12) https://hyuck99tvnews.tistory.com/26 (검색일: 2020/01/30).

련 등은 독일 통일에 대한 2+4회담을 가지게 되었고 결국 1990년 10월 3일 독일은 공식적으로 완전한 통일을 이룰 수 있게 되었다.

2) 동독 3·18총선[13]

그동안 동독은 소련 공산국가 치하의 1국1당제 원칙의 일환으로 (SED) 유일 집권당이 단일화로 결정되면서 분단 45년간 1당독재의 지배체제로 군림해 왔다. SED 체제(1949-1989년)는 소련의 소비에트화 전략에 종속되면서 동서독 통일 이전까지 지난 40년 동안 울브리히트(W. Ulbricht, 1950~1971), 호네커(E. Honecker, 1971~1989) 등이 소련의 지배를 받는 1인체제의 절대권력을 누린 동독 1당독재의 패권정당 체제를 의미한다. 울브리히트(W. Ulbricht)는 최소한 겉으로는 사회주의로 통일된 독일을 목표로 한 반면, 호네커(E. Honecker)는 분단과 두 국가의 존재를 돌이킬 수 없는 것으로 인식했다.

1989년 11월 9일 베를린 장벽의 붕괴로부터 1990년 10월 3일 통일에 이르기까지 동독이 패권적이며 비경쟁적인 1당 지배체제로부터 민주적인 다원주의체제로 전환하는 과정임과 동시에 통일 독일의 온건한 다당체제를 형성하는 과정을 의미한다. 동독이 체제위기적 상황에서 동독 헌법 제1조에 명시되어 있던 SED의 권력 독점 조항 삭제(황병덕 1996, 56), SED의 민주사회당(PDS)으로의 개편, 그리고 서독 주도에 의한 독일 통일을 더욱 적극적으로 수용했다는 데 그 특징이 있다. 즉 SED 정권의 붕괴와 더불어 동독의 서독과 동일한 다원화된 민주주의로의 이양과정임과 동시에 동서독의 완전한 통일과정인 것이다. 특히 1989년 11월 9일, 호네커(E. Honecker)가 실각하고 크렌츠(E. Krenz)가 SED 서기장 및 수상에 취임한 이 과도체제 시기는 동독주민들의 통일에 대한 열망과 동독 정부의 서독에 대한 흡수통일과정을 의미한다.

---

[13] 이 부분은 다음 글을 수정 가필하였다(정주신 2015, 210-211).

그러나 1989년 11월 9일 베를린 장벽 붕괴 이후, 그러니까 1990년 3월 1일, 동독 최초의 자유선거인 3·18총선 이전시기에 모드로우(H. Modrow) 동독 수상이 이끌었던 동독의 마지막 사회주의 정권은 인민 소유의 전 재산을 넘겨받아 공익 목적에 부합하게 처리하는 임무를 맡게 된 신탁관리청을 설립하기로 결정했다. 그리고 모드로우 수상은 동독의 요청으로 서독 콜(H. Kohl, 1982.10-1990.12) 수상과의 연속적(1989년 12월 19일과 1990년 2월 13일)인 정상회담을 갖고 동독정세 안정과 서독으로부터의 경제지원 필요성 및 양국 화폐경제 통합을 꾀했다(정주신 2020, 124-125). 그 과정에서 모드로우 수상은 베를린 장벽이 붕괴하고 동서독 주민들이 통일을 갈구하는 마당에, 콜의 요청을 받아들여 통일의 분수령이 될 1990년 3·18총선을 실시하였다. 동독의 처음이자 마지막인 민주적인 3·18총선은 동독 시민의 민주화 시위가 더욱 격렬해지자 동독 모드로우 정부가 민의의 저항에 굴복한 유일무이한 선거였다.

한편 3·18총선 직전인 1990년 3월 15일 소련 공산당 서기장인 고르바초프(M. Gorbachev)는 대통령직을 신설해 소련 대통령직에 오른 후 1991년 12월 25일까지 동서독 통일 과정에서 동독 3·18총선을 관망하는 등 독일 통일에 우호적인 중립적 자세를 유지하였다. 고르바초프가 1985년 3월 소련 공산당 서기장에 등극하면서 페레스토로이카 정책을 펼치며 소비에트 연방 탈퇴 주도, 공산당 일당 독재 체제 완화, 자유주의 시장 경제 체제 도입, 민주화를 위한 언론 자유화 허용을 주창하면서, 동유럽의 민주화와 독일 베를린 장벽을 허무는데 궁극적으로 작용하였다. 여하튼 3·18총선에서 가능한 한 신속한 통일을 목표로 삼았던 '독일을 위한 연합'이 승리하면서 새로운 정치적 이정표가 마련됐다. 그 결과 동독 최초 민주적 선거인 3·18총선은 서독과의 흡수통일을 지지하는 구동독 기독민주당의 압승으로 결과 졌다. 그 의미를 적요하면 다음과 같다.

첫째, 서독 정당들은 1990년 3월 18일 동독이 총선을 조기에 실시하기로 확정하자 동독에서 통일을 요구하는 목소리가 거세지는 것에 편승해서 동독문제에 적극 개입했다. 동독 3·18총선이 통일 이후 정치적 입지를 결정할 것이라는 정략적 계산 하에 서독의 '정당정치'가 동독에 큰 영향을 미쳤으며, 이미 동독의 정당체계와 내부 정치는 '서독화' 되었다. 이때부터 맹아적 발생 단계인 동독의 정당체계는 서독 정당체계의 영향권에 들어갔다. 1989년 12월 서독기민연(CDU)은 동독기민연(CDU)이 공산당으로부터 독자노선을 선언하게 되자 양 정당 간 협력을 공식화하고, 본격적으로 이들을 지원하여 선거에 참여하게 되었다.

둘째, 3·18총선은 당시 선거 투쟁과정에서 통일에 대해 불분명한 입장을 보였던 동독사민당이 패배하고, 서독기민연의 적극적인 지원 아래 조속한 통일을 주장했던 '독일을 위한 연합'이 승리했다(P. Pulzer 1995, 161). 서독기민연의 지원을 받은 동독기민연의 '연합조직'(48.15% 지지율 획득)이 동독사민당(21.84%)과 SED 후신인 민사당(PDS, 16.33%)을 물리치고 동독지역 제1당으로 부상할 수 있었다. 결국 3·18총선은 급속한 흡수통일을 주도한 동독기민연과 동독자민당의 승리였다. 결국 3·18총선 결과는 서독정당에 의한 동독정당의 개입과 흡수통합으로 이어졌다는 것이다.

셋째, 이미 1990년 8월에 시민운동에 기반을 둔 민주자유당(DFP)과 1990년 초 결성된 동독의 자민당, 그리고 동맹당 소속 자유민주연맹(BFD) 등이 서독의 자민당에 통합되었다. 이어 1990년 9월에 동서독 사민당이 통합 당 대회를 개최하였으며, 통일이 되기 바로 직전인 10월에는 동서독 기민연이 통합되었다. 이처럼 '서독기본법' 제23조에 따라 동독이 서독에 가입하는 형식으로 통일을 이루면서 동서독 정당들 간의 통합을 위한 작업이 급속하게 진행되었다. 실질적으로 서독의 정당체계가 1990년 12월 3일 통일연방선거(Bundestagswahl)를 앞두고 동독 정당체계를 흡수 통합했다.

1990년 3월 동독 최초의 자유선거로 집권한 동독 드메지어 정부가 서독과의 신속한 통합을 추진한 것은 서독사회를 동경한 동독주민들의 열망 때문이었다. 동독은 1990년 3월 18일 자유선거를 통해 민주적 정당성을 갖춘 드메지어 정권을 세웠고 콜은 드메지어 정권과 통일 협상을 추진해 10월 3일 통일을 완성했다(정주신 2020, 126). 이처럼 서독 정당들의 역할은 통일방법 대안 제시와 통일과정에서 동독의 정당을 지원해 지역주민의 정치참여 통로를 제공하는 등 독일통일을 촉진시키는 결과를 가져왔다. 통일은 서독의 일방적인 동독 흡수통일로 동독이 소멸하고 독일연방공화국이 옛 동독을 이루는 5개 주의 연방 가입을 받아준 것이다.

결국 독일은 1989년 기민연의 전략, 그리고 당시 정부수반이었던 콜 수상을 통한 평화로운 혁명으로 인해 1990년 통일을 이룩할 수 있었다. 기민/기사연의 콜 정부는 이전 브란트와 슈미트로 이어지는 사민당 정부의 동방정책을 비판적으로 계승·발전시키고, 이를 기반으로 결국 통일을 실현하였다.

1989년 11월 9일 동서독 주민들이 베를린 장벽으로 몰려들어 베를린 장벽이 무너진 뒤 1년도 채 지나지 않은 1990년 10월 3일, 서독과 동독은 하나의 국가로 통일됐다. 1989년 11월 9일 베를린 장벽 해체에 이어서, 자유선거인 동독 총선이 1990년 3월 18일에 치러지고, 여당 독일통일사회당은 동독 의회에서 다수 의석을 상실하였다. 그리고 3월 18일 동독선거 후에 개최하기로 했다. 그해 8월 23일, 동독 의회는 동독의 행정 구역을 전쟁 전의 5개 주로 복귀하기로 결정하였고, 1990년 10월 3일 독일 연방 공화국에 합병하여 통일이 되었다.

이후 1989년 동베를린의 시민들에 의해 베를린 장벽이 무너지고 1990년 동서독 통일이 이루어지면서 동쪽과 서쪽의 베를린 또한 분단된 지 44년 만에 재통합하게 된다. 이후 1991년에는 서독의 임시수도 본에서 환도해 통일 독일의 수도로 컴백, 20세기 이후 통일 독일의 수도로 기능해 왔다.

2. 2+4회담과 동서독 통일

1) 2+4회담[14]

미·소 양대 진영이 대치하면서 대결과 긴장완화의 국면이 교차되었던 반세기 동안 국제사회는 핵전쟁의 위협에 거듭 직면했다. 그러나 이는 결과적으로 볼 때, 1989년 11월 9일 베를린 장벽이 붕괴되고 마침내 독일은 동·서독 중심으로 통일 과정이 빠르게 진행되었다. 베를린 장벽이 붕괴되자, 독일은 제2차 세계대전을 일으킨 전범자로 통일이 되려면 전승4국(미·영·불·러)의 승인이 필요했는데 그것은 다름 아닌 2+4회담의 개최였다. 1990년 3월 18일 동독에서 최초의 자유선거가 실시된 이래, 이 회담은 1990년 5월 5일에서부터 1990년 9월 12일까지 총 4차례에 걸쳐 진행되었으며(<표 1> 참조), 물론 9월 12일 모스크바 4차 회담에서 '통독관련 2+4회담의 최종 합의에 관한 조약'이 성사됐다(한국정치사회연구소 편 2011, 48-49). 1990년에 진행된 동독과 서독과 제2차 세계대전의 승전4국의 대표로 구성된 2+4조약에 관한 협상은 독일 통일과 유럽 통합의 매개체가 되었다. 그리고 2+4회담을 통해, 양 독일과 제2차 세계대전 전승4국들은 독일 통일에 동의했다.

첫째, 독일 통일은 서독이 주도해서 전승4국을 초대하는 형식으로 2+4회담이지 반대로 전승4국이 동서독을 초대하는 형식의 4+2회담을 지양하면서 이뤄냈다. 동서독의 입장에서는 전승4국에 의해 독일 분단과 베를린 분할로 나눠진 상태에서 국제적 지위는 전범국가에 불과했다. 이 과정에서 전승4국이 주도권을 가지기 때문에 베를린 장벽이 붕괴되기 이

---

[14] 이 글은 부분적으로 다음을 참고하였음. https://unikoreablog.tistory.com/4308 (검색일: 2020/04/24).

전까지는 형편상 4+2구도였다. 미국은 4+2협의라는 통일 방법을 관계국들에 제안할 만큼 서독과 소련 양국에 의한 합의 가능성에 의한 통일도 배제하고자 했다. 이 경우는 미국이 미국과 소련을 중시한 전승4국의 구도로 동서독을 통일한다는 방식이어서 미·소간 냉전체제에서는 독일 통일이 불가능하다는 기득권적 측면을 노정하였다. 그러나 우연하게 갑작스런 베를린 장벽의 붕괴는 미·소간의 냉전을 불식시키며 동서독 통일의 주체가 동서독으로 기울어질 만큼 전승4국의 동의를 얻을 수 있도록 유리한 국면으로 작용하였다. 그래서 서독은 베를린 장벽의 붕괴 후 독일 통일의 내적 측면은 동서독이 주체적으로 논의할 문제이고 독일 통일의 대외적 측면은 전승4국이 편승하는 것으로 받아들였다. 따라서 서독은 독일 통일의 구도 명칭은 전승4국이 주도하는 주최로서의 4+2구도가 아니고, 동서독이 주연이고 전승4국이 조연으로서 2+4구도가 되어야 한다는 논지를 내세웠다. 즉 제2차 세계대전 직후에서처럼 전승4국이 강압적으로 분단 획책에 전범국으로 동서독이 부차적 존재였다면, 이제는 베를린 장벽의 붕괴로부터 통일 독일에 이르기까지 양 독일 국가가 전승4국을 초대하는 형태로 2+4구도로 통일 문제에서 조연이 아닌 주연으로 주도하기를 원했다. 독일인이 독일 문제에 대한 논의의 조연이 되어서는 안 된다는 것을 강조했다. 결국 2월 12일 캐나다의 오타와에서 동서 간의 신뢰 양성을 촉진하기 위한 NATO와 바르샤바조약의 대부분 국가가 모인 오픈 스카이스(Open Skies) 회의에서 6개국인 동서독과 미국, 영국, 프랑스, 소련 등으로 조직된 2+4구도로 합의되었고, 그 첫 회합은 3월 18일 동독선거 후에 개최하기로 논의했었다.

<표 1> 베를린 장벽 붕괴 후 일사천리로 진행된 1990년 '2+4' 회담 일지

▲2월10일→ 동독에서 통일압력이 높아지자 콜 서독 수상이 모스크바를 방문, 미하일 고르바초프로부터 통일에 관한 승인 받아냄
▲2월13일→ 6개국 외무장관들이 오타와에서 베를린 통제 등과 같은 전승4국들의 전후 권리를 포함한 "독일 통일의 외부적인 면"에 대해 논의키로 합의
▲2월24-25일→ 콜 수상은 캠프 데이비드를 방문, 부시 미(美) 대통령과 회담했는데, 이 자리에서 부시 대통령은 독일통일을 지지했지만 전후 폴란드와의 국경선 인정을 꺼려하는 콜을 비난
▲3월11일→ 6개국 고위 외교관들이 본에서 만나 `2+4'회담 준비 시작
▲4월28일→ 콜 수상의 통일 가속화 움직임을 우려했던 유럽공동체(EC)는 더블린에서 열린 특별 정상회담에서 통독 계획을 환영하고 동독의 EC 가입에 관한 작업을 개시
▲5월 5일→ 본에서 개최된 1차 외무장관회담에서 셰바르드나제 소(蘇) 외무장관이 독일의 나토 가입문제는 통일이 이루어진 뒤 해결돼야 한다고 제안. 겐셔 서독 외무장관은 이 제안을 지지했지만 콜 수상은 독일은 나토에 잔류해야 한다면서 거부
▲5월23일→ 겐셔 장관이 제네바에서 셰바르드나제 장관과 회담
▲6월8일→ 콜 수상과 부시 대통령이 워싱턴에서 만나 독일은 나토 회원국이 돼야 한다는 서방측 요구 재확인
▲6월11일→ 겐셔 장관과 셰바르드나제 장관이 소련 브레스트市에서 회담, 일주일 후 서독 뮌스터에서 다시 회담
▲6월22일→ 서독 의회가 폴란드와의 국경선문제 종결됐다고 선언
▲6월22일→ 동베를린에서 열린 2차 `2+4'회담에서 서방측 국가들은 독일 통일 후 5년간 독일을 나토와 바르샤바조약기구에 동시 가입시키자는 셰바르드나제의 제안 거부
▲7월5-6일→ 런던에서 열린 나토 정상회담에서 바르샤바조약기구가 더 이상 적(敵)이 아니라고 선언
▲7월14-16일→ 콜 수상이 모스크바와 고르바초프의 고향 스타브로폴을 방문, 고르바초프로부터 통독의 나토 가입승인 받아냄. 콜은 독일군을 37만 명으로 감축할 것이라고 약속
▲7월17일→ 폴란드 외무장관도 참석한 가운데 파리에서 열린 3차 `2+4'회담에서 독일 통일 후의 폴란드와의 국경선 인정키로 합의
▲8월17일→ 겐셔 장관과 셰바르드나제 장관, 모스크바서 회담

> ▲8월23일→ 겐셔 장관은 제네바 군축회의에서 통독의 화생방 무기 비생산, 불소유 및 불사용 선언
> ▲8월30일→ 겐셔 장관과 메지에르 동독 수상이 빈에서 열린 재래식 무기회담에서 통독은 향후 3년 내에 37만 명으로 병력을 감축시킬 것이라고 밝힘
> ▲9월5-6일→ 소련과 서독, 동독주둔 소련군의 철군 비용문제 합의에 실패
> ▲9월7일→ 콜과 고르바초프, 전화 통화에서 소련군에 대한 서독의 원조계획에 대해 합의를 이루지 못함
> ▲9월10일→ 콜·고르바초프, 두 번째 전화통화에서 1백20억 마르크(80억 달러) 원조키로 합의
> ▲9월11일→ 겐셔 장관, 모스크바에서 셰바르드나제와 최종 회담
> ▲9월12일→ 베이커 미(美) 국무장관, 셰바르드나제 소(蘇) 외무장관, 허드 영(英) 외무장관, 뒤마 프랑스 외무장관, 겐셔 서독 외무장관 및 메지에르 동독 외무장관 대행이 모스크바에서 "2+4"협정 체결

출처: 연합뉴스 1990/09/13. * 필자 일부 수정

둘째, 2+4회담은 1989년 10월 베를린 장벽이 붕괴되고 동서독이 통화동맹 등으로 독일 통일의 움직임이 가시화되는 상황이었을 때, 통일 이전에 독일을 둘러싼 다른 국가들과의 관계 정립이 필요했다. 이러한 상황에서 통일 독일에 대한 국제적 지위를 결정하고 통일 독일의 영토와 군사문제 등을 해결하기 위해 동·서 독일과 미국, 소련, 영국, 프랑스 4개국 외무장관이 모여서 2+4 외무장관회의를 열었다. 소련에서 고르바초프의 등장과 개혁과 개방, 그리고 동유럽의 민주화와 동독주민의 서독으로의 탈출이 베를린 장벽의 붕괴와 더불어 2+4회담으로 진전되었다. 그리고 1990년 제2차 세계대전의 승전국과 동독과 서독의 국가원수 사이에 진행된 협상과 그 산물인 2+4조약은 외교력과 국정운영 능력의 걸작이었다. 이러한 회의는 네 차례에 걸쳐 진행되었고 최종 합의 문서로서 2+4조약이 체결되었다. 1990년 10월 3일 독일은 2+4조약 덕분에 통일을 이루었다. 이로써 유럽 통합의 과정은 독일 통일과 더불어 진일보하였으며, 세계를 동쪽 진영과 서쪽 진영으로 양분한 정치적 분단이 종식되는 계기가

되었다. 2+4조약은 독일 통일을 이루기 위해 필요한 주권 문제, 군사적 문제, 영토 문제를 주된 내용으로 삼고 있다. 우선 독일은 2+4조약으로 인하여 주권을 완전히 되찾았다. 특히 독일 이외에 조약에 참여한 4개국으로부터 독립하여 자신들의 동맹을 결정할 권한을 갖게 되었다.

셋째, 2+4조약은 독일의 국경을 확실히 정하여 미래 독일이 통일하였을 때에 일어날 수 있는 영토 분쟁을 방지하고자 하였다. 2+4조약은 독일은 더 이상 패권을 추구하는 국가가 아니라는 것을 천명하기 위하여 군사적인 문제를 담았다. 독일군의 규모는 370,000명으로 제한되었고, 핵확산금지조약이 동서독 모두에 대해 적용되었다. 동독 지역과 베를린에는 외국군, 핵무기 및 핵무기를 장착할 수 있는 무기가 금지되기도 하였다. 조약 체결 이전과 마찬가지로 소련군이 동독 지역의 방어를 맡았으며, 이는 1994년 소련군이 동독 지역에서 철수하기 전까지 이어졌다. 대신 소련군이 남아있는 기간 동안 서베를린에는 나토군이 주둔하였다. 소련군의 주둔과 철수에 관한 비용은 서독 정부에서 지원하였다. 그 결과 독일의 영토는 동독, 서독의 영토 및 베를린으로 결정되었다. 독일과 폴란드 간의 국경선 문제는 독일 통일을 방해하는 대외적 장애요인 중에 가장 큰 것이었다. 이는 기존의 오데르-나이세 선을 그대로 독일과 폴란드의 국경으로 인정함으로써 해결할 수 있었다. 이렇듯 2+4조약은 독일 통일에 대해 첨예한 이해관계를 가지고 있던 주변국과의 분쟁을 방지하고, 독일의 입지를 견고하게 다졌다는 점에서 의미가 크다.

2) 동서독 통일 요인
가) 독일 통일의 내적 요인[15]
첫째, 콜 정부와 기민/기사연이 이전 브란트 정부의 신동방정책을

---

15) 이 부분은 다음의 글을 부분 참조하였다(정주신 2015, 207-208).

계승하기까지는 연정의 상대가 되었던 자민당의 역할에서 찾을 수 있다. 이 시기는 기민연 출신 콜 수상-자민당 출신 겐셔(H. D. Genscher) 외무장관 정부 하에서 독일통일에 협력적 관계를 이끌어 동서독 관계가 심화된 단계이다(김도태 1996, 21-22). 자민당의 선택과 역할은 결과적으로 독일통일에 필요했던 소련의 양보를 이끌어 내었으며, 나아가 동독의 대서독 개방을 촉진시켰다고 할 수 있다. 따라서 독일의 통일은 정권이 바뀌어도 통일 전문가를 중용하여 전임자가 세워놓은 통일프로그램을 그대로 계승한 것이 통일을 이끌 수 있었던 가장 큰 요인이었다(통일원 1993, 150).

둘째, 독일의 통일이 되기 위해서는 전승4국(미국·영국·프랑스·소련)의 승인이 필요했고, 그 과정에서 전승4국의 승인을 얻기 위해 통일 이전 10개월 동안 서독의 콜 수상은 4국과 수차례의 정상외교를 펼친 지대한 공헌자이다. 독일통일 과정에서 콜 수상의 확고한 의지와 적극적 노력은 동독 주민의 절망과 분노를 통일 에너지로 전환시키고, 제2차 세계대전 전승4국의 동의를 이끌어 내는데 결정적인 역할을 하였다. 콜 정부에게 유럽통합을 위한 가교로서의 의미를 부여한 만큼, 분단 극복의 개념을 서유럽 통합과정의 일환으로 파악하고 있었다. 특히 1986년의 베를린 장벽 모습, 1990년 5월 18일 양독의 경제·통화·사회적 통합 협상, 7월 1일 경제통일 실시로 서독의 독일 마르크로 화폐 통일, 8월 23일 동독 의회의 향후 10월 3일 동독이 서독에 흡수되는 흡수통일(동독 메지에르 수상 제안) 동의, 8월 31일 양쪽 독일 대표의 '통일조약(Einigungsvertrag)' 조인, 9월 12일 독일 주변국가와 함께 독일관련 최종해결에 관한 조약(2+4협상) 조인 등이 동서독 통합과정의 일환이었다. 이에 따라 2+4협상 타결의 최종 장애를 제거하여 동서독 간 통일조약과 2+4조약이 체결될 수 있었고, 결과적으로 1990년 10월 3일 독일 통일을 실현할 수 있었다.

셋째, 동서독의 실질적인 교류와 협력이 가능했던 것은 동서독 간 일체감을 유지하고 서독의 동독에 대한 상호주의 거래16)에 따른 포용적 지원이 있었기 때문이다. 예컨대 1983년 동독의 서방은행에서 10억 마르크 빌리는데 서독 정부 보증에 대한 대응으로 동독이 국경에 설치된 탈출자 사살용 자동기관총 5만4천개 철거, 1984년 동독이 서방 은행에서 9억5천만 마르크 빌리는데 서독 정부 보증 이면에는 동독이 동서독 여행자 자유 왕래 확대와 여행 시 물자교환 확대 조치(동독 주민의 서독으로의 합법적 이주, 양독 주민의 상호 방문 절차 완화), 1986년 서독이 동독의 무역결제 자금 대부 지원에 대한 반대급부로 동독이 서독과 문화협정 체결과 동서독 자매도시 간 결연, 1987년 서독이 동독 호네커 공산당 서기장의 서독 방문 허용에 따른 조치로 동독이 동독 주민의 서독 여행 확대 및 우편 및 전화 증설과 서독 기자의 동독 취재 확대 등으로 상호간 신뢰감을 갖게 한 대표적인 사례이다.

넷째, 소련 고르바초프(M. Gorbachev)의 개혁정치 표방은 신냉전이 종식되고 국제적 긴장완화를 계기로 동서독 관계에 긴장완화를 위한 새로운 전기가 마련됐다. 기민/기사연/자민당 2기 체제는 1985년 고르바초프의 개혁정치로 인한 탈냉전 분위기 속에서 독일 문제 해결의 실마리를 찾을 수 있었다. 또한 콜 총리는 소련을 방문해 고르바초프와의 협상을 통해 독일의 군사력 제한, 소련에 대한 경제적 지원 등 소련의 여러 요구를 구체적으로 수용했다.

다섯째, 1989년 11월 28일 콜은 서독 연방의회에서 베를린 장벽이 붕괴된 직후 독일의 통일을 동독과의 정치적 협상의 목표로 정식화했다. 동독의 자유선거, SED의 지도력 포기 및 정치적 석방, 계획경제의 폐기 및 시장경제로의 전환 등 '10개항 계획'을 선언하며 적극적인 통

---

16) https://www.donga.com/news/Society/article/all/20100925/31384478/1 (검색일: 2020/09/23).

일정책으로 통일과정의 주도권을 잡게 되었다. 그러나 기민/기사연/자민당 2기 체제는 독일통일과정에서 당 내부적 혼란을 자초하는 등 정당이 통일을 주도하기보다는 콜 정부의 통일정책을 협조하는 선에서 존재하는 한계를 지녔다.

여섯째, 동구권의 몰락과 베를린 장벽 붕괴 후 공격적인 통일정책을 수립한 콜 서독정부와 기민/기사연/자민당은 동독을 서독으로 편입시키는 제23조에 기초한 통일방안을 주장하였고, 반면 사민당은 즉각적인 통일 반대의 입장으로 동서독간의 협상에 따라 국민투표를 통해 통일헌법을 세우는 제146조에 기초한 통일방안을 주장하였다. 결국 서독정부는 서독기본법 제23조에 따라 동독(독일민주공화국)을 서독(독일연방공화국)으로 편입시키는 흡수통일 형태로 구체화하였다.

나) 독일 통일의 외적 요인[17]

첫째, 1989년 11월 9일 베를린 장벽의 붕괴 사건은 독일인에게는 통일의 길을 열어주는 기회가 되겠지만, 이를 바라보는 주변국가들의 반응은 냉담했다. 서독은 전후 수십 년간 나토와 유럽공동체에 대해 나름 헌신해 왔다고 생각했으나, 막상 베를린 장벽이 붕괴되고서는 영국·프랑스·네덜란드·이탈리아 등 유럽의 태도는 각종 핑계를 대며 독일 통일을 가로막았다. 다만 유일하게 미국만은 1989년 봄 동독의 사태를 주시하며 베를린 장벽이 붕괴될 것을 예견한 상태에서 독일의 편에 섰다.[18] 미국으로서는 독·소 관계[19]를 강화되는 한편, 미국은 유럽으로부

---

[17] 이와 관련해서는 다음을 참고하였다. https://100.daum.net/encyclopedia/view/177XX71300156 (검색일: 2020/08/24).
[18] 박상봉, "독일 통일과 유럽국가" http://blog.daum.net/germanunification/9085304 (검색일: 2020/04/20).
[19] 이에 관해서는 다음을 참조할 것, http://blog.daum.net/germanunification/14979114 (검색일: 2020/05/18).

터 배제될 가능성만 없다면 통일이 미국의 이익에 반하지 않는다고 보았다. 이 과정에서 미국의 독일 통일에 대한 지지는 유럽 국가들의 마음을 돌리는데 크게 공헌한 바였고, 이에 콜 수상은 1990년 5월에 전승4국과 동서독이 2+4회담이 진행되는 과정에서 독일 통일에 대한 화답으로서 부시 대통령의 우려를 불식시켰다.

둘째, 미국의 적극적인 지지와 힘의 우위정책에 있다. 독일 통일 과정에서 미국의 지원이 없었다면 통일은 불가능했다. 1989년 부시 대통령은 독일통일을 지지한다는 의사를 명확히 함으로써 콜 수상이 그해 9월 공개적으로 통일을 거론할 수 있는 터전을 마련했다. 공산국가와의 관계에서는 "힘의 우위"가 뒷받침되어야 협상문제해결이 성공을 거둘 수 있다. 1980년대 미국이 소련과의 협상에서 성공할 수 있었던 것도 미국 레이건 정부가 전략방위구상을 통해 소련을 압박한 것이 주효했다. 미국 부시 대통령은 서독 콜 정부의 통일정책을 적극 지원하여 소련, 영국, 프랑스의 동의를 얻어내는데 일조했다. 또한 서독도 확고한 친서방노선을 통해 힘의 우위에 견지한 것이 소련과 동독과의 교섭을 이끌어갈 수 있는 요인이 되었다.

셋째, 서독 정부는 통일의 내면적 측면을 처리한 후 통일의 대외적 측면 문제에 대응은 소련과의 관계 설정을 어떻게 하느냐는 문제였다. 1990년 2월 콜 수상과 소련 고르바초프 서기장이 회담했을 때 고르바초프 서기장은 독일의 통일을 원칙적으로 지지하나 제일 큰 문제는 통일독일과 NATO와의 관계 설정이었다. 서독과 서방측이 통일독일은 NATO의 구성원이어야 한다는 주장을 견지하는 데 반해, 소련은 통일 독일의 NATO 참가를 인정할 수 없다는 주장이었다. 이 문제를 어떻게 해결해야 하는가가 통일의 대외적 측면의 최대 난관이었다. 5월 5일 본에서 개최된 1차 2+4협의에서도 소련의 세바르드나제 외상은 독일의 NATO 가맹이 통일이 이루어진 뒤 해결돼야 한다고 제안하였다. 이에 대해서 겐셔 서독 외무장관은 이 제안을 지지했지만 콜 수상은 독일은 나토에 잔류해야 한다면서 거부했다. 즉 통일독일에 대한 전승4국의 권리와 책임이 존속하는 상태에서 그것을 NATO에 이양할 수는 없다는 주장이었다.

　넷째, 통일 독일의 NATO 가입 문제 등 심각한 대립이 해소되지 못한 상황에서 소련의 경제적 곤란을 상징하는 사건이 발생했다. 2+4협의 전날인 1990년 5월 4일 셰바르드나제 외상은 콜 수상과 회담하여 독일 문제에 관한 의견을 교환했는데 회담 최후에 고르바초프의 지시라면서 소련 정부의 서방 민간은행으로부터의 차입에 서독의 정부 보증을 할 수 있겠는가를 타진했다. 콜 수상은 독일은행과 드레스덴 은행과 협의하고, 수상청(首相廳)의 대외정책국장 틸칙과 양 은행의 관계자들을 극비리에 모스크바에 파견했다. 그들은 고르바초프 서기장과 루이센코 수상을 만나 200억 DM의 차관에 대한 소련 측의 요구를 받아들였다.

　다섯째, 독일의 NATO 가맹과 관련한 최종 교섭의 타결은 <표 1>에서 알 수 있듯이 1990년 7월 14일~16일 간 콜 수상의 모스크바와 고르바초프의 고향 스타브로폴 방문으로 이루어졌다. 콜은 고르바초프로부터 통독의 나토 가입승인 받아냈을 뿐만 아니라, 독일군을 37만 명으로 감축할 것이라고 약속했다. 이 회담에서 고르바초프 서기장은 통일독일의 NATO 참가를 인정했고, 이로써 독일 통일의 대외적 가장 큰 현안이 해결되었다. 그리고 또 하나의 현안 문제인 동부 국경 문제는 폴란드 외무장관도 참석한 가운데 파리에서 열린 3차 2+4회담에서 독일 통일 후의 폴란드와의 국경선 인정키로 합의가 성립됨으로써 해결되었다. 소련의 급박한 경제 문제에 대한 서독의 원조는 9월 10일 콜 수상과 고르바초프 서기장 사이에 전화회담을 통해 독일이 120억 DM의 지원과 30억 DM의 무이자 차관의 공여하기로 함으로써 드디어 타개되었다. 9월 12일 모스크바에서의 4차 2+4협의에서 2+4조약이 서명되어 독일 통일의 대외적 측면에 대한 합의가 달성되었다.

V. 결론

 1989년 11월 9일, 분단의 상징이었던 베를린 장벽이 무너졌다. 베를린 장벽 붕괴의 배경은 소련의 개혁·개방 정책 및 동유럽에 대한 불간섭 선언에 있다. 그 경과는 동독 주민의 서독 탈출, 민주화 요구 시위였다. 그리고 12월 22일에는 그동안 닫혀있던 브란덴부르크 문이 다시 개방되었고, 동독의 공산주의 체제는 무너졌다. 독일은 1989년 베를린 장벽 붕괴와 1990년 동독 최초의 자유선거 등, 격변하는 사회 분위기 속에서 통일을 이뤄냈다. 동독 SED는 동독 의회에서 다수의석을 상실하였다. 그해 8월 23일, 동독 의회는 동독의 행정구역을 전쟁 전의 5개주로 복귀하기로 결정하였고, 1990년 10월 3일 독일연방공화국에 합병하여 통일이 되었다.

 이 글에서 다뤘던 논의의 전제는 독일이 2차 대전을 일으킨 전범국이고 그 전범국을 갈라놓기 위한 승전4국의 조치가 독일을 동독과 서독으로 분할한 것이었고, 또다시 베를린을 동베를린과 서베를린으로 분할한 것이 요체였다. 독일을 미·영·불 중심의 서독과 소련 중심의 동독으로의 분단과 동독내의 베를린을 과거 독일의 수도(首都)였다는 이유만으로 서베를린과 동베를린으로의 분할은 결과적으로 독일 통일이 분단 동서독과 분할된 동서베를린을 단일 독일로 원상태로 되돌려 놓는 과정이었다. 중요한 것은 독일 통일이 베를린 장벽이 붕괴되면서 독일 국내외적 환경이 바뀌기 시작했다는 점이다. 동독에서 1990년 3·18총선이 통독 과정으로의 이행과 5월 5일부터 시작된 소련이 2+4회담 과정에서 통일 독일의 NATO 가입 문제 등 심각한 대립이 있었지만, 운 좋게도 소련 정부의 서방 민간은행으로부터의 차입에 서독의 정부 보증으로 해결되었다.

따라서 여기서 논의된 핵심적 요체는 베를린 장벽의 붕괴로 동서독이 통일을 이뤄냈다는 점에 있다. 그동안 동서독과 동서 베를린이 각각 분단된 현실에서 동독과 서독이 정통성을 내세워 분단을 강요하고 서독은 동독에게 동독은 서독에게 자신들의 방식에 의한 통합에 대해 우위를 강조해왔다. 이런 과정에서 동서독 분단은 체제와 이념을 강조해 팽팽한 대립을 가져왔다. 체제와 이념에 따라 동서독은 공고화되었지만 동서독 주민들의 통일에 대한 열정은 강했다. 베를린 장벽 붕괴 이전에 동서독 정상회담을 수차례 가져왔지만 베를린 장벽이 붕괴 전에는 팽팽한 대립만을 가져올 수밖에 없었다. 그러나 베를린 장벽이 붕괴된 이후에는 일사천리로 정상회담이 진척된 것만 보아도 베를린 장벽이 동서독 통일에 중차대한 역할을 했다는 것을 알 수 있다. 그래서 동서독 주민들, 특히 동독주민들의 통일여망은 베를린 장벽을 붕괴시키는데 제일 큰 공헌을 한 셈이었다.

결국 전승4국에 의한 위로부터의 분단 과정이 전범국 독일 영토와 그 수도(베를린) 관할지를 각각 분할시키는 것이었지만, 독일 분단 45년 만에 기적적으로 이뤄진 베를린 장벽의 붕괴로 독일 분단과 베를린 분단은 큰 장애가 되지 않았다. 오히려 베를린과 그 장벽 붕괴는 통일 독일을 위한 주사위로서 이미 던져져 있었다. 그 중심에 독일 국민과 베를린 주민이 있었고, 독일 통일을 위해서 2+4회담의 판을 키워낼 수 있었다. 베를린 장벽의 붕괴는 분단 독일과 분할 베를린 영토에 펼쳐진 장막과 철조망을 뚫고 하나된 독일을 발원시키는 단초가 되었다. 즉 독일 통일은 민족적으로 밑으로부터의 통일 과정이 뭉쳐서 정상적인 통일 독일과 독일인으로 합침으로써 가능했던 것이다.

■ 참고문헌

김경미. 2002. "독일 통일과 정당체제의 변화: 민주사회주의당(PDS)을 중심으로." 『사회과학연구』 제10집 (서강대학교 사회과학연구소).
김면회. 2009. "독일의 정당 분화 연구: 신자유주의와 정치지형의 변화." 『동북아연구』 제19집.
김면회. 2010. "통일 독일의 정치지형 변화 연구: 정치체제를 중심으로." 『한독사회과학논총』 제20권 2호.
김도태. 1996. "통일과정에서의 정당역할 연구." 통일연구원 연구총서.
박상봉, "독일 통일과 유럽국가." http://blog.daum.net/germanunification/9085304 (검색일: 2020/04/20).
서병철 편. 2003. 『분단극복을 위한 초석: 한국과 독일의 분단과 통일』. 서울: 매봉.
서준원. 1998. "독일 통일정책에 대한 재조명: 콘라드 아데나워 통일정책을 중심으로." 『국제정치논총』. 제38집 1호.
서지원 역, 2004. 『도이치 현대사2: 변화와 모색』. 서울: 비봉출판사.
유진숙. 2008. "독일의 수상리더십과 정당: 제도와 전략." 『국제정치논총』 제48권 2호.
유진숙. 2011. "독일 통일의 국내정치적 결정요인 분석: 수상리더십과 정당정치적 요인." 『한국정치학회보』 제45집 제4호.
정병기. 2011. "통일 독일 구동독 지역 정당체제: 연방주별 특수성이 반영된 새로운 다양성." 『한국정치학회보』 제45집 4호.
정용길. 2009. 『독일 1990년 10월 3일: 통일을 생각하며 독일을 바라본다』. 서울: 동국대 출판부.
정주신. 2015. "독일통일과정에서 정당의 성격 분석: 동서독 지배정당을 중심으로, 1945-1990." 『한국동북아논총』 제20집 제2호.
정주신, 2020. "분단국의 정상회담 어젠다 설정과 그 후속조치의 실행가능성 비교연구: 동서독과 남북한을 중심으로." 『한국과 국제사회』 제4권 4호.
통일원. 1993. 『동서독 교류협력 사례집』. 서울: 통일원.

황병덕. 1996. 「동서독간의 정치 통합 연구」. 서울: 민족통일연구원.
한국정치사회연구소 편. 2011. 『분단국의 통일사례와 한반도 통일 과제』. 대전: 프리마북스.
중앙선데이 2020/12/5; 연합뉴스 1990/09/13.
Pulzer Peter. 1995. *German Politics*. New York: Oxford Univ. Press.
Wendt, 1991. "Die deutsch-deutschen Wanderungen-Bilanz einer 40jährig Geschichte von Flucht und Ausreise." *Deutschland Archiv*. Vol. 24.
https://www.donga.com/news/Society/article/all/20100925/31384478/1 (검색일: 2020/09/23).
https://heritage.unesco.or.kr (검색일: 2020/07/22).
https://namu.wiki/w/상관관계와 인과관계 (검색일: 2020/01/23).
https://blog.naver.com/poohsi/222108155497 (검색일: 2020/09/13).
https://hyuck99tvnews.tistory.com/26 (검색일: 2020/01/30; 2020/07/22).
blog.naver.com/nadri97/221266456344 (검색일: 2020/06/24).
https://unikoreablog.tistory.com/4308 (검색일: 2020/04/24).
blog.naver.com/nadri97/221266456344 (2020/08/13).
http://blog.daum.net/germanunification/14979114 (검색일: 2020/05/18).
blog.naver.com/gustap83/221402745534 (검색일: 2020/04/24).
https://search.daum.net/search?w=img&nzq (검색일: 2020/03/35).
http://blog.daum.net/germanunification/9085304 (검색일: 2020/04/20).
https://100.daum.net/encyclopedia/view/177XX71300156 (검색일: 2020/08/24).

4장
독일통일, 동·서독 주민의 정체성 형성과 게마인샤프트 복원

김현정 (동아대학교)

Ⅰ. 서론

　2020년 독일은 통일 30주년을 맞이하였다. 1990년 동·서독은 동독지역을 5개 신연방주로 나누어 서독에 편입시키는 방식으로 통일을 이루어 냈다. 당해 10월 3일 독일 브란덴부르크(Brandenburg) 주 포츠담(Potsdam)에서 열린 '통일 30주년' 기념식에서 앙겔라 메르켈(Angela Merkel) 총리와 프랑크 발터 슈타인마이어(Frank-Walter Steinmeier) 대통령은 통일 30주년을 맞아 '동서 간 격차'가 얼마나 좁혀졌는지를 알리는 것이 독일 정부의 화두임을 강조하였다.[1] 통일 당시 동독과 서독의 경제적 격차를 무시한 1:1 화폐교환은 당시 동독주민들이 서독으로 몰려

---

[1] 동아일보, "독일 통일 30주년 "동서 격차 크게 줄여왔다…강조한 이유는?" https://www.donga.com/news/article/all/20201004/103234858/1 (검색일: 2020/10/4).

오는 것을 막기 위한 고육책이었겠지만 동독 경제의 붕괴를 촉진하였다. 동독 화폐의 과도한 평가절상이 결과적으로 동독 기업의 가격경쟁력 상실과 대량도산을 불러왔다(장용석 2010, 22). 냉전의 상징이었던 베를린 장벽은 한 세대가 지난 현재 녹색지대가 조성된 기념 생태 공간으로 거듭났다. 통일 직후 동서 양 지역 간 격차가 현격하며, 동독 출신 주민에 대한 차별과 배제가 심각한 수준에 달한 적도 있었다. 동독 출신 주민을 '오씨(Ossi)'로, 서독 주민들을 '베씨(Wessi)'라 칭하며 마음의 베를린 장벽(Berliner Mauer)이 유지되던 때도 있었으나, 통일 이후 한 세대가 지난 현재 당시의 지역 간 골은 어느 정도 해소되었다.

이 글에서는 독일 통일과정에서의 동·서독 주민의 역할을 고찰하였다. 독일정치는 경제적 발전과 사회이익을 위한 동서독 통일, 즉 게젤샤프트(Gesellschaft)를 추구하였으나, 동서독 주민은 이를 위한 게마인샤프트(Gemeinschaft) 복원을 위해 노력해 왔다. 이 글에서는 40여 년간의 분단 이후 독일통일은 외적으로 동독에 대한 서독의 흡수통일의 형태를 띠고 있으나, 내적으로 동·서독 주민의 게마인샤프트 복원의 과정을 거치고 있음을 강조한다.

이 글은 첫째, 동·서독 간 인적교류 측면, 둘째, 통일 이후를 위한 인식의 전환과 통일 정치교육 측면, 셋째, 합의통일을 선택한 주민의 결정에 관하여 구성된다. 이러한 고찰은 현재 유일한 분단국가로 남아있는 한반도에 시사하는 바가 크다고 할 수 있다. 남북 간 인적교류가 거의 전무한 상황이며, 정권마다 정치적 입장에 부합하는 통일교육이 진행되는 현 상황에서 통일은 요원하다. 독일통일을 진행하는 과정에서 이를 흡수통일이라 이해하고 있지만, 결국 통일을 추동한 주체는 동·서독 주민이며, 주민의 결정에 따른 합의통일이었던 점에 주목해야 한다. 분단 상황 하 정치경제적 어려움이 있는 상황에서도 동서독은 인적교류와 통일을 위한 정치교육을 시행하며 통일 이후 국가와 사회의 정체성 및 나아갈 방향에 대한 인식 전환을 고려해야 한다.

Ⅱ. 통일, 게젤샤프트를 위한 게마인샤프트의 복원

지난 2015년 독일 내에서는 통일 25주년을 맞이하여 통일에 관한 독일인의 인식조사를 진행한 바 있다. 조사에 따르면 '통일이 성공했다고 생각하는가'?라는 질문에 서독 주민과 동독 주민이 각각 76%, 66%씩 찬성하며 총 73%에 달하는 응답자들이 독일 통일을 성공적으로 평가했다. 통일로 인한 이익 여부를 묻는 질문에는 서독주민 51%, 동독주민 67%가 '이익'이라고 답변했다.2)

독일은 통일 직후 정치, 경제, 사회 제반 측면에서 혼란스러웠던 상황을 극복하고, 25년이 흐른 당시 통일에 대한 긍정적 사고가 70%(서독출신 주민 76%, 동독출신 주민 66%)에 이르게 되었다. 이와 같이 통일은 사회 이익의 측면에서 이해되는 듯하나, 실상 통일이익을 인식한다는 것은 정치·경제적 고려뿐 아니라 분단 이전 시기 사회의 복원이라는 지난한 과정을 요구한다. 동·서독 정부는 통일독일 건설을 통해 비용 대비 이익의 극대화, 경제적 성장, 즉 게젤샤프트 통일을 추구하며, 내부로부터의 하나의 통합된 사회, 정체성의 회복을 통한 기나긴 게마인샤프트 통일 과정을 형성하고 있는 것이다.

---

2) 문화일보, "獨통일 25년… 오씨-베씨 사라진다", http://www.munhwa.com/news/view.html?no=2015100201071521301001(검색일: 2020/10/4).

<표 1> 독일 통일인식에 대한 설문조사

단위: %

	서독출신	동독출신
통일이 성공했다.	76	66
통일비용이 크다	49	37
통일이 이익이다.	51	67

출처: 인프라테스트-디맵(Infratest-dimap), 도이치벨레(DW)

기존의 산업사회 발달과정에 관한 이러한 이분법적 사고는 분단의 종식과 통일의 차원에 적용되면 목적과 사회통합, 복원의 과정이라는 일방향으로 이해할 수 있다. 통일은 제도적 통합을 통해 급격한 사회변화를 초래한다. 하지만 사회구성원의 통합은 장기적 시간을 소요시킨다. 단순한 체제의 흡수가 아닌, 게마인샤프트 사회를 복원하기 위해 '인정의 정치(the politics of recognition)', 즉 이질집단 간 명확한 정체성의 확립이 필요한 것이다. 동·서독 주민을 단순히 단일민족으로 간주하고 제도적 통일을 통해 하나의 국가, 국민으로 통합한다고 해서 하나의 공동체가 되지 않는다. 인정의 정치를 위해 킴리카(Kymlicka 1995)는 소수집단의 경우 더 큰 사회의 간섭으로부터 그들을 보호해 줄 강력한 자치권을 정당하게 누릴 수 있다고 주장하며, 그들은 별개의 사회적 문화를 지닌 독자적인 단일 정치체제를 형성하고, 중앙정부가 그 반환을 요구할 수 없게끔 '법적 권리의 문제로서 통치권'을 누릴 수 있어야 함을 제시하였다(설한 2010, 66). 개인의 집단적 문화정체성에 관한 인정의 필요성을 강조한 테일러(Charles Tayler)는 현대 정치적 현실에서 인간 존중의 자유주의적 권리 개념이 진정으로 인권을 보호할 수 있는지에 대한 근본적 의문 자체가 정체성에서 비롯된다고 보았다. 테일러(Tayler)는 이런 정체성과 관련하여 정치사회에서 가장 중요한 요소가 '상호인정(recognition)'이라 강조하였다. 그는 상호인정에서 아래 두 가지를 강조하였다. 첫째, 한 개인의 정체성이 상이하다는 것을 인정하는 일은, 한 개인의 정체성이 어떤 특정한 집단에 속하면서 생성된다는 점에서 상이한 집단의 문화를 인정한다는 의미이며, 둘째, 상호 인정의 실체는 소수자의 문화에 대한 다수자의 인정이라는 점, 즉 타자의 인정이 자신의 삶의 내용에 영향을 미치는 사람들은 항상 소수자라는 것이다(김만권 2016, 283). 이주 혹은 독일의 경우와 같이 통일에 의해 주류사회와 소수자가 하나의 공동체를 형성하면, 소수집단이 겪는 사회적 차별과 배제를 해소하기 위해 다양한 사회통합 정책이 집중되기 마련이다. 하지만 단순히 게젤샤프트 사회 추구를 위한 정부 차원의 경제지원 및 노동기회 부여 등의 정책은 소수집단의 사회적 지위를 단기적으로 향상시키지 못할 뿐 아니라, 오히려 주류집단의 반감을 부추긴다. 진정한 사회통합을 위해서는 소수집단이 정착과 교육 등의 장기적 적응과 변화를 통해 주류사회 구성원이 될 수 있다는 사회적 신뢰와 가능성, 즉 게마인샤프트의 복원이라 할 수 있다. 소수집단은 물론 주류사회의 시각에서 사회가 이분화되어 특정계층이 주변화(marginalization) 되어 각종 사회문제가 누적되는 것은 바라는 바가 아닐 것이다. 정체성은 정적인(static) 상태만이 아니라 동적인(dynamic) 과정을 포함하며, 자신의 집단 정체성을 명확히 하고 강력하게 주장함으로써 정책과정에 영향력을 행사하려는 집단적 의지가 포함된다(원숙연 2008, 35). 정책과정에의 편입(또는 배제)에 영향을 미치는 집단의 권력 차이를 만드는 요인이 된다. 한마디로 여기서의 정체성은 생물학적 정체성이 아닌 사회적이고 정치적인 즉 '정체성의 정치'로 포괄된다(장미경 2005; Ingram, et. al. 2007, 99).

<표 2> 소수자 정책 프레임

구분		정책의 방향성	
		포섭/편입	배제
정체성의 속성	명확/고정	동화(assimilation)	분리(segregation)
	불명확/유동	주변화(marginalization)	해체(dissolution)

출처: (원숙연 2008, 36).

<표 2> 내 프레임에서 독일 통일 이후, 소수집단 지위로서의 동독인을 판단하면, 명확하고 고정된 정체성을 띨 때 동화의 대상이 될 수 있다. 독일정부가 동서독 간 격차를 해소하고, 동독민의 사회통합을 위한 폭넓은 포섭 및 편입정책을 펼치고 있기 때문이다. 하지만 동독주민이 불명확하고 유동적인 정체성 속성을 띤다면 이들은 주변화될 수밖에 없을 것이다.

이에 이 글에서는 분단 시기 동서독 간 이주 및 교류 상황을 고찰하고, 포스트 통일 시기 동독 주민의 정체성 형성을 통한 독일의 게마인샤프트 복원 과정을 분석하고자 한다.

III. 분단 시기, 동·서독 간 이주 및 교류

1. 동·서독 간 이주

독일은 1949년 분단이 공식화되었으며, 1950년~1989년까지 동독에서 서독으로 이주한 주민은 총 4,868,699명으로, 연평균 11,780명이었다. 반면 서독에서 동독으로 이주한 주민은 471,381명에 불과하였다. 당시 서독 및 서유럽 전역의 재건이 진행되었던 상황에서 서독이 경제발전, 즉 '라인강의 기적'을 이루는 데에 필요한 노동력을 동독으로부터 보충할 수 있었던 것이다.

<표 3> 분단 이후 동서독 주민의 거주이전

단위: 명

시기	동→서	서→동	이전 편차	비고
1950-1961	3,854,552	400,315	3,454,237	장벽설치 이전
1962-1969	221,538	37,209	184,329	
1950-1989	4,868,699	471,381	4,397,31	총 거주이전 현황

출처: 염돈재, "<남북한 인적 교류 확대부터 시작하자> [염돈재 독일통일 이야기] 동독주민의 서독이주, 統獨 이루는데 핵심 동력", https://m.blog.naver.com/PostView.nhn?blogId=kuciss&logNo=220019584429&proxyReferer=https:%2F%2Fm.search.daum.net%2Fsearch%3Fp%3D2%26q%3D%25EB%258F%2585%25EC%259D%25BC%2520%25ED%2586%25B5%25EC%259D%25BC%2520%25EC%25A3%25BC%25EB%25AF%25BC%26w%3Dfusion%26lv%3D1%26DA%3DTWA (검색일: 2020/10/4).

1949년 분단된 이후부터 베를린 장벽 설치 이전 시기인 1950년~1961년 해당시기 동독에서 서독으로 이주한 인구규모는 매년 32만 명에 달한다(<표 3> 참조).3) 장벽의 설치 이후 이동규모는 확연히 축소되었다. 동독인들의 서독이주 동기는 정치적 이유 56%, 경제적 이유 23%, 가정 및 개인적 이유였으며, 이주형식은 가족결합, 불법 탈출, 정치범 석방거래에 따른 이주 등으로 다양하다.4) 시기별로 이주요인을 분석한 내용을 보면, 1949년부터 1961년 베를린장벽 설치 전까지는 정치적 활동 및 사찰활동 강요, 양심 및 기본권침해 등을 주요 이유로 이

---

3) 해당 자료에서 32만 명으로 추계하나, 다른 자료(유욱·이찬호·이경환·배용만·강구섭, 『분단시기 서독의 정착지원 정책의 변화과정과 한반도에 주는 시사점』(북한이탈주민지원재단, 2011))에서 적게는 동 시기 매년 이동규모를 20만 명 규모로 추산하기도 한다.
4) Daily NK, "독일 통일의 밑거름 된 동서독 인적 교류", https://www.dailynk.com/%EB%8F%85%EC%9D%BC-%ED%86%B5%EC%9D%BC%EC%9D%98-%EB%B0%91%EA%B1%B0%EB%A6%84-%EB%90%9C-%EB%8F%99%EC%84%9C%EB%8F%85-%EC%9D%B8%EC%A0%81/ (검색일: 2020/10/4).

주하였으나 베를린장벽 설치 후부터 1990년 통합이 시작되던 시기에는 정치적 동기 뿐 아니라 낮은 생활수준과 근로상황 등 열악한 경제적 요인이 크게 작용하였다(허준영·정다원 2017, 64). 반면 동독으로 이주한 서독주민은 대부분이 연금 생활자로 동독 내 가족재결합 목적의 이주가 주류를 차지하였다. 동서독 간 이주는 양측의 정치적 상황과 관계 변화에 영향을 받아왔다. 특히 분단 이후 동서독 간 이주에 결정적 영향을 미친 사건은 베를린 장벽의 설치라 하겠다. 1949~61년 250만 명에 달하는 동독의 기술자·전문직업인·지식인들이 서독행을 택함으로써 동독의 경제력은 막대한 피해를 입게 되었고, 그 결과 동독 인민회의의 결정으로 1961년 8월 12일 밤 서베를린으로 통하는 모든 가능성을 봉쇄하기 위한 장벽이 설치되었다.[5] 동독인이 서독으로 이주하는 방법은 동독 정부의 허가를 득한 합법이주와 비합법적 탈출 피난의 형태 두 가지가 있다.

<표 4> 동독탈출 이주민 현황(베를린 장벽 구축~붕괴 시까지)

연도	탈출 피난민		합법 이주민		총계
	동독정부 무허가	비율(%)	동독정부 허가	비율(%)	
1961	51,624	100	-	-	51,624
1962	16,741	78.4	4,624	21.6	21,365
1963	12,967	30.4	29,665	69.6	42,632
1964	11,864	28.3	30,012	71.7	41,876
1965	11,886	40.2	17,666	59.8	29,552
1966	8,456	35.0	15,675	65.0	24,131
1967	6,385	32.6	13,188	67.4	19,573
1968	4,902	30.6	11,134	69.4	16,036

---

5) 다음백과, "베를린 장벽", https://100.daum.net/encyclopedia/view/b09b2032a, (검색일: 2020/10/4).

1969	5,273	31.1	11,702	68.9	16,975
1970	5,047	28.8	12,472	71.2	17,519
1971	5,843	33.6	11,565	66.4	17,408
1972	5,537	32.3	11,627	67.7	17,164
1973	6,522	42.9	8,667	57.1	15,189
1974	5,324	40.2	7,928	59.8	13,252
1975	6,011	36.9	10,274	63.1	16,285
1976	5,110	33.7	10,058	66.3	15,168
1977	4,037	33.4	8,041	66.6	12,078
1978	3,846	31.7	8,271	68.3	12,117
1979	3,512	28.1	9,003	71.9	12,515
1980	3,988	31.2	8,775	68.8	12,763
1981	4,340	28.1	11,093	71.9	15,433
1982	4,095	31.0	9,113	69.0	13,208
1983	3,614	31.9	7,729	68.1	11,343
1984	5,992	14.6	34,982	85.4	40,974
1985	6,160	24.7	18,752	75.3	24,912
1986	6,196	23.7	19,982	76.3	26,178
1987	7,499	39.6	11,459	60.4	18,958
1988	11,893	29.9	27,939	70.1	39,832
1989	241,907	70.4	101,947	29.6	343,854
1990					238,384

출처: (유욱·이찬호·이경환·배용만·강구섭 2011, 19-20).

주지하다시피 분단 당시부터 베를린장벽 설치될 때까지는 동·서독 간 자유로운 이동이 가능하여, 정부 승인을 받은 합법이주가 전혀 없었다. 그러나 1961년 베를린장벽이 설치된 때부터 동서독 간 이주는 강한 압력을 받게 되었다. 장벽 설치가 알려진 당해 5만 여명의 동독 탈출 피난민이 발생한 이후, 다음 해인 1962년부터 동독정부의 엄중한 국경경비 및 특별사유에 대한 합법적 이주 허가 제도를 통해 탈출 피난민보다 합법이주민의 수가 더 많아지게 되었다. 동독 정부가 서독으로의 주민 이주를 결정하는 경우는 선별적으로 이루어졌다. 동독 정부는 고령자 중 동독을 위해 아무런 기여를 할 수 없고, 서독에 연고자가 있는 사람에게 이주허가를 승인해 주었는데, 이중에는 서독정부와의 비밀거래를 통해 서독으로 이주시킨 동독 정치범이 포함되었다(정혜영 2020, 205). 동독인구의 유출이 동독 사회 발전에 장애를 가져올 것으로 판단한 동독 정부는 베를린 장벽을 비롯한 동서독 국경에 월경차단장치, 자동발사기를 설치하고 지뢰를 매설해 동독주민들의 탈출을 봉쇄하려고 시도하고, 1982년에는 국경법을 제정, 탈출자에 대한 총기사용을 법제화했다(유욱 2011, 22). 그럼에도 불구하고 다수의 동독이주민이 죽음을 무릅쓰고 내독 국경 및 베를린 장벽을 통해 서독으로 탈출하였다(김영윤 2010, 154). 그렇지만 불법 및 합법 이주를 합치더라도 장벽 설치 이전 시기에 비하면 이주민 수가 10%에도 미치지 못하는 정도로 감소했다(<표 4> 참조). 서독 기본법은 전승된 독일국적을 고수하여 동독 이주민을 국민으로 간주하였다. 혈통을 중심으로 부모 중 한쪽이 독일인이면 독일국적으로 보았는데, 그래서 연방영역에 거주하는 독일 혈통을 가진 사람들 뿐 아니라 1990년까지도 점령법상 연합국의 통치권 하에 있었던 동독과 베를린에 거주하는 독일인도 독일국적법의 의미에서 독일 국적자로 간주되었다(정혜영 2020, 205).

2. 동·서독 간 교류

동독정부가 특정 시기 주민의 서독 이주를 적극적으로 제한하기는 하였지만, 기본적으로 동·서독은 교류의 장을 완전히 닫은 적이 없다. 이는 이산가족 교류, 종교단체를 통한 동독지원, 여행자 왕래, 우편교류, 청소년교류, 예술인교류 등 다양한 영역에서 지속되었다.

<표 5> 분단 독일 내 동·서독 간 민간교류

분류	교류 주체	교류 유형	내용
NGO 및 종교 단체	교회	원자재, 생필품 등 지원	- 1957년-1989년 약 28억DM(14억 달러)로 추정 원자재 지원 · 지원 품목들은 동독의 수입 허가를 받았으며 의류, 생필품, 건축자재, 냉장고 등 가전소비재, 의약품, 서독의 현대식 의료기기 등이었음 · Genex를 통한 지원도 이루어졌는데, 지원 물품은 동독산 자동차부터 종자, 비료, 공산품 등 다양했음
	개신교, 카톨릭		- 1957년-1989년 약 28억DM(14억 달러)로 추정 원자재 지원 · 총 지원액의 약 50%는 서독 정부의 재정 보조로 충당 동독정부는 원자재를 지원 받아 이를 동독 마르크로 환산해서 동독 교회에 제공하는 방식으로 지원 사업 진행 · 공급한 원자재는 원유, 구리, 천연고무, 커피, 양모, 전기동 등
	프라이카우프	현금 및 현물 지원	- 1963년-1989년 서독은 정치범 3만3,75명 교환과 25만 명의 이산가족 재결합을 위해 34.6억 DM(17.3억 달러)에 해당하는 현물을 동독에 지불 · 서독은 동독의 현금 지불 요구에도 불구, 처음 8명의 정치범에 대한 현금 지급을 제외하고는 모두 현물을 제공(1983년까지는 1인당 4만 DM, 1983년 이후 9.6만 마르크 지불)
여행자, 면세점, 우편 등	당사자	여행자 물품 증여	1949년-1989년까지 여행자 왕래, Genex, 인터숍 등을 통한 직접 지원 규모는 약 176억 DM(8억 달러)로 추정
	Genex	민간	1962년-1989년까지 Genex를 통한 민간의 이전거래 규모는 약 26억 DM(약 13억 달러)로 추정
	인터숍		1974년-1989년까지 인터숍을 통한 증여는 약 10억 DM(약 50억 달러)로 추정
	우편		양독간 우편교류는 여행교류, 방문교류, 청소년교류 등의 인적 접촉 분야와는 달리 동독 측에 의해 완전히 단절된 적이 없는 분야임 · 1976년 3월 동서독간『우편 및 장거리통신 분야에 관한 조약』이 체결되어 동서독 간 우편교류의 제도적

			기반 마련 · 1956년부터 1989년까지 소포 등 우편을 통한 이전거래(비상업적 거래) 규모는 약 450억 DM(25억 달러)로 추정
특정 집단 교류	청소년 교류		서독의 연방정부와 주정부는 대동독 견학여행을 장려, 청소년여행에 대한 교통비 및 체류비 지원
	예술인 교류		서독은 동독예술인이 서독을 방문하면 일비를 지불, 교류협력에 따른 재정부담은 연방정부와 지방정부 각각 50%씩 부담

주: Genex는 동독이 외화획득을 위해 해외에서 운영한 면세점으로 서독주민들이 동독에 있는 친지들에게 물품을 보내는 수단으로 사용되었음.
출처: (이해정 2013, 3-6).

<표 5>에서와 같이, 분단 독일 내 동·서독 간 민간교류는 전방위적 영역에서 시행되었다. 이는 첫째, NGO 및 종교단체 등에 의한 원자재 및 생필품 등의 지원, 둘째, 여행자, Genex 면세점 및 인터숍 이용에 의한 양독간 이전거래, 셋째, 우편교류, 넷째, 예술인 및 청소년 교류 등에 해당한다.

<표 6>은 동·서독의 도시간 자매결연 교류 내용이다. 1986년 4월 양측 간 도시자매결연 협정이 체결된 이래 총 73건의 도시간 자매결연이 성사되었다.

<표 6> 동·서독의 도시간 자매결연 교류 내용

분야		내용
체육 문화	교환경기	- 볼링, 축구, 탁구 등의 종목으로 광범위한 주민 참여 유도
	문화행사	- 전시회, 음악회, 영화상영, 작가들의 초청강연 등
	신문교환	- 16개 도시에서 지방신문 상호 교환
전문가회의		- 지방자치 및 지역행정에 관한 의견 및 경험교환을 위한 전문가 협의회 개최 · 도시계획, 노후화된 주택정비, 도로교통 계획 - 환경문제, 자영수공업자, 의사, 노동자 및 노조원 의견 교환 등
청소년 상호방문		- 15~30세 사이의 청소년 상호 방문

출처: 통일원, 『동서독교류협력 사례집』(1993), pp. 723-724.

도시간 자매결연 교류의 세부내용은 체육행사, 문화행사, 신문교환, 전문가회의 및 청소년 상호방문 등으로 진행되었다.

Ⅳ. 포스트 통일, 게마인샤프트 복원과 동독 주민의 정체성

1. 동서독 사회통합 및 정체성 형성을 위한 통일교육

서독은 통일을 대비하여 분단 시기 일관성 있는 통일교육을 시행해 왔다. 서독의 통일교육은 정치교육의 한 부분으로 시행되었으며, 학교 통일교육 및 시민통일교육의 이원적 형태로 운영되었다. 서독의 정치교육은 통일교육과 함께 민주시민교육, 평화교육 및 국제이해교육을 포괄하며, 이는 분단 종식 이후에도 사회통합을 위한 조정 이외에 큰 변화를 겪지 않았다. 분단 시기 서독은 사회통일교육, 즉 일반인들을 대상으로 하는 정치교육 및 통일교육을 주요하게 다루고 있었다. 전쟁을 겪은 이후 분단 상황에 처한 서독 사회는 국가를 재건하고 국가정체성을 확립하기 위한 최대 과제로 민주주의의 정착을 필요로 했다. 이를 위해 서독 정부는 「연방정치교육본부설치법」을 제정, "연방정치교육본부"(Bundeszentrale für politische Bildung)라는 국가기관을 세우고, "정치교육"이라는 이름 아래서 독일 국민들의 민주주의 의식을 함양하는데 주력하였으며, 통일교육을 위해서는 주무기관으로 내독성(Bundesministerium für innerdeutsche Beziehungen)을 설치하였고, 연방정치교육본부 역시 정치교육적 차원에서 통일교육을 다루었다(김창환·양금희·윤재홍 2002, 10).

분단 시기 서독의 통일교육은 4단계 시기별로 구분하여, 1945년~ 1949년은 의식화 교육 과정, 1949년~1964년 철학적·교육적 기초 확립 과정, 1960년~1970년 사회과학적 정향성 확립 과정 그리고 1970

년~1985년 교수법의 체계화 과정으로 진전되었다. 시기별 주요 내용은 다음과 같다. 첫째, 1945년~1949년은 의식화 교육 과정에는 독일 민주화 촉진을 위해 정치교육 활성화가 강조되며, 시민의식 배양, 민주적 생활양식 창출, 민주주의적 문화 창출, 교사 재교육, 사회 교과서 수정하는 교육체제 전환을 진행하였다. 둘째, 1949년~1964년 철학적·교육적 기초 확립 과정에는 서독 문화주권 차원에서 학교 내 정치교육 관장을 제시하여, 정치교육이 기본목표로서 공동체 교육과 제도교육을 시행하도록 하였다. 셋째, 1960년~1970년 사회과학적 정향성 확립 과정을 통해 교육철학적인 이론이 정치교육의 교수법으로 이행되는 과정을 추진하였다. 해당 시기 갈등 및 비판 개념이 정치교육의 핵심 사안이 되었다. 마지막으로 1970년~1985년 교수법의 체계화 과정을 통해 특수성을 토대로 일반성을 인식해 나아가는 인지와 인식을 통한 사례교육을 정치교육 방식을 채택해 나아갔다(황병덕 1995, 7-15).

서독의 통일교육은 1972년 '기본조약'이 국제법 승인을 득하여 양독 관계 정상화가 진전된 이후 큰 전환을 맞이하게 된다. 이전 시기 이데올로기와 체제의 우월성을 강조하기 위해 양측 간 비난과 상호 독자적 국가임을 강조하던 정치교육에서 상호 이해 및 통일에 초점을 둔 정치교육으로 변화하였다.

<표 7> 서독 정치교육의 기본목표

- 정치적, 사회적, 경제적 과정들의 요소와 기능관계에 대해 가능한 한 객관적으로 알려준다.
- 자유주의적이고 다원주의적인 민주주의 기본가치들을, 물론 구체적 실현방법에 대한 지속적 비판을 방해하지 않으면서, 수용하게끔 하는데 기여한다.
- 자유주의적이고 다원주의적인 민주주의가 유일한 정치질서임을 분명히 한다. 동시에 이 질서체제 속에서만 독자적, 합리적, 자기책임적인 행위가 가능하고 또 그러한 행위만이 체제부적합적이며, 이 질서체제야 말로 각 개인의 자기발전을 위해 가장 큰 기회를 제공한다는 점도 강조한다.
- 민주주의적 게임규칙의 본질을 인식시키고, 민주주의적 절차의 진행방법을 습득하게 하며, 비판력과 합의자세를 동시에 갖도록 교육한다.

- 정치적 대안 속에서 고려할 수 있는 능력과 자세를 길러주며, 정치적 문제의식과 판단력을 길러준다.
- 정치적 행위능력을 발전시키며, 정치적·사회적 영향력 행사의 기회를 인식시키며, 이를 활용케 한다.
- 언어적 및 상징적 의사소통을 이데올로기적인 배경 위에서 관찰하게끔 한다.
- 자신의 권리 및 이익 상황을 자신과 타인과의 입장관계에서 인식할 수 있도록 하는 능력을 길러준다.
- 자신의 이익을 다원주의적 민주주의 규칙의 범위 내에서 인식하는 능력을 길러준다.
- 상이한 출신과 문화권 소속의 사람들이 상호 이해하며 평화롭게 생활할 수 있도록 하는 능력과 자세를 길러준다.
- 민족적 이기주의의 타파에 힘쓴다.
- 성찰된 참여와 책임있는 정치적, 사회적 행위능력과 자세를 갖추게끔 한다.

출처: (박병석 1996, 241).

정치, 사회, 경제적 과정들의 기능에 대한 습득, 자유주의 및 다원주의적 민주주의에 관한 인식과 학습, 민주주의 절차의 습득과 권리와 책임에 관한 인식 등을 망라하고 있는 정치교육의 기본목표는 학습자들이 이를 통해 정치사회화해 나아가는 과정을 실현해 나아가는데 있다고 판단된다(황기식 2015, 237).

이와 같이 서독지역은 적어도 72년 이후 통일을 지향하는 교육목표가 반영된 통일교육을 시행하였기 때문에 통일 이후에도 별다른 변화 없이 통합의 교육으로 이행해 나아갈 수 있었다. 하지만 동동지역민에게 통일 이후 통일교육은 기존의 체제와 질서가 부정되는 내용을 담을 수 있기에 포스트 통일교육의 과제를 남긴 것이다.

2. 통일 이후 독일 주민의 정체성

동·서독은 서로 다른 정치체제와 경제구조 하 분단된 상황에서 40여 년이 경과한 이후, 갑작스런 통일을 맞이하였다. 1990년 3월 18일 400석의 의석을 두고 순수 비례대표제에 입각한 조기총선거가 결정되었으며, 24개 정당이 경쟁하는 가운데 주민들의 93.4%가 참여한 선거에서 당시 서독의 집권당이었던 기민당(CDU)과 제휴한 동독 기민당이 주축이 된 독일연합이 48%(사회민주당(SPD)은 22%)의 지지를 얻어 승리하였다(장용석 2010, 23). 정치, 사회, 교육 등 다방면에서 통일을 지향해 왔으나, 정치공동체의 형성을 통해 내부 주민이 구체적으로 어떠한 변화한 환경을 맞이하여 생활해 나아갈지에 관한 숙고가 미흡했다. 독일은 통일 이후 사회통합과 관련한 제 문제들이 드러나며 혼란의 시기를 겪었다. 특히 2000년대 들어 '오스탈기(Ostalgie)'의 물결이 대중매체에까지 등장하는 등 여러 형태로 범람하면서, 과거에 대한 몽상적인 추억을 불러일으키는 한편 논란의 대상이 되기도 했다(권혁준 2009, 198). 오스탈기는 독특한 문화적 현상으로서 주로 동독 제품들에 대한 애착과 동독을 주제로 한 문화 상품의 성세와 구 동독 시절의 의미 있는 성취에 대한 자의식으로 발현한 것이며, 동독정체성은 한편으로 오스탈기 현상을 통해, 다른 한편으로는 서독인들과의 경계정체성을 통해 동독인으로서의 자의식을 발전시킴으로써 형성되었다(이동기 2016, 29).

그렇다면 이와 같이 통일 이후에도 이어지는 동·서독 각각의 정체성 형성은 어떠한 시각으로 바라보아야 할 것인가. 통일 뒤 동독 지역에서 생겨난 동독 주민들의 집단적 정체성은 경험과 기억에 근거한 이야기 공동체적 성격을 띠는 것으로, 그것은 정치 현실이나 경제 상황에 대한 해석이나 미래 전망과 연관되기보다는 이미 사라진 동독 사회에 대한 집단적 경험과 기억에 의거하고 있다.6) 분단의 경험과 기억을 뚜렷이 간직한 이들에게 통일이후 시행되는 사회통합 정책과 정치교육으로 온전히 하나의 정치공동체 국민정체성을 강요할 수는 없을 것이다.

---

6) 이동기, "결코 사라지지 않을 동독 통일 뒤 동독 문화 폐기 움직임에 대한 문화적 저항이 외려 동독 정체성 강화 가져와… 내적 변화 없는 전환은 '횡포'일 뿐", http://h21.hani.co.kr/arti/culture/culture_general/38384.html (검색일: 2020/10/4).

베리(Berry 1997)는 '이민, 문화적 동화와 적응(Immigration, acculturation and adaptation)' 외 다수의 후속 연구를 통해 다문화주의에 관한 두 가지 차원, 네 가지 결과의 범주화한 문화적응 모형을 제시하였다. 문화적응 모형 내 두 가지 차원이란 첫째, 자신의 문화적 가치와 특성을 유지할 것인가 아닌가의 문제와, 둘째, 주류 사회와 관계를 유지할 것인가 아닌가의 문제로 분류되며, 모국의 문화도 유지하면서 새로운 문화를 동시에 받아들이면 통합(integration), 모국의 문화는 유지하지 않고 새로운 문화만을 받아들이면 동화(assimilation), 모국의 문화를 유지하면서 새로운 문화를 받아들이지 않으면 분리(separation), 모국의 문화를 유지하지도 못하면서 새로운 문화와도 접촉을 하지 못하면 주변화(mainstreaming)가 된다(조정아·임순희·정진경 2006, 8). 분단의 시기와 통일을 경험한 세대에게 단순히 하나의 민족임을 강조하는 사회통합정책을 투사하면, 대상 주민의 정체성 속성에 따라, 정체성이 명확하고 고정된 경우 동화될 수 있으나, 불명확한 경우 주변화 현상을 겪게 된다. 안드레아 셈프리니(Andrea Semprini) 외 다수의 연구자들이 언급한 바와 같이 다문화 사회를 지향하기 위해서는 차별과 배제의 극복 그리고 이들 집단의 다름에 대한 인정이 필요하다고 하였다(김현징·빅선희 2016, 168). 서독 주민이 서로의 다름을 인정하고, 통일 이후의 독일이라는 공동체 공간을 다원주의가 공존하는 영역으로 받아들일 필요가 있다.

통일 직전 동독 정치사상교육 개혁은 기존 이념 주입식 교육에서 벗어나는 것을 목표로 삼아, 1989년 11월 학교에서 실시되던 군사훈련이 폐지되고, 이듬해 2월에는 국가시민과목을 사회과목으로 대체하면서 동독 교과서 대신 서독 교과서로 수업을 하며, 또한 학교에서 사통당 조직과 자유독일청소년연맹을 해체함으로써 학교 교육에서 당이 간섭할 공간을 없애고자 노력하였다.[7] 하지만 이와 같은 수정된 교육의 기간은 불과 1년도 되지 않았기 때문에 동독의 입장에서는 통일교육적 측면에서 준비없는 통일을 맞이하게 된 것이다. 이에 독일정부는 정부 자체에서 통일교육을 관리하지 않고, 연방정치교육센터를 두어 정치 중립적이고 일관성 있는 포스트 통일교육을 추진해 왔다.[8] 연방정치교육센터는 조직상 연방정부 내무부에 소속되어 있지만 예산은 사실상 내무부와 독립적으로 집행, 운용하고 있으며, 의회 상황을 연방정치교육센터에 그대로 반영해 각 정당이 견제와 균형을 이루면서 독립성을 유지할 수 있도록 관례상 연방정치교육센터장은 일반적으로 여당 추천 인사가 맡고 부센터장은 야당이 추천한 인사가 맡으며, 22인의 여야 연방하원의원으로 구성된 감독위원회가 존재하도록 구성하고 있다.[9]

V. 결론 및 시사점

이 글에서는 독일 통일에서의 동서독 주민의 역할에 대해 고찰하였다. 분단 시기, 동·서독 간 이주는 서독의 역할과 더불어 여러 요인에 의하여 추동되었다. 또한 양독 간은 민간단체를 활용한 물적교류 및 이산가족 교류, 청소년 교류, 예술집단 교류 등의 인적교류, 면세점 등을 이용한 지원활동 교류, 우편교류 등 다각도로 진행되었다.

현재의 독일은 동서독 출신 주민이 함께 하는 국가정체성뿐만 아니

---

7) 통일부, "<독일아 통합을 알려줘> 통일교육: ③ 통일 이후 흔들리는 동독 출신 청소년들과 통일교육", https://blog.naver.com/PostView.nhn?blogId=gounikorea&logNo=221657851567(검색일: 2020/10/4).
8) '포스트 통일'이란 신조어는 단순히 통일 이후를 의미하는 것이 아니다. 박영균(2016)은 '포스트 통일'을 독일통일 이후 나타난 동독과 서독 주민 사이의 사회문화적 갈등에 초점을 맞추어 제시하였다. 그는 '포스트 통일'이라는 신조어를 통일의 여러 화두 중 하나로 주제화하였다.
9) 통일부, "<독일아 통합을 알려줘> 통일교육: ④ 독일 통일교육은 우리에게 무엇을 남겼나", https://blog.naver.com/PostView.nhn?blogId=gounikorea&logNo=221657860750 (검색일: 2020/10/4).

라 유럽연합 회원국으로서의 유럽정체성을 아우르고 있다. 뿐만 아니라, 독일은 유럽연합(EU) 이외의 유럽 출신 이주민, 제3 지역 이주민과 난민이 혼종된 지역이다. 독일이 한 민족으로 통일의 당위성만을 강조하여, 동독주민에게 일방적 사회통합을 주장한다면 이들의 대부분은 주변화될 수 있다.

이러한 부분은 마지막 분단 지역으로 남아 있는 한반도에 주는 시사점이 크다 할 것이다. 민족동질성 회복을 위해 남과 북이 가진 가치-정서-문화적 차이들을 억압 또는 배제하는 '폭력'으로 전화될 위험성을 가지고 있으며, 통일을 민족동질성의 회복으로 보고 이를 만들어가는 방안을 찾는 것은 오히려 통일에 저해 요소가 될 뿐이다(박영균 2016, 148).

독일은 분단과 통일을 경험할 국민에게 정치적 행위능력과 의사소통 방식, 다원주의적 민주주의 규범 및 정치적 대안 속에서 사고할 수 있는 능력과 자세를 교육해 왔다. 그렇다면 분단 종식 이후 30년이 경과한 시점에도 여전히 동·서독 주민이 상호 간 차이를 느끼는 현 상황에 대해 어떠한 시각에서 바라보아야 할지 고민해봐야 할 것이다.

<참고문헌>

1. 국내문헌

권혁준. "통일 이후 동독주민의 정체성 위기와 오스탈기 - 옌스 슈파르슈의 『실내분수대』." 『카프카연구』. 제272호, 2009.
김만권. 2016. 『그림으로 이해하는 정치사상』. 개마고원.
김영윤. 2010. "구동독 이탈주민의 정착을 위한 구서독 정부의 정책." 『북한이탈주민의 보호 및 정착에 관한 법률 개정안 해설자료집』. 대한변호사협회.
김창환·양금희·윤재홍. 2002. 『독일의 학교 및 사회통일교육 프로그램 개발 및 운영 실태 분석』. 통일부.
김현정·박선화. 2016. "다문화정책 관점에서 본 북한이탈주민 문제." 『통일인문학』. 제66호,
박병석. 1996. "정치교육의 목적, 내용, 방법: 통일독일에서의 정치교육을 중심으로." 『한독사회과학논총』. 제6호.
설한. 2010. "킴리카(Kymlicka)의 자유주의적 다문화주의에 대한 비판적 고찰: 좋은 삶, 자율성, 그리고 문화." 『한국정치학회보』. 제44집 1호.
원숙연. 2008. "다문화주의시대 소수자 정책의 차별적 포섭과 배제: 외국인 대상 정책을 중심으로 한 탐색적 접근." 『한국행정학보』. 제42권 3호.
유욱·이찬호·이경환·배용만·강구섭. 2011. 『분단시기 서독의 정착지원 정책의 변화과정과 한반도에 주는 시사점』. 북한이탈주민지원재단.
이동기. 2016. "독일통일 후 동독정체성: 오스탈기는 통합의 걸림돌인가?" 『역사와 세계』. 제50집.
이해정. 2013. "독일 사례를 통해 본 통일 기반 여건 조성 방안." 『현안과 과제』. 13-48호,
장미경. 2005. "한국사회 소수자와 시민권의 정치." 『한국사회학』. 제39권 6호,
장용석. 2010. "독일통일, 동독주민이 선택한 합의 통일." 『통일한국』. 통권 322호.

정혜영. 2020. "동독이탈주민의 거주·이전의 자유 보장에 관한 헌법적 문제: 이주민 긴급수용법의 위헌성을 중심으로."『공법학연구』. 제21권 1호.

조정아·임순희·정진경. 2006. 『새터민의 문화갈등과 문화적 통합 방안』. 한국여성개발원.

통일원. 1993. 『동서독교류협력 사례집』. 통일원.

허준영·정다원. 2017. "인권과 행정관리의 절충적 국경관리? - 서독의 동독이탈주민 수용원칙과 실제 -",『Crisisonomy』제13권 제10호.

황기식. "거버넌스 관점에서의 독일 통일교육과 한국에의 시사점."『유럽연구』. 제33권 제4호, 2015.

황병덕. 『독일의 정치교육 연구: 한반도 통일대비 정치교육에의 시사점 분석』. 민족통일연구원, 1995.

2. 외국문헌

Ingram, H., Schneider. 2007. A., & Deleon, P.. *Social Construction and Policy Design.*

Kimlicka, Will and Keith Banting. 2006. "Immigration, Multiculturalism, and the Welfare State", *Ethics and International Affairs*, Carnegie Council for Ethics in International Affairs.

3. 기타

다음백과, "베를린 장벽", https://100.daum.net/encyclopedia/view/b09b2032a , 2020. 10. 04.

동아일보, "독일 통일 30주년 "동서 격차 크게 줄여왔다…강조한 이유는?" https://www.donga.com/news/article/all/20201004/103234858/1(검색일: 2020/10/4).

문화일보, "獨통일 25년… 오씨-베씨 사라진다", http://www.munhwa.com/news/view.html?no=2015100201071521301001 (검색일: 2020 /10/4).

염돈재, "<남북한 인적 교류 확대부터 시작하자> [염돈재 독일통일 이야기] 동독주민의 서독이주, 統獨 이루는데 핵심 동력", https://m.blog.naver.com/PostView.nhn?blogId=kuciss&logNo=220019584429&proxyReferer=https:%2F%2Fm.search.d

aum.net%2Fsearch%3Fp%3D2%26q%3D%25EB%258F%2585%25EC%259D%25BC%2520%25ED%2586%25B5%25EC%259D%25BC%2520%25EC%25A3%25BC%25EB%25AF%25BC%26w%3Dfusion%26lv%3D1%26DA%3DTWA(검색일: 2020/10/4).

이동기, "결코 사라지지 않을 동독 통일 뒤 동독 문화 폐기 움직임에 대한 문화적 저항이 외려 동독 정체성 강화 가져와⋯ 내적 변화 없는 전환은 '횡포'일 뿐", http://h21.hani.co.kr/arti/culture/culture_general/38384.html, 2020. 10. 4.

통일부, "<독일아 통합을 알려줘> 통일교육: ③ 통일 이후 흔들리는 동독 출신 청소년들과 통일교육", https://blog.naver.com/PostView.nhn?blogId=gounikorea&logNo=221657851567(검색일: 2020/ 10/4).

통일부, "<독일아 통합을 알려줘> 통일교육: ④ 독일 통일교육은 우리에게 무엇을 남겼나", https://blog.naver.com/PostView.nhn?blogId=gounikorea&logNo=221657860750, (검색일: 2020/10/4).

Daily NK, "독일 통일의 밑거름 된 동서독 인적 교류", https://www.dalynk.com/%EB%8F%85%EC%9D%BC-%ED%86%B5%EC%9D%BC%EC%9D%98-%EB%B0%91%EA%B1%B0%EB%A6%84-%EB%90%9C-%EB%8F%99%EC%84%9C%EB%8F%85-%EC%9D%B8%EC%A0%81/, 2020. 10. 4.

5장
동서독 정상회담 : 통독과정에서의 역할과 한국에의 시사점

김강녕 (조화정치연구원)

I. 서론

　한국의 개천절에 해당하는 10월 3일은 독일의 국경일이다(외교부 2017, 12). 2020년은 독일통일(비스마르크에 의한 통일과 구별하기 위해 독일재통일로 불리기도 함)이 이루어진 지 30주년이 되는 해이다. 30년 전인 1990년 10월 3일은 단순히 서독이 동독을 흡수통일한 것이 아니라, 동독이 서독체제로의 편입을 자체적으로 결정하고 서독이 이를 받아들여 평화통일이 선포된 날이다. 분단의 상징이던 베를린 장벽이 동독주민들의 시민혁명으로 붕괴된 이후 주민들의 열망에 따라 서독체제로 편입됨으로써 평화적으로 통일을 이룩하게 된 날이다(권세영 2018, 3). 1989년 11월 9일 베를린 장벽이 붕괴되고 자유 왕래가 허용된 지 11개월만의 일이다.
　통일에 앞서 1990년 9월 12일 미국, 소련, 영국, 프랑스 등 제2차 세계대전 승전국과 동서독은 '2+4 조약'[1]을 체결하였다. 이 조약으로 독일은 대외적으로 주권을 되찾았다. 이후 같은 해 10월 3일 과거 독일민주공화국에 속하던 주들이 독일연방공화국에 가입하는 형식으로 독일통일이 이루어진 데 이어, 11월 21일 프랑스 파리에서 열린 유럽안전보장협력회의(CSCE: Conference on Security and Cooperation in Europe)에서는 34개 회원국들이 '파리헌장'을 채택하였다. 이 헌장은 "대결과 분열의 시대는 유럽에서 종말을 고하였다."고 선언하였다(김현경 2018).

통일 후 현재 독일의 수도는 베를린(약 359만 명)이고, 인구는 8,141만 명(인구 세계 19위)이며, 국토면적은 357,380㎢(한반도의 1.6배, 세계 63위)이다. 그리고 독일의 주요경제지표(2019년 현재)를 보면, GDP는 3.9조 달러로 유럽연합 국가 중 1위(세계적으로는 미·중·일에 이어 4위)를 기록하고 있다(건축정보, 2020).

서독주도에 의한 독일통일은 ①통일을 향한 역대 서독정부의 동방정책 등 성공적인 통일정책 방향설정, ②동독민의 동의하에 서독 자유민주주의 정치체제와 자본주의 시장경제체제의 골격 속에서의 동독 공산주의체제의 흡수통합, ③제2차 세계대전 전승4국(미·영·프·소)의 허가·인정을 받아낸 성공적 외교활동, ④재통일 이후 유럽연합(EU)의 주도를 통한 국제위상의 확보 등의 특징을 지니고 있다(양병기 2014, 454).

한국도 한반도 평화정착에 이어 평화통일의 성취와 함께 아시아 지역과 세계무대에서의 평화번영에 기여할 수 있는 비전을 가질 수 있게 되었다는 점에서 독일통일은 벤치마킹의 대상이 아닐 수 없다. 즉 한국도 통일이후 아시아연합을 결성·주도하여 한반도, 아시아, 더 나아가 유라시아의 평화번영에 크게 기여할 수 있을 것이기 때문이다.

---

[1] '2 + 4 조약'이 체결되기 전만 해도 미국을 제외한 3개 전승국들은 통일에 반대하였다. 반면 미국은 통일된 독일을 21세기 파트너로 설정하고 독일 통일을 대(對)독일정책의 주요목표로 설정하고 통일에 대한 지지의사를 분명히 하였다(Zelikow & Rice, 1995).

세계적으로 민족분단과 분단 후 재통일 사례가 많지 않은 상황에서 독일 재통일이 이루어졌는데 이 물꼬를 튼 것은 서독 브란트의 동방정책과 이에 따라 추진된 동서독 정상회담이었다. 동서독은 분단이후 25년만인 1970년부터 1990년 통일이 되기까지 7차례의 공식적 정상회담이 있었다. 이 중 공식회담 가운데 4차례 회담은 베를린장벽 개방(1989.11.9) 이전에 있었고 3차례는 동독정권의 붕괴과정이 시작된 후 개최된 회담이다. 또한 6차례의 비공식 정상접촉도 있었다(김영윤·양현모 2009, 9). 비록 정기적이지는 않았지만 동서독은 1970년 제1차 정상회담이후 꾸준히 정상급 회담 및 접촉을 지속하며 자연스럽게 서로를 마주하였다. 시간이 갈수록 동서독은 서로 대화를 하는 것에 대해 거부감이 자연스럽게 사라졌다(최지선 2015, iv).

'동방정책' 주창자인 빌리 브란트(Willy Brandt)가 1969년 10월 서독 총리에 취임하면서 동서독 정상회담의 실마리는 풀리기 시작했다. 그 후 1989년 동독인의 서방탈출 러시로 베를린 장벽이 무너지면서 그 해 12월 헬무트 콜 총리와 한스 모드로우프 동독 총리 간 정상회담이 열려 통일문제에 급진전을 보였다. 이후 1990년 10월 3일 동서독이 통일될 때까지 2차례 공식적 정상회담이 더 열려 통일을 완성하는데 크게 기여하였다. 동서독은 1970년 첫 번째 정상회담이 열린 지 20년 만에 독일민족 숙원인 통일을 이룩해냈다(국제신문 디지털뉴스부 2007).

남북통일보다 독일통일이 더 어려울 것이라는 예측도 있었고 통일후 유증에 대한 비판적 우려도 적지 않았다. 하지만 동서독이 통일된 지 벌써 30년이 지났다. 서독은 통독 후 내부통합을 성공적으로 이뤄냈을 뿐만 아니라 통독 후에는 신장된 국가위상을 바탕으로 유럽연합(EU: European Union)을 주도해 나가고 있다. 동서독 경우는 남북한과는 분단원인이나 과정이 다르기는 하지만[2] 독일통일이 이루어진 것은 특히 서독 수상 브란트의 동방정책이후 서독정부가 지속적인 대화와 교류협력을 통해 일관되게 동서독 통일을 준비해왔기 때문이라고 해도 과언이 아니다.

벌써 30주년이 지난 독일통일의 남북한통일에의 함의는 무엇인가? 동서독 정상회담이 남북정상회담에 주는 시사점과 교훈은 무엇인가? 이 글은 동서독 정상회담: 통독과정에서의 역할과 한국에의 시사점을 분석하기 위한 것이다. 이를 위해 정상회담의 개념·유형·주요사례, 동서독 정상회담의 전개, 동서독 정상회담의 역할·성과와 한국에의 시사점을 분석한 후 결론을 도출해보기로 한다.

II. 정상회담의 개념·유형·주요사례

1. 정상회담의 개념 및 유형

정상회담(summit 또는 summit meeting)은 Dictionary com.에 따르면 "특히 외교교섭을 실시하고 국제적 긴장을 완화하기 위한 각국 정상들의 회담 또는 회의(a meeting or conference of heads of state, especially to conduct diplomatic negotiations and ease international tensions"[3])이다. 옥스퍼드 사전에 따르면, 정상회담은 "중요한 문제를 논의하는 두 개 이상의 정부 지도자들 간의 일련의 공식회의"(an official meeting or series of meetings between the leaders of two or more governments at which they discuss important matters, Wehmeier 2000, 1,303)라고 정의하고 있다.

간단히 말해서 정상회담은 두 나라 이상의 국가원수들이 모여 여는 회

---

2) 분단원인이 전승국에 의한 강제적인 분할점령에 기인한다는 점이 동일하나 독일은 제2차 세계대전의 주범으로서 당연히 분단을 받아들여야 할 만한 책임이 존재했지만, 한반도는 단순히 패전한 일본의 식민지였음에도 통일된 해방을 맞지 못하고 미국과 소련의 분할통치하에 들어가데 되는 비운을 맞았다는 점이 서로 다르다.
3) https://www.dictionary.com/browse/summit-meeting(검색일: 2020/1/6).

담을 말한다. 정상외교(頂上外交)는 대통령, 주석, 군주, 총리(의원내각제) 등 국가원수들이 벌이는 외교이다. 정사외교는 과거에는 교통이 발달하지 않아 거의 없었으나 20세기 이후 비행기의 발명 등 교통이 발달하여 하루 안에 지구 반대편으로 가는 것이 가능해져 매우 흔하게 되었다(『위키백과』 2020, "정상회담"). 정상회담은 국가나 정부 수뇌가 국가 간의 문제를 해결하거나 조약을 맺을 때 이루어지며, 상당한 언론노출과 철저한 보안, 그리고 미리 정해진 의제를 가지고서 열리게 된다.

역사적으로 볼 때 주목할 만한 정상회담으로는 제2차 세계대전 당시 프랭클린 D. 루즈벨트(Franklin D. Roosevelt), 윈스턴 처칠(Winston Churchill), 조셉 스탈린(Joseph Stalin) 미·영·소 3거두 정상회담을 들 수 있다. 제2차 세계대전이 끝나가던 1945년 2월 4~11일에 열린 얄타회담은 미국, 소련, 영국 3국간에 열린 정상회담이었다. 비록 3거두(巨頭, Big Three)라고 하였으나 실제로는 2와 2분의 1거두라고 해야 할 만큼 당시 영국(대영제국)은 쇠락한 상태였다. 이 회담이후 세계는 미소냉전체제로 돌입하였고, 미소는 세 번 정상회담을 가졌다. 1961년의 빈회담, 1972년의 모스크바회담, 1985년의 제네바회담이 바로 그것이다(이종인 2020).

각국의 정치 지도자들이 만나 자국의 안보를 강화하고 경제적인 이익을 얻기 위한 정상회담을 수시로 개최하는 것에서도 알 수 있듯이, 현대는 국가 외교력이 중요한 의미를 갖는 시대가 되었다. 그런데 등산용어인 '정상(summit)'이 외교용어로 되게 만든 주역은 윈스턴 처칠이었다. 암울한 냉전의 한 중앙에 있던 1950년 2월 14일 에든버러에서 처칠은 최고위층과의 회담을 제안하면서 "정상에서의 회담으로 인해 악화될 수 있다는 말은 이해하기 어렵다(It is not easy to see how matters could be worsened by a parley at the summit)."고 연설하였다. 이즈음 영국의 에베레스트 등반대의 여덟 번째 도전이 대대적으로 보도되면서 신문에는 '서밋(summit)'이라는 단어가 자주 등장하였다. 서밋은 공교롭게도 이렇게 구전되면서 외교용어로 자리를 굳혔다. 물론 처칠 이전에도 외교적 목적을 위한 정치적 지도자들의 회담은 있었지만 20세기에 들어와 항공기 여행, 대량살상무기의 탄생, 언론을 통한 신속한 보도 등에 힘입어 본격적인 외교현상으로 발전하였다(Reynolds 2013).

그러나 제네바 정상회담(Geneva Summit, 1955년)까지는 국제사회에서 'summit'(정상회담)이라는 용어가 통상적으로 사용되지는 않았다(Grenville 2001). 냉전기간 동안 미국 대통령들이 소련이나 중국의 대통령들과 일대일 회담을 위해 함께 하였을 때, 언론은 그 행사를 'summit'이라고 표현하였다. 여하튼 냉전이후 '정상회담' 행사의 수는 크게 증가해왔고 오늘날, 국제정상회담(international summits)은 글로벌 거버넌스(global governance 또는 world governance)[4]의 가장 흔한 표현이기도 하다(*Wikipedia* 2020, "Summit (meeting)").

2. 정상회담의 유형

정상회담(頂上會談)은 두 나라 이상의 국가원수들이 모여 여는 회담을 말한다. 남북정상회담, 한미정상회담, 한중일정상회담, 북미정상회담 등 2~3개의 특정국가 간에 열리는 경우도 있고, 동아시아 정상회담, 아시아 유럽 정상회담 등 지역단위로 비교적 많은 국가의 국가원수가 참석하는 경우도 있다(『위키백과』 2020, "정상회담" 참조).

정상회담의 종류는 참가자 수에 따라 크게 양자정상회담과 다자정상

---

[4] 세계 거버넌스는 하나 이상의 국가 또는 지역에 영향을 미치는 문제에 대한 대응을 협상하는 것을 목표로 초국가적 행위자(UN, 국제형사재판소, 세계은행 등)간의 정치적 협력을 향한 운동이다. 글로벌 거버넌스 기구는 준수를 시행하기 위해 제한적이거나 구분된 권한을 가지고 있다 할지라도 하나의 국가가 다른 국가보다 주도적인 역할을 하는 국제기구를 포함한 여러 국가를 포함하고 있다. 오늘날 지구상에는 세계정부는 없으며, 글로벌 거버넌스도 단일체제가 아니다(*Wikipedia* 2019, "Global governance").

회담으로 분류할 수 있다(김강녕 2013, 147-148). 양자정상회담은 개별정상회담이라고도 불리며, 두 정상 간의 정상회담을 말한다. 다자정상회담은 3국정상회담, 4국정상회담, 5국정상회담, 그 이상의 정상회담 등 다수의 정상 간의 회담, 바꾸어 말해서 3개국 이상의 정상 간의 정상회담을 의미한다고 볼 수 있다. 다음으로 회담 및 회담내용의 공개여부에 따라 비공개(비밀)정상회담과 공개정상회담으로 분류할 수 있다. 이 유형은 초기에 비밀리 가졌다가 후일 공개하는 변화된 형태인 절충형도 있을 수 있다. 그리고 G7정상회담, G20정상회담(한국정상도 멤버) 등과 같은 회의형 정상회담과 비회의형 정상회담으로도 구분할 수 있다. 공식적 회담과 비공식적 회담의 유형도 구분이 가능하다.

또한 정상회담은 회담에 임하는 정상들이 보유하고 있는 인성과 가치관에 따라 3가지 유형으로도 분류할 수 있다(미래한국 2007). 첫째는 정상회담에 임하는 양국의 정상이 모두 정상적인 인성과 정상적인 가치관들을 보유하고 있는 경우다. 이러한 경우 정상회담은 하면 할수록 그 정상들이 속해 있는 양국관계는 건전하게 발전하고 보다 생산적인 결실들이 나올 수 있다. 둘째는 두 명의 정상 중에 어느 한 쪽은 정상적인 인성과 가치관을 보유하고 있으나 다른 한 쪽은 비정상적인 인성과 가치관을 보유하고 있는 경우라고 할 수 있다. 이러한 경우 정상적인 인성과 가치관을 보유하고 있는 정상이 속해 있는 나라는 크게 걱정할 것이 없다. 상대하는 정상이 설사 비정상적인 인성과 가치관을 보유하고 있더라도 그러한 비정상성에 말려들지 않기 때문이다. 마지막 셋째는 두 명의 정상 모두가 비정상적인 인성과 가치관을 보유하고 있는 경우다. 정상회담을 하는 두 명의 정상이 모두 비정상적인 인성과 가치관을 보유하고 있는 경우 정상회담을 하는 과정 및 그 결과는 솔직히 어느 방향으로 튈지 예측할 수 없는 마치 럭비공과 같다고 할 수 있다(미래한국 2007).

3. 역사를 바꾼 정상회담의 주요사례

데이비드 레이놀즈(David Reynolds)는 20세기 역사를 바꾼 6대 정상회담으로 다음과 같은 것을 들고 있다. 즉 ①체임벌린 영국 수상과 히틀러 나치 총통이 만난 1938년의 뮌헨회담, ②전후 유럽의 판도를 결정하기 위해 1945년 처칠 영국 수상, 루스벨트 미 대통령, 스탈린 소련 최고사령관이 만난 얄타회담, ③케네디 미 대통령과 소련 지도자 흐루시초프가 1961년 만난 빈회담, ④닉슨 미 대통령과 소련의 정치가 브레즈네프가 만나 냉전의 해빙에 시동을 걸었던 1972년 모스크바회담, ⑤이집트와 이스라엘의 평화협정을 이끌어내기 위해 카터 미 대통령이 주선해 이스라엘 정치가 메나헴 베긴과 안와르 사다트 이집트 대통령이 1878년 함께 자리한 캠프데이비드회담(이상언·장정훈 2000, 8), ⑥동서냉전의 평화적인 종식을 이끌어낸 레이건 미 대통령과 고르바초프 소련공산당 서기장이 만난 1985년 제네바회담이 바로 그것이다(Reynolds 2007; 이종인 2020). 역사를 바꾼 정상회담은 선정기준 및 보는 관점에 따라 달라질 수 있다.

이와는 다르지만 세계사의 물줄기를 바꾼 정상회담들이 있다. 세기(100년)를 대표할 정도의 중요한 회담이라는 의미에서 세기의 담판으로도 불리는 역사적인 만남들이다. 1972년 중국에서 열린 리처드 닉슨 대통령과 마오쩌둥 국가주석·저우언라이 총리와의 첫 미중정상회담이 대표적이다.[5] 이 회담이후 중국은 서방세계를 향해 쳤던 '죽의 장막'을 열었고 1979년 미중수교로 이어졌다.

미국과 중국의 국교재개를 위해 벌인 1972년의 첫 미중정상회담은 핑퐁외교(Pingpong Diplomacy)로도 불린다.[6] 그해 2월 베이징(北京)

---

5) "외교문제는 담당 고위관리들도 모르게 진행돼야 성공한다."는 신념을 가진 키신저가 조용히 저우언라이(周恩來)를 만나 중국이 닉슨 대통령을 초청하는 형식의 정상회담을 성사시켰다(예영준 외 2000c, 8).

을 방문한 리처드 닉슨 미 대통령은 저우언라이(周恩來) 중국 총리와 닷새 동안 여섯 차례 만나 무려 20여 시간 대화를 나눴다. 베트남전 종전과 대만에 주둔한 미군철수 등의 입장차가 그만큼 컸기 때문이다. 이러한 어려움 속에서 회담을 진전시킨 원동력은 저우언라이 총리의 인간적 호소력이었다. 회담이 진행 중이던 어느 날 밤, 그는 헨리 키신저(Henry A. Kissinger) 미 대통령 안보담당 보좌관의 숙소를 몰래 찾아갔다. 특별한 협상카드가 있어서가 아니었다. 그는 "지금 중국 지도부에서는 나만한 온건파가 없다. 내가 죽고 나면 양국관계개선은 어렵다."며 측근들에게 숨겨왔던 암 투병사실을 키신저에게 털어놓았다. 그의 헌신성은 닉슨의 마음을 움직였다. 닉슨은 훗날 회고록에서 "저우언라이 총리의 냉철하고 진지한 자세와 교섭력에 매료되었고 마침내는 존경하게 되었다."고 술회하였다. 1994년 비밀해제된 회담기록에는 닉슨이 소련 군사력에 대한 고급정보와 일본의 군사대국화를 막기 위한 전략 등을 저우언라이 총리에게 털어놓았다고 적혀 있다(예영준 외 2000a, 8).

1989년 지중해의 작은 섬나라 몰타에서 개최된 조지 H. W. 부시(George Herbert Walker Bush, 집권: 1989~1993) 대통령과 미하일 고르바초프(Mikhail Sergeyevich Gorbachev) 공산당 서기장과의 미소정상회담은 냉전의 종식을 선언한 회담이다. 두 정상은 회담을 마친 후 공동기자회견에서 "세계는 냉전시대에서 벗어나 새로운 시대로 들어섰다."고 선언하였다(라동철 2018).

반세기 가까이 전 인류를 짓눌러온 냉전구도는 1989년 12월 2일 몰타 미소회담장에서 고르바초프 소련 대통령의 이 한 마디로 양상이 달라졌다. 이 역사적 순간을 연출한 주인공은 조지 부시 미 대통령이었

---

6) 탁구를 이용한 외교. 1971년 일본의 나고야에서 열린 제31회 세계 탁구 선수권 대회를 계기로 미국 탁구 팀과 기자단이 중국을 방문하여 양국 관계가 개선된 데서 온 말이다(*Wikipedia* 2020, "Ping-pong diplomacy").

다. 11개월 전 대통령에 취임한 그는 냉전의 벽이 허물어져가는 세계를 목격하였다. 고르바초프의 페레스트로이카(Perestroika)가 부른 공산권의 자유화 움직임이 활발한 상황이었다. 부시는 이 기회를 놓치지 않았다. 미소 양국정상의 군축협상이 이듬해인 1990년으로 예정되어 있었지만 그는 '해를 넘길 수가 없다.'는 판단으로 고르바초프에게 친서를 보내 여러 차례 회담을 재촉하였다. 부시의 집념은 몰타 섬에서의 함상 비공식 회담을 이끌어냈다. 부시는 유럽에 배치된 재래식무기와 화학무기의 대폭 감축을 약속하였다. 또 대소(對蘇)경제제재 완화를 약속하며 냉전청산을 위한 성의와 의지를 보여줬다. 고르바초프도 역사의 큰 흐름을 거역할 수 없었다. 그의 적대관계 청산선언과 함께 동구권의 정세변화는 더욱 빨라졌고 이듬해인 1990년에는 독일통일이 실현되었다. 몰타회담을 끝낸 뒤 부시는 "이제 영구평화시대로 가는 긴 여정이 시작되었다."고 말하였다. 정확히 국제정세를 읽고 시의적절하게 담판 시기를 포착한 부시의 외교는 냉전의 종식을 몇 단계 앞당겼다는 평가를 받는다(예영준 외 2000c, 8).

또한 1970년 빌리 브란트 서독 총리와 빌리 슈토프 동독 총리의 만남은 20년 후 독일통일의 물꼬를 튼 회담이었다. 관련국을 우리 편으로 만들려는 부푼 기대 속에 진행된 1970년 3월과 5월의 두 차례 동서독 정상회담은 회담 자체만으론 이렇다 할 성과를 내지 못하였다. 이에 브란트 서독총리는 동독의 입장이 강경해 회담을 계속 진행하기 어렵다고 판단하여 전략을 바꿨다. 동독과의 회담을 잠시 중단하고 대신 동독에 절대적인 영향력을 가진 소련을 우군(友軍)으로 끌어들인다는 것이었다. 때마침 소련 수뇌부는 브란트의 동방정책에 호의를 갖고 있던 참이었다. 브란트는 1970년 8월 모스크바를 방문, 브레즈네프 서기장을 만나 동서독 관계개선을 위해 동독에 압력을 넣어 달라고 요청하였다. 대신 소련과의 경제협력을 약속하고 소련의 관심사였던 동독·폴란드 국경선문제에서 파격적으로 양보하였다. 당시 동서독간의 현안은 서베를린의 지위에 관한 문제였다. 서독은 협정을 통해 서베를린에 대한 기득권과 자유로운 통행을 보장받고자 하였지만 동독의 입장은 워낙 완강하였다. 이때 브레즈네프는 동독이 아닌 서독의 손을 들어주었다. 완강한 울브리히트 대신 호네커를 제1서기에 앉힌 뒤 서독의 입장을 받아들여 1971년 베를린 협정에 서명하였다. 이후 동서독간의 대화도 소련의 영향력으로 다시 활발해졌다(예영준 외 2000c, 8).

주변국을 자기편으로 끌어들이는 독일의 외교력은 1989년 베를린 장벽이 무너지고 통일을 성사시키는 단계에서 더욱 두드러졌다. 제2차 세계대전의 전승국으로 동독을 점령하여 군대를 주둔시키고 있던 소련의 동의를 얻지 못하면 통일은 불가능한 상황이었다. 헬무트 콜 당시 총리는 고르바초프와의 담판을 통해 소련이 중립화 통일방안을 철회토록 하였다. 아울러 소련은 통일독일의 북대서양조약기구(NATO) 잔류에도 동의하였다(예영준 외 2000c, 8).

2015년 버락 오바마 미 대통령과 라울 카스트로 쿠바 국가평의회 의장의 회동은 1961년 국교단절 후 이어진 적대관계를 청산해 가는 데 중요한 분기점이었다. 2000년 김대중 대통령과 김정일 국방위원장 간의 남북 첫 정상회담도 세계이 이목을 사로잡은 만남이었다. 분단이후 반세기 만에 성사된 최고지도자들의 만남은 남북교류·협력 확대로 이어졌고 한반도 평화에 대한 기대를 부풀렸다(라동철 2018).

하지만 세기의 정상회담이라고 해서 좋은 결과만 낳은 것은 아니었다. 1961년 존 F. 케네디(John Fitzgerald Kennedy) 미국 대통령과 니키타 흐루시초프 소련 공산당 서기장의 만남은 미소간 대결을 격화시켰다. 2000년 에후드 바라크 이스라엘 총리와 야세르 아라파트 팔레스타인 자치정부 수반의 만남도 실패로 끝났다(라동철 2018). 평화를 위해 마련된 정상회담이라고 해서 결과가 모두 성공적이었던 것은 아니다. 체임벌린은 히틀러와 우호적인 관계를 맺고 싶었으나 뮌헨회담 1년 후 제2차 세계대전이 터졌으며, 제2차 세계대전을 평화롭게 끝내기 위해 머리를 맞댄 얄타회담은 전쟁을 1년 더 지연시키는 결과를 초래하였다. 준비되지 않은 만남으로 파국을 면치 못한 회담도 있다. 빈회담에서 미국은 호전적인 흐루시초프의 작전에 휘말려 쿠바미사일 위기와 미국의 베트남 참전을 불러왔다고 데이비드 레이놀즈는 분석한 바 있다(Reynolds 2013; 이종인 2020).

지난 2018년 6월 12일 열린 김정은 국무위원장과 도널드 트럼프 대통령의 사상 첫 싱가포르 북·미 정상회담도 각국의 언론들이 앞 다퉈 대서특필한 세기적 만남이었다. 기대치에 못 미쳤다는 평가도 있지만 트럼프 대통령도 언급하였듯이 '6월 12일은 과정의 시작'인 만큼 성패를 논하기는 아직 이르다(라동철 2018). 싱가포르 북·미 정상회담(2018.6.12.)은 역사에 어떻게 기록될까. 예고된 북·미 간 후속 실무협상의 교착상태 및 제2차 하노이 북·미 정상회담(2019.2.27.~28)의 결렬이 향후 어떻게 마무리되느냐가 평가의 바로미터가 될 것으로 보인다.

III. 동서독 정상회담의 전개

1. 동서독 정상회담 배경 및 개요

1) 동서독 정상회담의 배경

제2차 세계대전 패망이후 미국, 영국, 프랑스, 소련 등 연합국에 의해 분할 점령된 독일은 1949년 소비에트 사회주의에 기반한 동독 정권과 서구 자본주의와 자유민주주의 체제의 서독 정권이 수립됨으로써 분단의 역사가 시작되었다. 여타 분단국가와 마찬가지로 동서간 냉전체제가 심화됨에 따라 동서독간의 대립과 반목 역시 정도를 더해 갔다(황흥룡 2018).

제2차 세계대전이후 독일은 동독과 서독으로 분단되어 각자의 강대국들에 의해 대외정책적 주권을 제한받았다. 당시 강대국인 미국과 소련은 본이나 베를린을 대신하여 양독 간의 문제의 열쇠를 쥐고 있었다. 다시 말해서 동서독 간의 문제는 곧 미소간의 체제대결문제였고 이는 세계질서의 유지 여부와도 직결되는 문제였다. 통일연구원이 남북정상회담 1주년을 기념하기 위해 마련한 국제회의(2001.6.13)에서 로타 드 메지어(Lothar de Maizier) 전 동독총리가 "양독간의 관계서 베를린을 둘러싼 갈등, 베를린장벽에 대한 관계 이 모든 것은 초강대국과 진영들 간의 관계를 그대로 보여주는 게시판이라 할 수 있다."(통일연구원 역 2001, 31-32)라고 말할 정도였다.

이처럼 동서독은 강대국들과 긴밀한 관계를 유지하고 있어 독자적인 독일정책을 수행할 수가 없었다. 동서독문제는 독일내부만의 문제일 뿐만 아니라 국제적인 문제였다. 제2차 세계대전이 종결함과 동시에 냉전의 시작으로 분단된 독일의 통일은 국제적 합의에 따른 승인이 있어야 실현될 수 있었다. 특히 독일의 통일을 실현하기 위해서는 유럽의 세력균형 변화 및 세계질서에 직접적인 이해관계를 가진 두강대국 미국과 소련의 승인이 무엇보다 필요하였다.

이러한 상황에서 1960년대 중반부터 서독은 양독 간의 관계를 정상화시킬 수 있는 방법 및 동유럽과의 관계개선방안을 모색하기 시작하였다. 1969년 10월 출범한 브란트정부는 신(新)동방정책을 내세우며 동서독 간 긴장완화를 지향하고 공동의 노력에 의해서만 달성될 수 있는 안보를 지향하고자 하였다(통일연구원 역 2001, 34). 이를 실행하기에 앞서 서독정부는 이러한 입장을 미국에 지속적으로 전달하고 이해시키려고 노력하였으며 서방우호국과의 관계도 유지하였다. 또한 서독정부는 그 반대로 소련의 의중도 앞서 파악하고 난 후 소련과의 비밀교섭을 통해 첫 동서독정상회담에 대한 소련의 동의를 얻을 수 있었다.

여타 분단국가들과 달리 동서독 통일의 가장 큰 원인은 대립의 와중에도 민족의 공존을 위한 상호간 부단한 노력들이 지속되었다는 점을 들수 있다. 특히 서독의 경우 상대적으로 우수한 경제력을 바탕으로 동독과 정치교류는 물론 사회문화 인도주의적 교류를 꾸준히 추진하여 왔다. 1969년 총리가 된 빌리 브란트는 아데나워 초대총리가 취해 온 '힘의 정책'에서 벗어나 소위 '동방정책'(東方政策, Ostpolitik)을 추진하면서 소련 및 동유럽국가에 이어 동독과의 관계개선을 적극 추진하였다.

독일의 '동방정책'은 전통적으로 독일이 소련과 동유럽 국가에 대해 취해온 정책을 말한다. 브란트는 독일의 분단 현실과 제2차 세계대전 이후에 형성된 유럽 국가의 국경선 인정 등 유럽의 현상을 인정하며, 소련 및 동유럽 국가와 관계개선을 추진했다. 이를 통해 동독과의 관계도 개선하고자 했다. 브란트가 추진한 정책은 기존의 동방정책과 구별하여 '신동방정책'이라고 한다. 당시 야당이었던 기민/기사당은 '신동방정책'이 독일통일을 포기한 정책이라며 거세게 반대했었다(손선홍 2016, 65).

동서독은 1972년에는 기본조약을 체결하고, 1973년에는 유엔에 동시가입한 후 상주대표부를 교환하였다. 서독정부의 이러한 노력은 동서독 간 경제, 과학기술, 문화, 통신, 스포츠, 종교, 환경 및 보건 등 분야에 있어서 교류협력의 활성화를 가져왔다. '작은 발걸음'(Kleine Schritte: Small Steps)정책과 '접근을 통한 변화'(Wandel durch Annährung: Change through Approachment)는 브란트 총리의 동방정책의 핵심개념으로서, 브란트가 서베를린 시장 재직 당시인 1963년 그의 보좌관이었던 에곤 바(Egon Bahr)가 이미 사용한 이래 동방정책의 상징으로 사용되었다(권세영 2018, 5).

2) 동서독 정상회담의 개요

동·서독은 분단 25년만인 1970년부터 독일통일을 이룬 1990년까지 총 7차례의 공식 정상회담을 개최하였다. 통일 전 서독과 동독은 모두 7차례의 공식 정상회담(<표 1> 참조)[7]과 6차례의 비공식 정상접촉을 가졌다.[8] 한반도 분단은 국제형 분단과 내쟁형 분단의 복합형이라면, 동서독 분단은 순수한 국제형 분단(외세에 의한 전범국 강제분단)이다 (김학준 1989. 6) 따라서 동서독간의 공산주의와 자본주의(자유민주주의)의 이념적 장벽과 소련과 미·영·불의 대외정책적 주권제한요인이 동서독 통일억제요인이었지만 남북한 경우와는 달리 동서독 정상회담 과정에서는 동일민족이라는 구심력이 보다 더 긍정적으로 작용했다고 볼 수 있다. 동서독 공식 정상회담은 주로 의제가 있는 공개된 양자회담의 형태로 진행되었다.

<표 1> 동서독간의 공식 정상회담

주관자	회담 일시 및 장소	논의내용	개최배경
제1차 브란트-슈토프	1970.3.19 동독 에어푸르트	양국 관계 정상화	소련의 종용
제2차 브란트-슈토프	1970.5.21 서독 카셀	양국 관계 정상화	소련의 종용
제3차 슈미트-호네커	1981.12.11.~13 동독 베어벨린	경제협력 등 양독 관계 전반	서독의 요청
제4차 콜-호네커	1987.9.7.~11 서독 본	동독 주민의 서독 여행, 환경과학, 기술분야 교류	동독의 요청
제5차 콜-모드로우	1989.12.19.~20 동독 드레스덴	동독 경제지원 및 동독개혁, 동독 내 정치범 석방,	동독의 요청

---

7) 제1-2차 회담을 정상회담으로 칭하려면 당시 동독 사회주의통일당 제1서기장이었던 발터 울브리히트(Walter Ulbricht)가 서독 브란트 총리의 대화 파트너여야 하였으나 여기서는 편의상 이 경우에도 정상회담으로 칭하기로 한다. 모드로우 총리의 경우 비록 국민에 의해 선출되는 절차를 밟지는 않았지만, 1989년 12월 1일 동독의회가 헌법에서 사회주의통일당의 지도원칙을 삭제함에 따라 실질적으로나 형식적으로 동독의 정상으로 활동하였다고 볼 수 있다 (김영윤·양현모 2009, 9).
8) 동서독 정상간 비공식접촉 주요사례로는 1982년 11월 14일 카를 카르스텐스 서독 대통령-호네커 의장의 브레즈네프 장례식 참석차 모스크바에서의 만남, 1984년 2월 14일 콜 총리-호네커 의장의 안드로포프 장례식 참석차 모스크바에서의 만남, 1985년 3월 12일 콜 총리-호네커 의장의 체르넨코 장례식 참석차 모스크바에서의 만남 등을 들 수 있다(호광석 2000, 87).

		양독 간 경제·사회·언론 등 교류 확대 합의	
제6차 콜-모드로우	1990.2.13.~14 서독 본	동독 경제지원 및 통일 방안과 신속한 화폐 및 경제통합을 위한 방안 논의	동독의 요청
제7차 콜-드 메지어	1990.4.24. 서독 본	화폐·경제·사회통합 실시 합의	동독의 요청

출처: 정용길 2009, 170; 평화문제연구소 2012을 참조하여 작성.

7차례의 공식 정상회담은 베를린장벽 붕괴(1989.11.9) 이전과 이후로 나누어서 살펴볼 수 있는데, 공식회담 가운데 4차례 회담은 베를린장벽 개방 이전에 있었고 3차례는 베를린장벽 개방이후 동독정권의 붕괴과정이 시작된 후 개최된 회담이다(염돈재 2014). 베를린장벽 붕괴(1989.11.9) 이전에 있었던 네 차례에 걸친 정상회담 가운데 세 차례의 회담은 서독의 요청과 소련의 종용에 따라 개최되었고 콜-호네커 회담은 동독측 필요에 따라 소련의 승인 하에 개최된 회담이었다.

동서독 정상회담은 양측 수뇌 간의 회담이라는 점에서 상징적인 의미가 크다(평화문제연구소 2012). 물론 첫 정상회담부터 만족할만한 합의 또는 성과를 거둔 것은 아니었으며 일부회담에서는 입장차이만 확인한 채 회담이 끝나는 경우도 있었다. 이러한 상황들만 보면 7차례의 동서독 정상회담이 독일통일과정에서 큰 비중을 차지하지 않는 것처럼 보일 수 있다. 그러나 당시 동서독이 각각 처한 상황을 보면 정상회담이 차지하는 비중은 결코 작은 것이 아니었다.

브란트 총리는 미국과 소련 두 강대국의 동의아래 동독각료회의 의장에게 구체적인 회담개최를 제의[9]하면서 동서독 간 제1차 정상회담이 이루어지게 되었다. 내독관계 진전과 정의 측면에서 볼 때 제1, 2차 회담은 관계정상화 초기단계, 제3, 4차회담은 양독관계 및 교류협력발전

---

9) 즉 연방정부는 독일 내에 또 하나의 국가로서 동독의 존재를 인정하며, 이러한 정책에 입각하여 양독정부가 상호 대등한 자격으로 협상할 것을 제의한다는 것이 바로 그것이다.

단계, 제6, 7차회담은 통일달성직전단계에서 이뤄졌다고 할 수 있으며 동서독정상회담은 독일통일을 시동하고 마무리하는 중요한 계기로 작용하였다고 평가할 수 있다(통일부 2000, 2).

2. 정상화 초기단계

1) 제1차 에어푸르트 정상회담(1970.3.19)

1970년 3월 19일 최초로 동서독 정상회담이 개최된 배경에는 서독에서 사민당(SPD)의 집권과 브란트 총리의 동방정책, 그리고 외부적 요인으로 1960년대 후반기의 동서 간 해빙무드 조성을 꼽을 수 있다(정용길 2009, 156). 서독의 브란트 총리는 1969년 10월 28일 취임 연설에서 양독 간의 관계를 특수관계로 규정하고 동독측에 협상을 제의하고 동독이 이를 수용함으로써 동서독 정상회담이 개최되게 되었다. 또한 브란트 총리는 1970년 1월 22일 동독 슈토프(Willi Stoph) 총리에게 서신을 보내, 회담의제로 무력행사 포기, 동등한 자격에 입각한 양독관계의 수립, 분단고통 완화를 위한 실질적 문제해결 등을 제시하였다. 이에 대해 동독 또한 찬성하여 1970년 3월 19일 동독의 에어푸르트(Erfurt)에서 브란트 서독총리와 슈토프 동독총리간의 정상회담이 최초로 개최되었다(김영윤·양현모 2009, 10).

서독과의 접촉을 체제위협요인으로 간주하여 가급적 기피해 오던 동독 울브리히트 정부가 이 회담에 응한 것은 소련의 종용 때문이었다. 당시 미중접근에 위협을 느낀 소련[10]은 유럽의 긴장완화, 유럽안보협력회의(CSCE: Commission on Security and Cooperation in Europe)의 출범, 제2차 세계대전 후 설정된 새로운 국경선에 대한 국

---

10) 1969년의 우수리강 영토분쟁을 절정으로 1960년대 중소대립이 심화되었다. 우호적 관계였지만 중국의 힘이 세지면서 중국을 위협하는 나라로 변화했기 때문이다. 소련에 대항하기 위해 찾은 파트너가 바로 초강대국인 미국이었다(최영 1975, 1450).

제적 인정확보 등을 위해 서독의 협조가 필요하였던 것이다. 소련의 의도를 간파한 브란트 총리는 1969년 7월 측근인 에곤 바(Egon Bahr) 총리실 차관을 모스크바에 파견, 모스크바조약 체결을 위한 비밀교섭을 진행함으로써 동서독 정상회담에 대한 소련의 지원을 얻을 수 있었다(평화문제연구소 2012).

브란트의 제의는 기민당(CDU: Christian Democratic Union) 정부의 친서방 정책과 공산권에 대한 강경일변도의 정책에서 벗어나 소련 및 동독과의 관계를 개선하려는데 목적을 둔 것이며 브란트가 새로이 추진한 '동방정책'의 출범을 알리는 신호였다(염돈재 2014; 평화문제연구소 2012). 분단이후 처음으로 열린 제1차 정상회담에서 브란트 총리는 ①외국이 아닌 독일민족으로서의 양국의 단일성 수호의무, ②영토보존의 존중, 분쟁의 평화적 해결, 국경선의 상호존중, ③상대방의 사회구조에 대한 폭력적 변화시도 금지, ④선린관계적 협력, ⑤전체로서의 독일과 베를린에 관한 4대전승국의 권리와 책임존중(통일문제), ⑥베를린과 이를 둘러싼 지역의 개선(서독과 서베를린 간의 왕래자유화)을 강조하였다(김영윤·양현모 2009, 10).

이에 대하여 동독은 ①국제법상 양독 간의 동등한 관계수립과 서독의 단독대표권 포기, ②상호내정불간섭과 서독의 할슈타인원칙 포기, ③상호간 무력포기조약 체결, ④동서독 유엔동시가입, ⑤핵무기포기와 생화학무기의 생산·사용 및 저장포기와 군비지출의 50% 삭감, ⑥제2차 세계대전 잔재문제 토의, ⑦300만 동독인의 서독망명에 대한 손실보상으로 273억 달러보상 등을 주장하였다(백경남 1991, 158).

두 총리의 기조연설에 이어 속개된 회담에서 동독 슈토프 총리는 브란트 총리의 특별전권위임자나 공동위원임명제안을 동독의 대사교환제의를 저지하기 위한 것으로 간주하여 거부하였고 브란트 총리는 동독이 제시한 기본원칙 제7항에 대해 "양측이 각기 도입한 사회질서의 결과로 발생한 일에 대해서는 대가를 지불할 수 없다."고 거부하였다(정용길 2009, 158).

1970년 3월 19일 세계인의 이목은 분단 25년 만에 열린 첫 동서독 정상회담에 집중되었다. 빌리 브란트 서독 총리와 빌리 슈토프 동독 총리가 만난 동독의 에어푸르트엔 세계 각국의 보도진 6백여 명이 몰려들었다. 때마침 동서진영의 데탕트도 무르익어 뭔가 커다란 것을 합의하지 않을까 하는 기대가 컸다. 하지만 막상 회담장 안에서 합의된 것은 하나도 없었다. 양측의 입장차이가 너무 컸기 때문이다. 서독은 동서독관계를 민족내부의 '특수관계'로 보았으나 동독은 국제법상 별개국가로서 대사급 외교관계 수립을 요구하였다. 단 한 번의 회의로 무언가를 합의할 수 있을 것이라고는 애초부터 기대하기 어려웠다(예영준 외 2000b, 11).

결국 제1차 동서독정상회담은 특별한 성과없이 양국의 입장차이만 확인한 채 끝나고 말았다. 양측 간에는 5월 21일 서독 카셀에서 제2차 회담을 하기로 한 것 외에 실질적인 합의사항 없이 회담이 종료되었다(평화문제연구소 2012). 그러나 역사상 처음으로 동서독정상이 서로의 의견을 교환하고 동서독대화시대의 단초를 마련하였다는데 회담의 의의를 찾을 수 있다(김영윤·양현모 2009, 10).

2) 제2차 카셀 정상회담(1970.5.21)

두 독일 정상의 두 번째 만남은 1970년 5월 21일 서독의 도시 카셀(Kassel)에서 이루어졌다. 브란트 총리는 동서독 관계발전을 위해 양국이 정치·경제적으로 협력할 것을 제시하며 20개 조항의 선언문을 발표하였다.[11]

브란트 총리가 발표한 20개 조항의 선언문에는 동독과의 관계개선을 위한 기본정책이 함축되어 있었다. 20개 조항의 주요내용은 ①무력포

---
11) 이 내용은 나중에 1972년 12월 21일 체결된 동서독기본조약의 주요내용으로 채택되었다(박래식 2008, 210).

기와 영토불가침, ②할슈타인독트린의 폐기(1957년부터 서독외교정책의 기본노선으로 취했던), ③4대국의 독일평화와 안보에 대한 지속적인 책임보장과 서베를린의 서독과의 밀접한 관계유지 지속, ④동서독간의 여행의 확대와 국경선 지역주민의 자유왕래, 교류 및 이산가족 상봉의 확대, ⑤동서독 유엔동시가입, ⑥연락대표부의 교환(양국의 수도에 정식대사급이 아닌), ⑦동서문화교류 확대, ⑧특별조세관계의 기반위에서 동서독 경제교류 확대 등을 골자로 하고 있다(박래식 2008, 210-211).

브란트의 20개 항목에 대응하여 동독 슈토프 총리는 ①동독에 대한 국제법적 인정이 모든 문제에서 우선시되어야 하고, ②파리조약 제7조의 효력에 동의하지 않으며, ③통일은 불가능하고, ④서베를린은 서독의 영토가 아니라 동독영토내의 정치적으로 독립된 단위체이며, ⑤양독국가가 유엔(UN)에 동시에 가입해야 한다고 주장하였다. 아울러 동독은 서독이 동독의 국제법적 인정문제에 대하여 현실적인 태도를 보이기 전까지 협상을 재개하지 않을 것이라고 말하였다. 결국 제2차 정상회담이 후로 동서독대화는 잠시 중단상태에 들어갔다(김영윤·양현모 2009, 11).

그러나 이미 국제관계는 화해협력의 분위기로 전환하고 있었으며 이러한 국제적 분위기 속에서 고립되지 않기 위해 동독은 서독과의 대화중단을 깨고 다시 한 번 서독과의 대화를 시도하였다. 1970년 10월 29일 동독은 동독의 국제법적인 국가인정문제를 언급하지 않고 동서독 간에 관심사에 대해 의견을 교환할 것을 제안하였다(김영윤·양현모 2009, 11).

서독대표 바(Egon Bahr)와 동독대표 콜(Michael Kohl)이 나선 동서독관계정상화를 위한 실무회담은 성공적으로 진행되어 1971년 9월 3일 베를린협정이 체결되었다. 이로써 서베를린과 서독간 자유로운 통행이 4대국협정에 의해 보장되었고, 베를린 정세도 안정을 찾았다. 베를린회담에 이어 1972년 5월 26일 교통조약이 체결되었다. 교통조약은 동서독 간에 동등한 자격으로 맺어진 최초의 조약으로 서독시민이 동독을 여행할 때 절차간소화와 다양한 여행목적을 허용하였다. 이 조약은 독일내 긴장을 완화시켰을 뿐만 아니라 동서독관계의 우호증진에도 크게 기여하였다(김영윤·양현모 2009, 11-12).

요컨대 제1, 2차 정상회담은 여건이 성숙치 않은 가운데 소련의 종용에 따라 개최되었다. 제2차 정상회담에서도 제1차 정상회담 대와 마찬가지로 일체의 합의 없이 종료되었고, 양측은 서로 간의 견해 차이를 재확인하였다(평화문제연구소 2012). 하지만 제1, 2차 정상회담이후 실무접촉을 거쳐 1972년 12월 21일 서로를 '사실상의 국가'로 인정한다는 기본조약을 체결하였다. 동서독 기본조약 체결이 있기까지는 정상회담 2회, 장·차관회담 70회, 실무국장급회담 200회, 모두 2년간 272회 회담이라는 부단한 동서독간의 대화와 실천적 노력이 있었다(김강녕 2001, 273). 이후 동서독은 1973년 9월 유엔 동시가입과 1974년 3월 상주대표부 개설로 서로의 거리를 좁혀나갔다(김재현 2017).

3. 양독관계 및 교류협력 발전단계

1) 제3차 베어벨린 정상회담(1981.12.11.~13)

제3차 정상회담은 1981년 12월 11일부터 13일까지 동베를린 근교인 베어벨린에서 서독의 슈미트(Helmu Schmidt) 총리와 동독의 호네커(Erich Honecker) 서기장이 참석한 가운데 개최되었다.[12] 제2차 정상회담이 개최된 후 11년 만에 개최된 제3차 정상회담은 서독측이 요청하였으나 동독측 사정으로 1980년 1월 및 8월 22일 등 2차에 걸쳐 연기된 후 개최되었으며 이 역시 동독이 소련의 종용 때문에 서독측 요청을 받아들인 회담이었다(평화문제연구소 2012).

---

12) 제2차 정상회담까지 동독측 대표는 내각 총리이었던 빌리 슈토프였는데, 3차 정상회담부터 동독의 국가원수인 당서기장 에리히 호네커가 동독 대표로 참가하였다

제3차 정상회담이 열린 당시 국제적으로는 신냉전의 기운이 고조되고 있었다. 1979년 소련의 아프가니스탄 침공, 폴란드의 노조사태, 소련의 유럽핵무기 배치에 맞선 북대서양조약기구(NATO: North Atlantic Treaty Organization)의 중거리핵탄두 서독배치 등으로 미소관계는 악화되었고 유럽에서는 새로운 긴장관계가 조성되고 있었다. 이로 인해 안보위협을 느끼게 된 동서독 양국은 정상회담을 추진하여 내독관계의 유지·발전을 모색하였다(김영윤·양현모 2009, 12).

이 회담에서 서독의 슈미트 총리는 동서독기본조약(1972.12.21)의 성실한 이행과 유럽안보협력회의(CSCE) 결의사항준수, 소련 핵무기의 위협제거, 유럽평화를 위한 동서독의 의무를 강조하였다. 동독의 호네커 서기장은 동서진영 간 대립의 첨병으로 전락한 동서독간의 긴장완화를 촉구하고 유럽평화유지 노력의 중요성을 강조하는 한편, 미국의 중거리 핵탄두의 서독배치를 비난하였다. 그러나 이러한 비난에도 불구하고 양국 지도자들은 평화정착과 긴장완화가 강조된 공동성명을 채택하였다. 공동성명의 요지는 다음과 같다(정용길 2009, 163~164).

즉 "①독일 땅에서 전쟁이 발발해서는 안 된다. ②양독은 서로 다른 사회질서를 갖고 있으며, 서로 다른 군사동맹에 속해왔지만 긴장완화와 지속적인 평화유지에 기여해야 한다는 의지를 확인한다. ③양독은 국가 간의 정치적 대화와 협력의 중요성을 강조하고 유엔헌장과 유럽안보협력회의의 목표 및 원칙을 재확인한다. ④기본조약과 후속협정을 기초로 양독관계를 발전시킨다(㉠이산가족의 재결합, 인도적인 분야에서의 고통완화에 중점. ㉡여행자·방문자 교류확대, 공동위원회활동을 통한 쟁점사항 개선, 학문·과학기술·교육분야에서의 협력의 강화, ㉢문화교류강화, 언론의 활동여건개선을 통한 국가 간 정보교류의 중요성 강조, ㉣내독간 교역강화와 제국에서의 경제협력 강화 – 소련의 천연가스 개발 및 공급과 관련한). ⑤양독관계의 심화발전을 위해서는 정치적인 분야에서 고위급접촉, 다른 영역에서 대화와 접촉이 중요하다."등이 바로 그것이다(김영윤·양현모 2009, 12-13).

제3차 정상회담은 국제정세 냉각이라는 정치적 상황변화 때문에 개최되었지만, 스윙(Swing, 양독간 채무청산용 차관) 연장문제, 교통·환경보호·상호경제협력 등 실질적인 부분에서도 합의를 이끌어냈다. 이러한 합의에 도달할 수 있었던 것은 1972년 12월 21일 기본조약체결이후 동서독관계가 많은 발전을 이룩하였다는 것을 의미하며, 또 다른 한편으로는 동독의 악화된 경제상황으로 서독의 지원이 절실하였기 때문이기도 하였다(김영윤·양현모 2009, 13).

즉 호네커는 당서기장으로 취임이후 경제정책과 사회정책의 통일을 주장하였고, 이에 따라 소비재 등의 수입이 확대되면서 동독의 대외부채가 증가하였다. 또한 1970년대 오일위기는 동독의 국가재정을 더욱 악화시켰고 1978년에는 외환변제 불능직전의 상황까지 몰리기도 하였다. 따라서 동서 신냉전으로 동서독관계가 영향을 받는다면 동독의 피해가 커질 것이므로 호네커는 동서독관계의 유지에 많은 노력을 기울였다(김영윤·양현모 2009, 13).

요컨대 제3차 정상회담 후 발표된 공동성명에서 동서독 양측은 ①독일 땅에서의 전쟁발발 불원(不願), ②긴장완화와 평화를 위한 공동기여, ③기본조약에 기초한 상호관계의 발전 등에 합의하였다. 양측은 기존의 교류·협력사업과 관련된 몇 가지 문제들에 대해 합의를 이루고 상호간의 입장 차이를 재확인하였다(평화문제연구소 2012). 제3차 정상회담에서 동서독 양측은 평화와 긴장완화의 필요성을 강조하면서도 그 긴장고조의 원인을 상대진영 핵무기의 유럽배치 때문이라고 주장하여 견해차를 좁히지는 못하였다.

2) 제4차 본정상회담(1987.9.7~11)

제4차 정상회담은 경제악화로 서독의 지원이 필요해진 동독의 제의로 1984년 9월 추진하였던 정상회담이 3년간 연기된 후 개최된 것이다. 1984년 회담이 연기된 것은 ①신냉전분위기가 아직 해빙무드로 돌아서지 않았고, ②서독인 여행자가 동독 검문소에서 동독군인의 가혹행위로 숨지는 사건이 발생, 동서독관계가 냉각되었으며, ③소련이 1982년 집권한 기민당 정부에 신뢰를 갖지 못한 데다, ④동독이 1983년 및 1984년 2차에 걸쳐 서독으로부터 19억5천만 마르크의 현금차관을 얻어간 것을 계기로 소련이 동구 위성국가의 독자적 서방접촉을 견제하였기 때문이다(평화문제연구소 2012).

제4차 정상회담은 제3차 회담에 이어 곧 개최될 예정이었으나 국내외의 여러 사정으로 계속 연기되었다. 서독에서는 사민당의 슈미트 총리가 퇴임하고 기민당의 헬무트 콜(Helmut Kohl) 총리가 취임하였다. 이와 더불어 서독인 여행자가 동독검문소에서 동독군인의 강압으로 사망하는 사건이 발생하였다. 또한 소련의 견제도 있었는데 소련은 서독이 동독에게 1983년 10억 서독마르크, 1984년 9억5천만 서독마르크의 대규모차관을 제공한 것에 불만을 표시하였다. 당시 소련은 체르넨코(Konstantin Ustinowitsch Tschernenko)가 취임한지 얼마 안 된 내부권력변동기였기 때문에 이 시기 동구권국가들의 대서방접근을 견제하였던 것이다 이에 따라 호네커의 서독방문은 계속 연기되었다(김영윤·양현모 2009, 13-14).

그러나 ①레이건 행정부의 '힘의 우위에 바탕을 둔 화해정책'이 성공을 거두어 미소관계가 호전되고, ②1987년 4월 동독을 방문한 소련 고르바초프 서기장이 호네커의 서독방문을 양해하였고, ③1982년 집권한 기민당 콜 정부가 사민당의 대동독 교류·협력 기조를 계승하면서 동서독 주민간의 왕래와 교류확대를 희망하고 있어 회담성사가 가능해졌다(평화문제연구소 2012).

제4차 정상회담은 무엇보다도 고르바초프가 등장함에 따라 가능해졌다. 고르바초프의 개혁정책은 동서진영 간 화해분위기를 형성하였고, 여기에 1987년 4월 고르바초프의 동독방문 시 호네커의 서독방문을 양해함에 따라 정상회담이 성사된 것이었다. 1987년 9월 7일부터 11일까지 서독의 수도인 본에서 개최된 재4차 정상회담에서는 통일문제와 같은 양국의 입장차이가 큰 문제에 대해서는 거론하지 않은 채 실질적인 분야의 문제해결에 대해서 논의하였다(김영윤·양현모 2009, 14).

동독측은 이 회담에서 경제지원과 외교적 승인확보를 중요시한 반면, 서독측은 동서독 주민간의 왕래확대와 민족적 유대강화에 목표를 두었다. 회담 결과, 양측은 ①「원자력 안전을 위한 정보와 경험교환 협정」 등 3개의 협정 서명, ②방사능 및 환경오염에의 공동대처, ③동독주민의 여행규제 완화, ④동독 내 반체제 인사들의 인권개선, ⑤청소년 및 도시 간 자매결연 추진 등에 합의함으로써 동서독 관계가 실질적으로 확대될 수 있는 계기가 되었다(평화문제연구소 2012).

이 회담에서 동서독은 국제정치적 현실과 유럽평화유지에 대한 공동책임에 대해서는 인식을 같이하였으나 민족문제에 대해서는 기존의 의견차이(意見差異)를 좁히지 못하였다. 대신 경제협력 강화와 인적교류 확대, 정치적 차원의 접촉강화 등에 합의하였다. 이에 따라 원자력안전을 위한 정보와 경험교환협정 등 3개 협정에 서명하였으며, 방사능 및 환경오염에 공동대처, 여행규제완화, 동독내 반체제인사들의 인권문제, 관광 및 청소년교류의 확대, 양독 도시 간 자매결연 추진, 군축추구, 서독의 대동독 차관증액 및 교역확대 같은 경제교류의 확대 등에 합의하였다. 또한 서독 콜 총리의 동독방문초청과 수락도 있었다(정용길. 2009, 168).

호네커(Erich Honecker)의 본(Bonn)방문은 위에서 언급한 성과이외에도 여러 정치적인 의미가 있었다. 특히 지속적으로 동서독통일을 반대하면서 상호독립국가인정과 상호교류를 주장해왔던 동독은 호네커의 서독수도방문에 큰 의미를 두었다. 상호실무협상의 의미를 가졌던 이전의 정상회담들과는 달리 제4차 동서독정상회담은 동독의 최고권력자가 서독의 수도를 공식 방문하는 형식으로 진행되었기 때문에 동독은 이 회담을 통해 서독이 실질적으로 동독을 국가로서 인정하였다고 주장하였으며 이를 국내외적으로 활용하였다. 호네커는 만찬행사에서도 동서독은 상호주권을 존중하는 완전한 독립국가이며 이러한 공동인식 하에 서로 교류협력해야 한다고 주장하였다(김영윤·양현모 2009, 14).

과거와는 달리 이 회담이 성공한 것은 국내외 환경변화가 미친 영향 외에도 양측이 실현 가능한 분야에 논의를 집중한 데다, 이제까지 호네커의 방문을 거부해왔던 콜 정부가 외국 국가원수에 상응하는 파격적인 의전행사로 호네커를 후대한 것도 큰 도움이 되었다.[13] 동독을 국제법적으로 별개의 국가로 인정하지 않는 내독관계의 특수성에도 불구하고 서독측은 동독의 국가연주, 국기 게양, 의장대 사열 등 국빈급 영접을 함으로써 동독인의 서독여행 확대 등 여러 분야에서 동독측의 양보를 받아낼 수 있었다(평화문제연구소 2012).

그러나 콜 정부의 이러한 환대는 기민당 내에서도 많은 비판을 받았으며, 특히 야당인 사민당은 초대 아데나워(Konrad Adenauer) 총리 이후 지속되어 온 기민당의 보수적인 내독정책이 드디어 끝장났다고 평가하였다. 이런 비난에 대해 통일 후 콜 총리는 회고록에서 "양독 간 국경의 문을 더 활짝 열기 위해 나는 에리히 호네커의 서독방문을 감수할 수밖에 없었다. 호네커의 방문은 서독을 위해서도 좋은 기회였기 때문에 나는 내키지는 않았지만 모든 것들을 다 받아들였다."고 궁색한 변명을 하였다(평화문제연구소 2012).

---

[13] 호네커 동독 서기장의 서독 방문(1987.9.7.~11) 중 호네커는 붉은 카펫이 깔리는 국빈영접을 받았고 제4차 동서독 정상회담에서는 그 이전의 정상회담들과는 달리 동서독 관계개선을 위한 실질적인 성과가 있었다(평화문제연구소 2012).

그러나 서독측이 강력히 요구하여 회담 시 양측 대표의 연설을 동서독 주민들에게 함께 생중계하고, 이 연설에서 콜 총리가 동독측의 반발 가능성에도 불구하고 서독정부는 통일의지를 절대 버리지 않겠다고 천명하여 동독주민들에게 희망을 준 것과 1986년 200만 명에 불과하던 동독인의 서독방문이 1988년에 675만 명으로 증가한 것은 큰 성과로 평가된다(평화문제연구소 2012).

요컨대 동서독 공식적 7차 정상회담 중 가장 극적인 정상회담으로는 제4차 정상회담이 손꼽힌다. 이 회담은 1987년 9월 7일부터 11일까지 서독 수도 본(Bonn)에서 개최된 회담으로서 과거와는 달리 동독이 원해서 열리게 된 회담이다. 호네커 방문 시 의전 및 행사에 동독국기가 게양되는 등 다른 국가의 정상방문과 동일하게 진행되었으며 이로 인해서 서독국민들 사이에는 서독정부가 동독정부를 완전히 인정함으로써 분단이 고착화되는 것이 아니냐는 비판과 우려의 목소리도 나왔다. 그러나 이러한 정상회담이 있은 지 3년도 지나지 않아 동독이 붕괴하고 서독에 편입되어 통일이 되리라고는 당시 아무도 생각하지 못하였다(김영윤·양현모 2009, 14-15). 제4차 정상회담 과정에서 서독 국민들이 동독정부를 인정해줌으로써 분단 고착화의 우려나 비판을 극복할 수 있었던 것은 한반도의 통일과정에서 남남갈등을 해결과 관련해서 시사해주는 바가 작지 않다.

4. 통일달성 직전단계

1) 제5차 드레스덴 정상회담(1989.12.19.~20)

제5차 정상회담의 논의주제는 양독관계의 현황 및 발전방안이었다. 양독정상은 '특별한 관계'에 따라 동서독조약공동체 결성이외에 경제·환경·교통·통신 등 다양한 분야에서 협력하기로 하였으며 브란덴부르크 문을 12월 22일에 개방하고 화폐교환비율을 서독1마르크에 동독3마르크로 합의하였다. 모드로우 총리는 콜 총리에게 동독의 개혁프로그램을 설명하며 민주주의선거법을 토대로 자유선거를 실시할 것이며 시장경제도입 형법 및 헌법개정 등을 추진하겠다는 의사를 전달하였다. 이에 대해 콜 총리는 환영하면서 동독과의 교류촉진을 위해 그동안 지원하던 지원금을 연간 2억 마르크에서 1990년부터는 3억 마르크씩 지원하겠다고 약속하였다. 양독 정상은 1990년 1월말이나 2월초 서독에서 다시 만나기로 합의하였다(최지선 2015, 43).

제5차 정상회담 합의내용은 다음과 같다. 즉 ①경제협력을 위한 위원회 구성, ②우편 및 전화연결 확대를 위한 위원회 구성, ③29억 DM의 여행기금 설치, ④환경분야에서의 협력, ⑤ 여행문제 해결을 위한 전문가위원회 설치 등이 바로 그것이다(최지선 2015, 43).

제5차 정상회담은 동독에서 주민들의 강력한 요구로 정권이 물러나고 개혁이 진행되고 있는 상황에서 개최되었다. 서독은 이 기회를 놓치지 않고 동독에 지원을 하는 동시에 민주주의 개혁을 요구하며 독일통일을 실현하고자 하였다. 12월 22일 콜 총리와 모드로우 총리 참석하에 제5차 정상회담(1989.12.19.~20)에서 합의한 브란덴부르크문(Brandenburg Gate)이 개방되었다. 이 문이 개방되자 드레스덴 시민들은 열광하며 곧 통일이 실현될 수 있을 것이라는 희망을 갖게 되었다(최지선 2015, 43).

2) 제6차 본 정상회담(1990.2.13.~14)

서독은 통일작업을 본격화하기 위해 1990년 2월 각의에 연방총리를 위원장으로 하는 '독일통일위원회'를 구성하였다(손선홍 2005, 324). 한편 동독은 1990년 1월 처음으로 자유총선거를 3월에 실시하기로 결정하고 2월에는 모드로우 총리가 '하나의 조국독일을 위한 4단계통일방안'을 발표한 후 서독의 본을 방문하여 제6차 정상회담을 가졌다.

1990년 2월 13일 모드로우(Hans Modrow) 총리가 17명의 각료를 대동하고 온 본(Bonn) 회담에서 동독측은 서독측의 인민의회 선거운동 참여는 내정간섭이라고 비난하면서 통화통합과 기본법 제23조에 의한 통일에 반대하였다. 이 회담에서 모드로우는 1990년 2월 3일 다보스 비공식 만남에서 콜 총리에게 요청하였던 150억 마르크의 지원을 재차 요청하였으나 콜 총리가 거부하면서 50억 마르크의 긴급지원 계획을 제시하자 통화 및 경제동맹 구성을 협의하자는 콜 총리의 제안을 수락하지 않을 수 없었다(평화문제연구소 2012).

동독의 4단계 통일방안은 다음과 같다. 즉 "제1단계: 화폐·경제·교통·법률분야 상호조정을 주요내용으로 하는 국가연합적 형태의 조약공동체 창설을 위한 양독간 협력과 우호선린조약 체결, 제2단계: 동·서독 공동의회, 분야별 공동행정기구 등 공동위원회와 집행기구 설치를 통한 동·서독간 국가연합 형성, 제3단계: 동·서독 주권을 국가연합에 이양, 제4단계: 단일 헌법·의회·정부를 구성하여 독일연방 형태의 통일달성"이 바로 그것이다(김영윤·양현모 2009, 90).

제6차 정상회담 개최 당시 서독은 소련의 고르바초프 서기장으로부터 독일통일의 신호를 받았기 때문에 콜 총리는 독일통일이 자유로운 의사에 의해 결정될 수 있음을 알리면서 시작되었다. 콜 총리는 정상회담에서 동독의 심각한 경제위기 및 동독으로부터의 늘어만 가는 탈출자와 이주민에 대한 우려를 표하며 동독에 대한 인도적 지원의사를 표명하였다. 그리고 이에 대한 해결방안으로 경제 및 화폐통합관련협상과 함께 이를 준비하기 위한 공동위원회설치를 제안하였다. 한편 서독은 동독에게 화폐통합을 하는 조건으로 포괄적인 시장경제개혁을 요구하였다.

서독의 화폐통합의 제안에 대해 모드로우 총리는 1990년 3월 18일 자유총선에 의해 선출되는 정부가 추진할 사안이라며 직접적인 대답은 회피하였다. 한편 모드로우 총리는 서독정부가 지난 12월 합의한 동독에 대한 연대지원을 요청하였으나 콜 총리로부터 확답을 듣지 못하였다(김영윤·양현모 2009, 96).

3) 제7차 본 정상회담(1990.4.24)

제7차 동서독정상회담은 3월 18일 자유총선거를 통해 새로 집권하게 된 동독의 드메지어 총리와 서독 콜 총리 간에 이루어졌다. 1990년 4월 24일 본에서 약 3시간에 걸쳐 진행된 동·서독 정상회담을 통해 두 정상은 1990년 7월 1일을 시작으로 화폐경제와 사회동맹을 실시하기로 합의하였다(손선홍 2005, 328).

동독 최초의 자유선거로 집권한 로타 드메지어 총리가 4월 24일 본에서 콜 총리와 회담을 갖고 화폐·경제·사회통합조약 체결원칙에 합의함으로써 독일통일 작업은 급진전되었다(평화문제연구소 2012). 이에 따라 양독은 5월 2일 화폐교환비율을 연령에 따라 차이를 두는 등 세부계획에 합의하였고 5월 18일에는 '화폐·경제 및 사회통합을 위한 국가조약'을 체결하였다. '국가조약'으로 불리는 이 조약은 전문 6장 7개부속문서와 공동의정서로 구성되어 있으며 6월 21일 서독과 동독의회에서 각각 비준되어 7월에 발효되었다(손선홍 2005, 328). 이러한 과정을 거쳐 독일인은 결국 1989년 베를린 장벽 붕괴에 이어 1970년 첫 회담 이후 20년 만인 1990년 10월 3일에 역사적인 독일통일을 실현시킨 것이다.

IV. 동서독정상회담의 역할·성과와 한국에의 시사점

1. 동서독 정상회담의 역할·성과에 대한 평가

동서독 정상회담에 대한 기존의 연구들은 대부분 2000년 또는 2007년 남북정상회담 개최를 앞둔 시점에 이루어졌다. 이는 남북정상회담 개최를 앞두고 한반도 상황과 유사한 상황이었던 독일의 사례가 주는 시사점을 통해 다가오는 정상회담에 너무 많은 성과를 낼 것이라는 기대를 걸지 말라는 메시지와 함께 소개되었다. 동·서독 정상회담의 개최 과정을 나열한 다수의 연구들은 독일통일에 있어서 동서독 정상회담이 큰 역할을 하지 못하였다고 주장한다(최지선 2015, 4).

염돈재(2010)는 7차례의 공식적인 동·서독 정상회담을 베를린장벽 붕괴 이전과 이후로 나누어 각 정상회담의 성과를 알아보고 간략한 평가 및 시사점을 제시하였다. 그는 동·서독 정상회담 대부분이 큰 성과를 내지 못하였고 상호교류의 물꼬를 트기보다는 기존교류 관계를 보완하는 역할을 하였다고 평가하고 있다. 그는 동서독 정상회담은 양측 수뇌 간의 회담이라는 점에서 상징적인 의미는 크나 동·서독 간 교류·협력 강화의 계기가 된 제4차 콜-호네커 회담을 제외하고는 모두 실질적 성과가 없는 형식적 만남에 불과하였다고 설명하였다.

우베 밀러(Uwe Müuller, 이봉기 2006) 또한 각각의 정상회담은 대단히 높은 상징적 의미를 가졌지만 역사를 돌이켜 보면 정치적 성과물은 대단히 적다고 평가한다. 그러나 그는 양독간의 정상회담으로부터 얻을 수 있는 중요한 교훈은 '인내와 원칙에 충실할 때 성과가 있다.'는 점을 꼽았다. 서독정부는 한 가지 점에 있어서 동독정부와 결코 타협하지 않았다. '전독일민족에게 독일의 통일과 자유를 성취할 것을 요구하는' 헌법상의 통일조항은 어느 시점에서도 양보하지 않았고 동독을 국제법상 국가로 인정하는 것을 고려하지 않았다. 항상 논쟁이 되었던 위와 같은 사항들에 대해 밀러는 만약 서독이 양보하였다면 이는 40년의 분단 후 1990년 이룩하였던 독일통일을 위태롭게 만들었을 것이라고 주장한다(최지선 2015, 4).

한편 송태수(2010)는 양국의 안보적인 입장에서 정상회담을 보았다. 그는 베를린 장벽붕괴 이전에 개최되었던 4차례의 정상회담을 주목하며 양국간의 관계정상화를 위한 노력 및 당시 '독일내 전쟁재발방지'라는 지향가치 아래 동·서독은 어려운 의제에 대해서는 '전략적 모호성(strategic ambiguity)'전략을 쓰며 긴장완화와 지속적인 평화유지에 기여하는데 공조하였다고 주장한다.

고상두(2007)는 정치와 경제분야에서 협력하고 이념과 군사분야에서 대결하며 체제분야에서 경쟁한다는 세 가지 특징을 가졌던 동서독관계를 "적대적 협력관계"라고14) 규정지었다. 그는 적대적 협력관계는 당사국간의 이익이 상호간에 완전히 상충되는 구조에서 발생하며 여기서 당사국간의 협력가능성은 양국 최고지도자의 인식과 결단에 의해 크게 좌우된다고 주장한다. 이러한 주장과 더불어 그는 동서독 정상회담이 양측지도자들의 인식과 결단에 의해 개최되었으며 이는 양독간의 여러 정치협력 중 가장 상징적인 의미를 지니고 파급효과가 컸다고 주장하고 있다.

최지선2015)은 동서독 정상회담이 큰 역할을 수행하였음을 지적하고 있다. 최지선은 기존연구가 독일통일과정에서 동서독정상회담의 역할이 크지 않다고 보고 정상회담 개최과정 및 성과를 정리하였을 뿐 각 회담의 특징을 찾아내지 못하였고, 당시 진영국가의 영향으로 인해 동·서독의 대외정책적 주권이 제한되어 있다는 점도 포함하지 않았다는 한계를 지니고 있고 지적하고 있다(최지선 2015, 5).

위의 선행연구에서 보듯이 독일통일과정에서 정상회담의 역할의 중요성 평가는 서로 다름을 알 수 있다. 그러나 정상회담의 역할과 비중은 다르다 할지라도 동서독간의 정상회담과 실무회담이 없었다면 불가능했을 거라고 해도 과언이 아닐 것이다. 정상회담을 통해 동서독간의 화해분위기 조성은 물론 인적·물적 교류협력과 제반관계 발전의 물코가 트이게 된 것도 부인할 수 없는 사실이다.

---

14) 적대적 협력관계란 양측 모두 어느 한편의 도움 없이는 발생된 문제를 해결할 수 없는 상황에 직면할 때 형성되는 관계로서 협력을 통하여 생기는 협력이익을 보다 많이 양보할 의사를 가진 강자의 적극적인 자세에 협력이 가능한 관계를 의미한다(고상두, 2007 176).

1949년 각기 출범한 동서독은 1970년 최초로 정상회담을 가진 이래 1990년 통일 시까지 총 7회의 공식적인 정상회담을 개최하였다. 첫 정상회담은 미국과 소련에 의해 주도되는 국제질서에서 데탕트(긴장완화)가 성숙되어 가던 1970년 3월 동서독 접경지역인 동독의 에르푸르트에서 서독의 브란트 수상과 동독의 쉬토프 수상 간에 개최되었다. 제2차 정상회담은 같은 해 5월 역시 접경지역인 서독의 카셀에서 동서독관계의 정상화를 위해 양 수상 간에 개최되었다. 제1~2차 정상회담은 동서독 간의 이견으로 큰 성과를 도출하지 못하였으나 동서독뿐만 아니라 동서진영 간의 화해분위기 조성에 큰 기여를 하였다. 이후 동서독은 공식적으로 다섯 차례(1981.12, 1987.9, 1989.12, 1990.1, 1990.4) 더 양측을 번갈아 오가면서 정상회담을 개최하여 제반관계를 발전시켰고 미국, 영국, 프랑스, 소련 등 주변국들의 지지를 받아 마침내 통일에 이르게 되었다(여인곤 2007, 1).

동서독정상회담을 통한 서독의 브란트 수상의 동방정책의 추진은 통독의 시발점이 되었다고 할 수 있다. 서독의 브란트 정부가 동방정책을 내걸었을 때 서독 내 보수진영의 반대는 극렬하였다. 동독 체제의 연장과 통일의 영구적 포기가 반대진영 주장의 골자였다. 그러나 그 당시의 시대적 흐름은 동독 체제를 붕괴시킬 수도 없었고 패전국인 서독이 스스로 통일을 할 수 있는 여건도 아니었다. 오히려 긴장완화와 공존정책을 통해 동독뿐 아니라 동구권 전체의 이완과정을 촉진할 수 있었다. 대결보다는 교류협력을 통해 분단으로 고통받는 동서독인들의 상처를 치유하는 데에도 기여하였다(양무진 2019).

「동서독 기본조약」의 체결로, 1970년에 약 44억 마르크에 불과하던 동서독 간 교역액이 통일 직전인 1987년에는 약 140억 마르크에 달하였다. 또한 동서독 간 인적교류도 대폭 증가하였다. 1970년 서독주민의 동독 방문은 약 110만 명, 동독주민의 서독 방문은 약 100만 명이었으나, 1986년 서독주민의 동독 방문은 약 640만 명, 동독주민의 서독 방문은 약 200만 명으로 증가하였다. 브란트 수상의 동방정책에 따른 동서독 간의 정상회담 개최와 물적·인적 교류의 증가는 동서독 분단을 안정적으로 관리하고 독일 통일에 크게 이바지하였다는 것이 일반적 평가이다(여인곤 2007, 1).

통일이후 독일 내에서는 동방정책과 같은 긴장완화와 평화정책이 통일에 기여하였는가에 대해 "동방정책이 없었다면 동구권의 개혁이나 동독의 평화운동은 불가능하였을 것"이라는 것이 다수의 평가였다. 중요한 것은 당시 동독이 보인 변화이다. 동독은 그토록 원하던 국가성을 인정받으면서 국제사회의 일원이 되었고 자유, 인권, 개방 등에 있어 국제사회의 기준을 따르려고 노력하였다. 인적교류를 허용하고 여행을 자유화하였다. 정치적 박해를 한다는 비난을 받기 싫어서 정치범을 서독에 넘기기도 하였다(양무진 2019).

2. 동서독 정상회담의 한국에의 시사점 및 교훈

동서독 정상회담과 남북한 정상회담을 비교하거나 남북한 정상회담을 위해 동서독 정상회담에서 시사점을 얻는 것은 무리라는 지적도 있다. 분단과정도 다르고 북한의 핵·미사일 문제로 미국을 비롯한 유엔제재가 취해지고 있는 상황적 여건이 다르기 때문이다. 그럼에도 불구하고 동서독 정상회담은 남북정상회담과 관련해서 적지 않은 시사점을 주고 있다(호광석 2000, 93-94).

첫째는 장기적인 안목에서 지속적인 대화의 추진이 중요함을 잘 시사해주고 있다. 동서독은 1970년부터 1990년 통일을 완성할 때까지 지속적으로 정상회담을 전개해왔다. 동서독 기본조약 체결이 있기까지만 해도 정상회담 2회, 장·차관회담 70회, 실무국장급회담 200회, 모두 2년간 272회 회담이라는 부단한 동서독간의 대화와 실천적 노력이 있었다(김강녕 2001, 273).

물론 매번 정상회담 때마다 만족할 만한 성과를 거두지도 못하였고, 또한 정기적으로 개최되지도 않았으나 그럼에도 불구하고 정상회담은 이어졌고 구체적인 사항들은 실무 당국자들 간의 지속적인 대화를 통해 계속 논의함으로써 결국 쌍방간의 입장차이는 서서히 좁혀져 왔음을 알 수 있다. 결국 장기적인 안목에서 지속적으로 추진될 때 진가를 발휘할 수 있음을 동서독 정상회담은 잘 가르쳐주고 있다(호광석 2000, 93).

독일의 통일과정에서 주도적 협상을 이끈 빌리 브란트 서독총리는 있는 현상을 그대로 인정하면서 변화를 추구하는 것이 의미가 없다고 주장하던 당시 서독의 통일비판세력에 대해 "한 걸음도 나아가지 않는 것보다 작은 발걸음이라도 앞으로 나아가는 것이 낫다."는 말로 대응한 바 있다(김연철 2016, 605).

1970년 3월 19일 오전과 오후 두 차례의 공식회담이 소득없이 끝나자 브란트는 밤늦게 슈토프를 다시 만났다. 이 자리에선 모든 의제를 배제한 채 다음 회담 장소와 날짜만을 논의하였고 두 달 뒤 서독에서 제2차 정상회담을 갖는다는 합의문을 발표할 수 있었다. 자칫 깨질 뻔 했던 동서독 회담은 이렇게 해서 베를린 장벽이 무너지는 1989년까지 모두 네 차례 계속되었다. 1970년 슈토프와 3월 19일 제1차 동서독 정상회담을 마치고 서독으로 돌아간 브란트는 기자회견에서 "회담에 앞서 아무런 목표도 세우지 않았다. 제2차 회담으로 이어가는 게 유일한 목표였다."고 고백하였다. 결국 그는 목표를 달성한 셈이다. 성공사례로 기록되는 역대 정상회담 중에 첫 만남에서부터 성과를 얻어낸 경우는 전무하다시피 하다. 그러나 정상들은 첫술에 배를 채우지 못하였다고 판 자체를 깨지는 않았다(예영준 외 2000b, 11).

그 후 1989년 12월 드레스덴에서 있었던 콜 서독총리와 모드로우 동독총리 간의 제5차 및 제6차 정상회담은 시위와 경제파탄에 직면한 동독정부가 서독의 지원을 얻기 위해 제의한 회담이었다. 드레스덴 회담에서 모드로우는 동독 경제상황을 설명하고 제2차 세계대전 후 동독만이 전쟁배상금을 지불하였다는 점을 들어 이에 대한 보상(모드로우는 "부담조정"으로 표현)으로 120억 마르크를 요구하였으나 콜 총리가 명목상의 부적절성을 구실로 거절하였다. 그러면서도 다른 한편 양측은 조약공동체의 구성을 위한 협력, 20억 마르크의 공동여행 기금창설, 차관증액, 의무환전제도 폐지, 정치범 석방, 브란덴부르크 문 개방 등에 합의하고 조약공동체의 틀 안에서 일련의 위원회를 구성하고 협력해 나가기로 약속하였다(평화문제연구소 2012). 정상회담 시 동서독은 전부 아니면 전무(all or nothing)가 아니라 서로 받아들일 수 있는 가능한 선에서의 상호절충(more or less)하는 방식으로 길게 보고 정상회담을 지속해 나갔음을 볼 수 있다.

　둘째는 서로가 양보하는 대화의 정신이 중요함을 잘 시사해주고 있다. 처음 정상회담이 열렸을 때 동서독이 확인한 것은 서로의 분명한 입장차이(立場差異)였다. 즉 동독은 독립된 주권국가로서의 동등한 관계수립을 희망하였고 서독은 독일의 대표성을 지니면서 특수관계로 양독관계를 규정하고자 하였다. 이러한 분명한 입장차이 때문에 당시 동서독의 정상들은 아무런 성과 없이 두 차례의 회담을 끝냈으나 그 후 동서독은 기본조약을 체결하였고, 유엔동시가입을 하는 한편, 여러 가지 교류에 관한 협정체결 등 가시적인 성과를 끌어냈다. 그렇다고 해서 쌍방의 입장 가운데 어느 쪽의 주장만이 일방적으로 관철된 것은 없었다. 물론 동서독은 서로 간 동족상잔의 전쟁을 치르지 않고 외세에 의해 전범국 처리차원에서의 분단이 된 점에서 남북한 분단과는 차이가 있기는 하지만, 양독정상 및 실무회담이 보여준 적어도 하나를 양보하고 다른 하나를 얻는 선에서 서로가 만족할 줄 아는 양보의 정신은 남북한에게 시사해주는 바가 적지 않다(호광석 2000, 93).

예컨대 제1차 회담시 에어푸르트 역 청사에는 "서독연방군을 때려 부수자."라는 현수막이 걸려있었고, 제2차 카셀회담 시에는 회담장 밖에서 서독 극우단체와 극좌단체 간에 충돌이 발생, 극우단체 요원들이 동독 국기를 훼손하고 동독대표들에게 돌을 던지는 사건이 발생하였다. 그러나 서로가 이를 문제시하지 않아 정상회담은 차질없이 진행될 수 있었다(염돈재 2014). 제1, 2차 정상회담이 에어푸르트와 카셀로 결정된 것은 서독국민의 86%가 베를린 이외 장소에서의 회담개최를 반대하였으나 동독의 거부로 불가능하게 되자, 양국 국경에서 가장 가까운 도시인 에어푸르트와 카셀이 선정되었다. 동서독 간의 정상회담에서 절차문제 등 사소한 부수문제에 대해서는 서로가 입장을 고집하지 않고 주최 측의 방식에 따르도록 함으로써 절차문제로 회담이 난항을 겪는 일은 없었다. 예를 들어 동독에서 개최된 정상회담에서는 협상 테이블에 양국 국기를 비치하였으나 서독개최 시에는 국기를 비치하지 않았다(평화문제연구소 2012).

셋째는 실현불가능하고 민감한 문제들은 뒤로 미루는 것이 현명함을 잘 시사해주고 있다. 동서독 정상회담 사례에서는 물론이고 다양한 대화과정에서 볼 때, 실현불가능한 문제를 거론하여 논의의 초점을 흐리거나 서로가 민감해 하는 정치·군사적인 문제를 제기하여 대화의 분위기를 흐리는 경우는 찾아보기 쉽지 않다. 실제로 독일 통일과정에서도 비정치적 분야의 통합문제가 우선 논의되었고, 정치통합과 군사통합은 마지막 단계에서 논의되었다. 그만큼 실현 불가능하거나 민감한 사안에 대해서는 서로가 회피하는 현명한 자세가 있었기 때문에 평화적인 통일이 실현될 수 있었음을 알 수 있다(호광석 2000, 93-94).

지난 1987년 9월 7일부터 11일까지 서독의 수도인 본에서 개최된 제4차 정상회담에서는 통일문제와 같은 양국의 입장차이가 큰 문제에 대해서는 거론하지 않은 채 실질적인 분야의 문제해결에 대해서 논의하였음은 전술한 바와 같다(김영윤·양현모 2009, 14).

넷째는 서두르지 않고 차근차근 풀어가는 자세가 중요함을 잘 시사해주고 있다. 전반적으로 동서독은 조급한 마음을 갖기보다는 느긋한 마음으로 통일문제를 풀어가고자 노력하였다. 그때그때 회담의 성과에 따라 일희일비하지 않았고 성과없이 끝나거나 무산되었다고 해서 교류협력관계를 전면 중단하지도 않았다. 또한 성급하게 통일을 운운하지도 않았고 그렇다고 해서 통일의 염원을 포기하지도 않았다. 다만 서두르지 않고 한 단계 한 단계 차근차근 당면한 문제들을 풀어가는 성실한 자세를 유지하였기 때문에 예상보다 빠른 통일을 달성할 수 있었다는 교훈을 주고 있다(호광석 2000, 94).

동서독은 정상회담에 임하면서 대부분 성과에 크게 연연하지 않았다. 동독측은 서독측과의 정상회담이나 교류가 내부체제에 미칠 부정적 영향을 우려, 가급적 이를 기피하려 하였다. 서독의 입장에서 상호교류의 물꼬를 트려고 하기 보다는 기존교류관계의 보완역할을 하려 하였음을 볼 수 있다. 동서독 모두 정상회담 시 견해차이가 명백한 문제의 논의는 가급적 회피하면서 합의 가능한 핵심의제에 집중하려 하였음을 볼 수 있다.

동서독 정상회담은 남북분단구조에서 살아가고 있는 우리에게 남북관계 개선 및 통일과 관련해서 좋은 시사점과 교훈을 주고 있다. 향후 남북한 정상회담과 관련하여 정상회담 성과를 과도하게 기대할 경우 무리한 합의를 할 가능성이 많다는 점에 유의할 필요가 있고, 특히 사소한 절차문제나 명분문제에 너무 집착하지 않는 것이 좋을 것으로 보인다(평화문제연구소 2012). 또한 북한이 정상회담에 응할 경우 그 진의가 무엇이며 내부체제 단속문제는 어떻게 대처하고 있는지 더욱 면밀히 검토해 볼 필요가 있다. 손자병법에서 "적을 알고 나를 알면 백번을 싸워도 위태롭지 않다(知彼知己者 百戰不殆)."는 남북한 정상회담시 유념해야 할 격언이 라 할 수 있다.

남북한 통일은 준비된 통일을 위해서는 너무 서둘러서도 안 되겠지만,

우리의 의도와는 다르거나 상관없이 어느 날 갑자기 다가올 수도 있을 가능성에도 우리는 항상 대비해야 한다. 분단국의 통일사례에서 보듯, 남북한의 통일문제는 더 이상 미래의 일도, 당위론적 문제도, 이념적 차원의 것도 아닌 현실의 문제로 변화될 수도 있기 때문이다. 그러나 지금으로서는 통일을 염원하는 마음보다 통일을 준비하는 자세가 더 한층 필요한 상황이다. 만에 하나 치밀한 사전준비와 미래의 문제를 예견하지 못한 가운데 통일이 이루어진다면, 또 다른 반목과 갈등을 낳을 수 있기 때문이다(염돈재 2010, '서문' 참조). 통일 후 30주년이 된 지금, 독일통일은 결코 '재앙'이 아니라 독일민족의 위대한 선택이자 축복이었음이 분명해지고 있는 것은 우리에게 작지 않은 희망의 메시지다.

독일통일은 남북통일보다 더 어려울 것이라는 예측도 있었고 통일후유증에 대한 비판적 우려도 적지 않게 제기되었지만 서독은 통독 후 내부통합을 성공적으로 이뤄냈을 뿐만 아니라 통독 후에는 신장된 국가위상을 바탕으로 유럽연합(EU: European Unity)을 주도해 나가고 있다. 한국도 한반도 평화정착에 이어 평화통일의 성취와 함께 아시아 지역과 세계무대에서의 평화번영에 기여할 수 있는 비전을 가질 수 있게 되었다는 점에서 본다면 독일통일과 이를 주도한 동서독 정상회담은 벤치마킹의 대상이 아닐 수 없다.

V. 결론

동서독 정상회담은 상호 실체를 인정하면서 평화공존을 모색하는 과정에서 시작되었다. 과거 동독을 비합법 국가로 간주하고 동독을 승인하는 국가와 외교관계를 단절하는 '할슈타인원칙'을 포기하고 실질적인 교류와 협력을 확대하는 정책으로 선회한 것이다. 이후 서독은 동독과의 지루한 협상과정에서 여행자유화와 상호방문 기회를 확대하고 인적·물적 교류확대를 일관성 있게 지속적으로 추진하였다. 비록 초기의 정상회담 과정에서 획기적인 정치적 타협이 이뤄지지 않았으나 장기적으로 추진한 상호교류의 증대는 동독사회의 질적인 변화를 초래하였으며 이것이 통일의 원동력으로 작용하였다고 볼 수 있다(디지털뉴스부 2007).

제2차 세계대전이후 미국과 소련이라는 강대국에 의해 대외정책적 주권이 제한되어 있음에도 불구하고 동독과 서독이 정상회담 개최를 통해 궁극적으로 통일을 이룰 수 있었던 것은 특히 브란트 수상의 동방정책 추진에 힘입어 1970년대부터 동서독 간 초당적으로 일관성 있게 이루어진 대화와 교류협력 때문이다(최지선 2015, 64). 동서독은 지속적인 대화와 교류협력을 바탕으로 지난 1990년 10얼 3일 평화적인 독일통일을 함께 이룩해냈다.

통일과정에서 동서독 정상회담이 보여준 ①장기적 안목에 기초한 지속적인 대화의 추진, ②서로 양보하는 대화의 정신, ③실현불가능하고 민감한 문제를 뒤로 미루고 실현 가능한 문제를 우산시하는 현명함, ④서두르지 않고 차근차근 풀어가는 자세, ⑤서독의 동독포용 및 통일역량의 강화노력 등은 통독 30주년이 됨 지금에 있어서도 남북한정상회담과 관련해서 많은 교훈과 시사점을 주고 있다. 정상회담은 성사되기도 어렵지만 합의사항을 실천에 옮기는 일은 더 더욱 어렵다. 역사 속의 정상회담들은 눈앞의 성과에 집착하지 말라는 교훈을 주고 있다. 판을 깨지 않고 장기적 안목과 인내력을 바탕으로 한 걸음 한 걸음 내딛은 경우에만 좋은 성과를 거뒀기 때문이다.

동서독은 45년이라는 분단기간 동안 7차례의 정상회담을 개최하였을 당시 상황을 보면 국제적 환경이나 내부적 상황으로 인해 정상회담을 개최하기까지 더 많은 어려움이 있었다고 볼 수 있다. 그럼에도 양독 정상은 대화를 통해 동서독간 교류와 협력을 이끌어낼 수 있었고 이는 궁극적인 통일로 이어졌다(최지선 2015, 65-66). 2000년과 2007년 두 차례 평양방문을 통한 공식적 남북정상회담 개최이후 2018년 세 차례의 공식적 남북정상회담(판문점과 평양), 2018~2019년에 걸쳐 두 차례의 공식적 북미정상회담(싱가포르와 하노이)과 한 차례의 비공식적 북미정상 접촉(판문점)도 가졌다. 모두 쉽게 얻어진 것은 없었다.

동서독 정상회담이 남북정상회담에 시사해주는 점은 지나치게 성급한 기대보다는 소박하고 조심스러운 기대 속에서 미래지향적인 만남과 회담이 되도록 노력하면서 특히 지속적인 대화와 교류협력을 이어가야 한다는 것이다. 물론 남북한은 북한의 핵·미사일 변수가 있어 동서독의 상황이 서로 다른 점도 있지만, 적어도 독일통일이 당사자 간의 활발한 대화와 교류협력의 힘을 바탕으로 실현된 평화통일이었다는 사실은 통독 후 30년이 지난 시점에서도 보아도 적실성을 지닌다 할 수 있다. 즉 서두르지 않으면서 꾸준히 지속해 나가는 대화와 교류협력이 남북관계 증진 및 한반도 평화통일의 키워드임을 아무리 강조해도 지나치지 않을 것으로 판단된다.

향후 남북정상회담을 통해 북한의 비핵화와 체제보장 즉 항구적 한반도 평화체제 구축 등 남북한 간의 현안문제를 완전히 해결되었으면 하는 바람보디는 남북공조와 국제공조의 조화 속에서 최소한 남북한 간의 대화와 교류협력이 활성화되는 계기만이라도 주어지면 다행이라는 소박하고 조심스런 기대를 가지고서 남북정상회담을 추진해 나가는 것이 보다 지혜로운 대북접근방법임을 잘 말해주고 있다. 아울러 회담의 주체인 남북한의 최고지도자들은 물론이고 회담을 준비하는 관계자들도 지나친 의욕을 앞세우기보다는 다만 남북한관계 개선의 발판을 마련하겠다는 소박한 자세로 성실히 회담에 임하고 준비하고 이미 합의한 사항은 정권이 바뀌더라도 성실히 실천해 나가는 것이 후일 더 큰 성과로 이어져 통일의 문턱을 넘어서게 될 것으로 생각된다.

남북통일의 길은 결코 평탄한 것은 아니다. 한반도의 민주·평화·번영을 위한 평화통일은 '되는 것(Werden)이 아니라 우리가 만들어 가는 것(Machen)이며, 주어진 것이 아니라 우리의 중지와 역량으로 성취해야 할 역사적 과업이다(김강녕 2000, 177). 독일통일의 과정은 서독정부의 초당적인 일관된 통일정책과 동복주민의 서독체제로의 편입동의와 미국·영국·프랑스·소련 등 관련국들의 통일승인이 합쳐진 데서 찾아볼 수 있다(양병기 2014, 439). 우리도 독일통일을 교훈삼아 ①지속적인 남북대화와 교류협력, ②한반도 통일이해관계국에 대한 평화통일외교 전개 및 국제사회와의 신뢰구축 강화, ③한국의 평화통일 역량강화를 모색·추진해 나가야 할 것이다.

남북통일을 위한 정상회담(및 후속회담), 교류협력, 그리고 이를 뒷받침해주는 국력(특히 국방력, 경제력, 과학기술력, 통일전문인력 등) 등의 증진노력이 아무리 힘 드는 일이라 할지라도 우리는 결코 통일을 체념하거나 포기해서는 안 될 것이다. 한반도 평화정착과 궁극적으로 남북통일이 없이는 조국의 밝은 앞날을 기약하기 어렵기 때문이며, 독일의 통일과정에서 보듯이 우리의 인내와 노력(특히 대내외적 통일대비능력의 증진)으로 한걸음 한걸음씩 전진해 나간다면 반드시 이룩할 수 있는 과업이기 때문이다.

■ 참고문헌

고상두. 2007. 『통일독일의 정치적 쟁점』. 서울: 오름.
국제신문 디지털뉴스부. 2007. "남북정상회담: 동서독 정상회담의 사례," 『국제신문』(10월 2일).
권세영. 2018.『독일통일 사례에서 본 한반도 통일문제』. 서울: 고려대학교 미래성장연구소.
김강녕. 2000. 『남북한 정치외교론』. 서울: 대왕사.
김강녕. 2001. 『현대군사문제와 남북한』. 서울: 형설출판사.
김강녕. 2013. 『국제정제와 외교·안보』. 경주: 신지서원.
김연철. 2016. 『협상의 전략』. 서울: 휴머니스트, 2016.
김영윤·양현모 편, 2009. 『독일, 통일에서 통합으로: 문답으로 알아보는 독일통일』. 서울: 통일부.
김학준. 1989. 『한국전쟁: 원인·과정·휴전·영향』. 서울: 박영사.
김현경. 2018. "세기의 만남, 역사 바꾼 정상외교: 냉전의 결과물 '한반도 분단'…북미정상, 완전종식 대미장식?." 『헤럴드경제』(5월 11일).
이종인 옮김. 데이비드 레이놀즈 지음. 2020. 『정상회담: 세계를 바꾼 6번의 만남』. 서울: 책과함께.
디지털뉴스부. 2007. "남북정상회담: 동서독 정상회담의 사례." 『국제신문』(10월 2일).
라동철. 2018. "세기의 정상회담." 『국민일보』(6월 13일).
미래한국. 2007. "정상회담의 3가지 종류"(10월 4일).
박래식. 2008. 『분단시대 서독의 통일·외교정책』. 서울: 백산서당.
백경남. 1991. 『독일분단에서 통일까지』. 서울: 강천.
손선홍. 2005. 『분단과 통일의 독일현대사』. 서울: 소나무.
손선홍. 2016. "독일통일을 위한 외교활동과 한반도 통일외교 전략." 통일부. 『외교분야 II 관련정책문서』. 독일통일 총서 19.
송태수. 2010. "동서독 정상회담의 경과와 그 함의"(이화여자대학교통일학연구원 독일통일 20주년 기념학술회의 발표자료집).
양무진. 2019. "통일과정의 동서독 교훈," 『대전일보』(2월 8일).
양병기. 2014. 『현대남북한정치론』. 파주: 법문사.
여인곤. 2007. "동서독 정상회담의 교훈과 2007 남북정상선언 평가." *On Line Series*. CO 07-21(10월).
염돈재. 2010. 『올바른 통일준비를 위한 독일통일의 과정과 교훈』. 평화문제연구소.
염돈재. 2014. "동서독 정상회담이 南北 정상회담에 주는 교훈." 『데일리 NK』(5월 22일).

예영준·이상언·장정훈. 2000a . "역사를 바꾼 정상회담上: 평화를 이끈 결단들." 『중앙일보』(5월 30일), 8.
예영준·이상언·장정훈. 2000b. "역사를 바꾼 정상회담 中: 인내심 게임."『중앙일보』(2000.5.31), 11.
예영준·이상언·장정훈. 2000c. "역사를 바꾼 정상회담 下: 중재자 활용해야." 『중앙일보』(6월 1일), 8.
외교부. 2017. 『2017 독일개황』.
이봉기 역. Uwe, Müler 저. 2006.『대재앙 통일: 독일 통일로부터의 교훈』. 서울: 문학세계사
이상언·장정훈. 2000. "역사를 바꾼 정상회담下: 빛나는 조연들."『중앙일보』(6월 1일), 8.
이종인 옮김. 데이비드 레이놀즈 지음. 2020.『정상회담: 세계를 바꾼 6번의 만남』. 서울: 책과함께.
정용길. 2009.『독일 1990년 10월 3일 통일을 생각하며 독일을 바라본다』. 서울: 동국대학교출판부.
최영. 1975. "중·소관계,"정인흥·김성희·강주진,『정치학대사전』. 서울: 박영사.
최지선. 2015.『동·서독 정상회담 전개과정과 특징연구: 남북정상회담에 주는 시사점』(이화여자대학교대학원 석사학위논문).
통일부. 2000.『동·서독정상회담사례집』. 서울: 통일부.
통일연구원 역. De Maiziere, Lothar 저. 2001. "동서독관계에서 정상회담의 의미와 역할"(남북정상회담 1주년 학술회의자료. 통일연구원).
호광석. 2000. "동서독 정상회담의 사래와 시사점."『통일경제』(5월).
황흥룡. 2018. "분단국가들의 통일사례와 그 교훈: '통일을 이룩한 국가들.'"『브레이크뉴스』(12월 31일).
"정상회담."『위키백과』, 2020.8.4.
Grenville, John Ashley Soames. 2001. *Major International Treaties of the Twentieth Century: A History and Guide with Texts*. London: Routledge.
Reynolds, David. 2007. Summits: *Six Meetings that Shaped the Twentieth Century*. New York: Basic Books.
Wehmeier, Sally. 2000. *Oxford Advanced Learner's Dictionary*. Oxford; Oxford University Press.
Wikipedia. 2020. "Global governance"(September 4).
Wikipedia. 2020. "Summit (meeting)"(April 5).
Wikipedia, 2020. "Ping-pong diplomacy"(September 26).
Zelikow, Philip and Rice, Condoleezza. 1995. *Germany Unified and Europe Transformed: A Study in Statecraft*. Cambridge, MA:

Harvard University Press.
Reynolds, David. 2013. "Summit, Diplomacy: Some Lessons from History for 21st Century Leaders" (4 June). https://www.gresham.acuk/.lectures-and-events/summit-diplomacy-some-lessons-from-history-for-21st-century-leaders(search date: September 14, 2020).
김재현. 2017. "동, 서독 첫 정상회담 개최"(3월 15일). http://m.blog.daum.net/gmania65/847(검색일: 2020.9.15.).
평화문제연구소. 2012. "동서독 정상회담은 어떤 성과가 있었나?"(6월 8일), https://blog.naver.com/i pa1983/159474965(검색일: 2020.9.9).
건축정보. 2020. 『순위 & 지식』. https://architecture-info.tistory.com/category/(검색일: 2020.9. 9).
https://www.dictionary.com/browse/summit-meeting(검색일: 2020,1.6).

6장
독일 통일과 상호주의

김경숙 (국가안보전략연구원)

Ⅰ. 문제 제기

 "언제 통일이 이루어질지는 아무도 모른다. 그 날까지 한국 정부가 해야 할 일은 접촉을 통해 상대를 변화시키는 일이다." 1996년 독일 통일 6주년을 맞아 <디 차이트> 발행인 테오 좀머 박사가 한국의 한 주간지와 인터뷰에서 한 조언이다(이창주, 1996/12/26).

 2020년 올해는 독일이 통일된 지 30년이 되는 해이지만 좀머 박사의 조언은 여전히 유효하다. 남북관계는 2018년 두 차례의 정상회담을 개최하는 등 관계 개선에 대한 기대가 높았지만, 2019년 하노이 북·미 정상회담 결렬 이후 남북 관계도 교착국면을 벗어나지 못하고 있다. 특히 지난 6월 김여정 제1부부장 주도로 남북관계의 상징인 개성 남북공동연락사무소가 폭파(6.16)되면서 대화마저 단절되었다. 역사적인 6.15 남북공동선언을 채택한 지 20년이 되는 다음날에, 4.27 판문점 공동선언의 결실이었던 '남북공동연락사무소'을 폭파하고, '대남(南)사업'을 '대적(賊) 사업'으로 전환하겠다는 북한의 공언은 남북관계의 현주소를 그대로 보여준다. 김정은 위원장이 직접 나서 추가 대남 군사행동 중지로 진정국면으로 접어드는 듯했던 남북관계는 지난 9월 서해상에서 발생한 북한군에 의한 공무원피격 사망 사건이라는 악재로 다시 얼어붙었다. 사건 직후 김 위원장이 이례적으로 대남통지문을 통해 "대단히 미안하다"라는 메시지를 전했고, 당 창건 75주년 연설에서 대남 유화 발언을 하기도 했지만, 남북관계 개선의 기미는 보이지 않고 있다. 대북제재, 자연재해와 코로나19라는 삼중고에 시달리는 북한은 내년 1월 8차 당대회 개최를 예고하면서 대내 결속과 자력갱생에 집중하고 있다. 11월 미 대선에서 바이든 민주당 후보가 당선되면서 내년 1월 새 행정부 출범과 외교안보 분야 인선과 대북정책 방향이 정해지는 내년 상반기까지 한반도는 '탐색의 시간'이 될 것으로 보인다.

　동서독은 기본조약 체결 이후 20여 년간 '공통의 관심사'를 중심으로 교류와 협력을 지속함으로써 통일을 이룰 수 있었다. 독일 통일로 유럽에서 냉전 질서는 평화적인 방법으로 재편되었고, 유럽통합도 진전되었다. 남북한은 기본 합의서 체결과 2000년 역사적인 남북 정상회담 개최 이후 여러 차례 정상회담과 합의문을 통해 관계가 개선되는 듯했으나 교착과 진전 국면이 반복되고 있다. 북한은 당국 간 대화는 물론 민간차원의 교류마저 소극적으로 대응하고 있다. 남북관계 개선을 위해서 남북 대화는 지속하여야 한다.

　이 글은 독일 통일 사례를 통해 교훈을 얻기 위해 상호주의 개념을 적용해 동서독 교류 협력을 재조명해보고자 한다. 국제 환경과 분단 상황 등 많은 차이점에도 불구하고, 대립과 갈등을 극복하고 남북관계 개선과 한반도 평화프로세스를 추진하는 과정에서 독일 통일 및 통합의 경험은 여전히 시사하는 바가 크다. 독일 통일은 흡수통일이라고 하지만 실제로 서독 정부는 통일정책이 아니라 화해협력 - 통일 즉, 평화공존(peaceful coexistence)과 화해 협력정책을 지속적이고 장기적으로 추진함으로써 통일을 이룩하였다. 서독 정부는 전승 4대국(미국, 영국, 프랑스, 소련)에 대한 외교적 노력과 함께 정권 교체와 양독 관계 부침에도 불구하고 동독에 유연한 상호주의 원칙을 일관되게 유지하였다. 동독이 비협조적으로 나올 때조차도 서독은 '선공후득'(先供後得)의 비대칭적, 비동시적, 비등가적 상호 협력의 공존방식을 택함으로써 접촉이라는 '작은 걸음'을 변화와 통일이라는 '큰 걸음'으로 바꿀 수 있었다.

II. 기존 연구 및 이론적 배경

독일이 통일된 지 30년이나 되면서 독일 통일 문제에 관한 국내 학계 연구는 양적으로 줄어들고 있다. 독일 통일에 관한 기존 연구는 양독 정상회담과 통일정책을 다룬 연구, 분야별 교류협력 증진에 관한 연구, 정당과 시민단체, 교회의 역할을 다룬 연구, 통일 이후 통합과정에 관한 연구 등으로 다양하다(김영윤·양현모 2009; 박래식 2008; 손성홍 2005; 통일부 2000; 데이비드 레이놀즈 2020; 통일연구원 1993; 김경미 2002; 김도태 1996; 송태수 2006; 고상두 2015 등). 핵심은 동서독 분단극복에서 정치지도자의 리더십과 다양한 정치·사회·경제·문화 분야에서 통일 이전과 이후 변화상이었다. 독일 통일 30주년을 다룬 연구(김병연 2020; 한승완 2019; 잉그리트 미테 2020 등) 연구는 지난 30년간 동서독 경제적 격차 감소, 동독지역의 인프라 개발 등 괄목할 만한 발전에도 불구하고 구동독 주민의 이등 국민이라는 좌절감, 양독 지역 간 차별과 배제 등 여전히 해결해야 할 과제들도 많다는 것을 지적한다. 통일 직전 동독인들은 "우리는 한 국민이다(Wir sind ein Volk)"라고 한민족임을 외쳤으나 오히려 통일 이후 "과연 우리가 하나인가"라고 회의감을 드러내기 시작했다. 독일 통일 후 30년이 지난 지금도 여전히 통합의 갈등을 겪고 있으나, "우리는 그래도 하나다"라는 것이 독일인의 공통된 정서이다(김병연 2020). 앙겔라 메르켈(Angela Merkel) 총리는 2019년 독일 통일 29주년 기념식(2019.10.3)에서 "독일 통일은 한 번에 완성될 수 있는 것이 아니라 지속하는 과정"임을 강조하였다(DW 2019/10/03). 법적 통일은 이루었지만, 사회통합은 여전히 과정에 있다는 의미이다.

서독은 상호주의 원칙에 따라 동독과 지속적인 대화와 교류협력을 통해 통일 여건을 조성하였다. 국제정치에서 상호주의(reciprocity)라는 개념은 로버트 액설로드(Robert Axelord 1984)와 로버트 코헤인(Robert Keohane 1986)에 의해 등장하였다. 그 배경은 2차대전 이후 자유주의 질서와 안정을 유지해 온 패권 국가 미국이 1970년대 이후 상대적으로 쇠퇴한 이후에도 서방 강대국 간 협력과 평화가 지속하면서 패권 이후의 국제 협력 가능성 논의가 활발하게 전개되었다(Keohane 1980). 국제협력이론의 새로운 전기를 마련한 액설로드(Axelord 1984)는 일정 조건이 충족되면 조건부 협력(TFT: Tit-for-Tat)전략이 지배전략이 되고 상호 협력이 안정적으로 지속된다는 것을 게임이론을 통해 증명하였다(Axelord 1984; 김태현 2002, 11-12).[1] 액설로드의 상호주

---

[1] TFT 전략은 반복게임에서 첫 번째 게임에서는 협력을 택하고 그다음부터는 상대방 선수가 그 이전 게임에서 택한 선택을 따라 하는 것이다. 일정 조건이란 미래에 대한 확실성이 비교적 높아 미래의 가치가 현재에 비교해 크게 떨어지지 않는 경우를 말한다. 액설로드는 행위자가 현실적으로 조건부라도 협력을 택하는 이유가 비협력적 행위로 미래에 잃게 될 가치 즉 '미래의 그

의에 입각한 TFT 전략은 현실주의자들의 비판에도 불구하고 국제 무정부 상태에서 국가들이 지금의 배신이 미래에 처벌을 받고 지금의 협력이 미래에 보상받기 때문에 자신의 이익을 위해 자발적 협력이 가능하다는 논거를 경험적인 방법을 통해 보여준다.

이처럼 국제 협력에서 상호주의란 서로 간에 주고받는 등가교환을 의미한다. 상대방이 위반행위(tat)를 했을 때는 제재(tit)를 가하고 협력 시에는 보상함으로써 상대방의 협력을 유도하는 것이다(Axelord and Keohane 1988, 249). 상호주의의 개념은 보통 구체적 상호주의와 포괄적 상호주의로 나뉜다. 구체적 상호주의는 두 행위자의 상호작용 간에 시간적 근접성과 질적 및 양적 상응성(equivalence)을 엄격하게 적용하는 등가적 상호주의이다. 포괄적 상호주의는 시간적 근접성과 질적 및 양적 상응성을 엄격하게 적용하지 않는 상호주의이다. 다시 말해서 '비등가성' '비대칭성' '비동시성'을 강조하는 상호주의이다. 구체적 상호주의가 보상과 보복을 즉각적이고 더 직접적인 방식으로 이행한다면, 포괄적 상호주의는 상호주의 요건을 완화해 상대 국가의 선호와 선택의 폭을 넓히는 것이다. 즉, 상응성의 요건을 완화하고 이슈 간 연계(issue-linkage)를 통해 협력을 더 쉽게 가능하도록 하는 것이다. 협상 이슈의 연계를 통해 특정 사안에서 양보하는 대신 다른 사안에서 보상을 받을 수 있다는 기대로 상호 협력의 가능성이 커진다(Haas 1980, 357-405).

이처럼, 상호주의는 구조적으로 어려운 국제 협력을 가능하게 하지만, 분단국이나 적대국 간 협력은 더 어렵다. 그 이유는 협력에 따른 부정적 결과 때문이다. 상대국에 대한 의존 심화와 이로 인한 취약성 우려 때문이다. 또한, 협력의 결과 공동이득이 발생하더라도 상대방에 대한 신뢰가 없다면 분배가 공평하다고 믿을 수 없고, 분배를 통해 증

늘'(shadow of the future)을 고려하기 때문이라고 주장한다.

대된 힘을 상대방을 압박하기 위한 정책수단으로 사용할 수 있다는 의구심으로 협력을 꺼리게 된다. 따라서, 분단국이나 적대국에는 상응성 요건을 완화하고 이슈의 연계를 통해 해 협력의 지속성을 유지하는 포괄적 상호주의가 더 유효하다(Axelrod 1984; 김태현 2002, 8, 14-18). 서독 정부는 포괄적 상호주의를 적용하기 전에 상호 불신을 줄이기 위해 평화공존 정책을 먼저 추진했다. 평화공존은 상호 인정과 접촉을 통해 협력과 공존을 지향하고 갈등의 평화적 해결을 전제로 한다. 그 바탕 위에 서독은 동독에 차관 등 경제 지원을 하고 반대급부로 동독은 시차를 두고 베를린장벽 경계를 완화하거나 동서독 주민의 왕래 확대와 정치범 석방 조치를 했다.2)

남북관계 맥락에서 상호주의라는 용어가 본격 사용된 것은 김대중 정부에서이다. 김대중 정부는 대북 포용정책을 천명하면서 상호주의를 새로운 원칙의 하나로 선언하였다(통일부 1998). 1998년 4월 중국 베이징에서 열렸던 남북차관급 회담 당시 우리 측은 남북합의서의 이행과 이산가족 문제 해결을 조건으로 비료를 지원하겠다는 '엄격한 상호주의'의 태도를 보였다. 이는 당시 부시 미 행정부의 대북전략인 하나를 줄 때 다른 하나를 반드시 얻어내는 '대칭적(symmetric) 상호주의'의 개념과 같은 맥락이라고 할 수 있다. 이러한 우리 측의 상호주의 입장에 북한 측은 '비료를 조건부로 받을 수 없다'라고 강경한 태도로 일관하면서 결국 이 회담은 결렬되었다. 이후 우리 측은 남북 간에 대화와 협력 추진이 우선이라는 판단으로 엄격한 등가적, 동시적 상호주의 대신에 '비대칭적(asymmetric)'이고 포괄적인 상호주의' 방식을 택했다(한계레신문 1998/12/26; 한겨레신문 2014/02/16).3) 특히 쌀·비료

---

2) https://nkinfo.unikorea.go.kr/nkp/term/viewKnwldgDicary.do?pageIndex =12&dicaryId=77&searchCnd=0&searchWrd= (최종검색일: 2020/10/15).
3) 1999년 3월 임동원 외교안보수석은 대북정책을 선공후득(先供後得)을 포함한 16자 성어로 설명하였다. (1) 선이후난(先易後難): 쉬운 것부터 먼저하고 어려운 것

제공 등 대북 인도지원 분야에서 포괄적 상호주의를 택했으나, 이에 상응하는 북한의 긍정적 조치가 따르지 않자 '퍼주기론'이라는 우리 내부의 비판이 끊임없이 제기되었다.[4] 김대중 정부 이후 상호주의는 대북정책을 둘러싼 정치적 공방에서 빠지지 않는 쟁점의 하나가 되었다(김태현 2002, 7).

그런 점에서 서독의 포괄적 상호주의는 우리에게 시사하는 바가 크다. 서독은 양독 간 경제력 격차가 큰 상황에서 경협에 초점을 맞춤으로써 동독의 호응을 끌어냈고, 서독 내부의 여론 합의, 미국과 소련의 정책적 호응 등 대내외 상호작용의 결과물이라고 볼 수 있다. 따라서, 남북대화와 남북교류협력 재개 노력과 함께 대내적으로 대북정책에 대한 국민적 합의 도출과 주변 외교를 통해 정책적 추동력 확보를 병행하는 것이 중요하다.

III. 국제 안보환경 변화와 신동방정책

1. 빌리 브란트 정부(1969~1974년)의 신동방정책과 기본조약

1969년 집권한 빌리 브란트(Willy Brandt) 총리는 아데나워 정부의 '할슈타인 원칙(Hallstein Doktrin)'을 포기하고 '접근을 통한 변화(Wandel durch Annährung)' 원칙에 따라 동독뿐만 아니라 동유럽 국가들과의 관계 개선에 나섰다. 이를 위해 브란트 총리와 동독 업무담당 특별장관이었던 바르(Egon Bahr)는 신동방정책(Neue Ostpolitik)을

은 나중에 한다; (2) 선경후정(先經後政): 경제부터 접근하고 정치문제는 나중에 푼다 (3) 선민후관(先民後官): 민간이 먼저 접촉하고 정부는 나중에 한다; (4) 선공후득(先供後得): 먼저 주고 나중에 받는다(한겨레신문 2014/02/16).

4) https://nkinfo.unikorea.go.kr/nkp/term/viewKnwldgDicary.do?pageIndex=12&dicaryId=77&searchCnd=0&searchWrd= (최종검색일: 2020. 10. 15).

채택하였다. 신동방정책은 우선 동서독 양측이 처한 실제 상황을 인정하고, 화해 분위기 조성 및 상호 군축을 통해 군사적 신뢰구축을 목표로 하였다. 상호 긴장이 완화되면 교류와 상호 방문 허용 등이 가능해지고 이는 동서독 모두에 이익이 된다. 신동방정책의 핵심은 굳건한 안보도 중요하지만, 장기적으로 강력한 긴장 완화 정책이 결국 동독의 변화로 이어진다는 것이다.

신동방정책은 1970년대 들어 유럽에서 평화공존을 중시하는 안보환경이 조성되면서 순항했다. 1971년 미국, 소련, 프랑스, 영국의 4대 전승 연합국이 베를린협정(Viermächteabkommen über Berlin)[5]을 통해 동서독 긴장 완화에 합의하였다. 이는 전후 상황을 안정적으로 관리하고 자국의 이익을 확보하기 위한 합의의 산물이었다. 서방은 서독의 서베를린 자유 통행권을 확보하고, 소련은 서베를린이 향후에도 서독의 공식 연방주가 되지 않는다는 서방의 동의와 동유럽에 대한 잠정적 지위를 인정받았다. 미소 데탕트의 분위기는 브란트 정부의 신동방정책 추진에 우호적인 대외환경으로 작용하였다. 동독과 서독은 '우편 및 통신 협정'(1971년), '여행 및 방문 협정'(1971년), '교통협정'(1972년) 체결로 상호 통행을 허용하였다.[6] 이를 발판으로 1972년 12월 동서독 상호 인정과 '화해 협력'에 초점을 둔 「기본조약」[7]을 체결하게 되었다. 이어서 1973년 9월 UN에 동시 가입함으로써 양독 간 공존 관계를 수립하였다.

---

[5] 1971년 9월 3일 조인, 1972년 6월 3일 발효되었다. http://cefia.aks.ac.kr:84/index.php?title=4._%EC%A0%91%EA%B7%BC%EC%9D%84_%ED%86%B5%ED%95%9C_%EB%B3%80%ED%99%94_-_%EC%8B%A0%EB%8F%99%EB%B0%A9%EC%A0%95%EC%B1%85_%EB%B0%8F_%EC%8B%A0%EB%8F%85%EC%9D%BC%EC%A0%95%EC%B1%85 (최종검색일: 2020. 10. 15).

[6] 1972년 5월 26일 동서독 간에 정상적인 선린 관계를 위한 통행협정(Verkehsvertrag)이 체결됨으로써 기본조약(Grundlagenvertrag)의 초석을 놓았다.

[7] 원 명칭은 '독일연방공화국과 독일인민공화국 간 관계의 기본에 관한 조약'(Vertrag über die Grundlagen der Beziehungen zwischen der Bundesrepublik Deutschland und der Deutschen Demokratischen Republik).

10조에 이르는 전문과 3조와 7조에 대한 부가 조항의 추가의정서로 이루어진 기본조약은 △ 유럽 모든 국가의 국경선 불가침과 영토보존, △ 무력의 위협이나 사용의 포기, △ 양독 간의 관계 설정 및 상호 간의 자주·독립존중을 비롯하여 분야별 교류협력 등을 규정하고 있다. 기본조약 전문에서는 민족 문제를 포함해 여러 가지 기본문제들에 대해 견해 차이가 있음에도 불구하고 양독 주민들의 복지 향상을 위한 합의임을 명시하고 있다.[8] 기본조약 제7조는 접촉을 통해 긴장을 완화하고 상호이익을 도모하기 위한 다방면의 교류와 협력을 강조하고 있다.

2. 포괄적 상호주의: 20여 년 '화해를 통한 변화'(지속성), '작은 걸음의 점진적 변화' (연계성)추구

동서독 기본조약은 조약(treaty)의 형태로 법적 구속력이 있었기 때문에 통일되기 이전까지 서독의 '접근을 통한 변화'를 점진적, 단계적으로 이행하는 데 추동력이 되었다. 기본조약 이후 동독의 제한정책으로 서독 국민들의 동독 여행이 거부, 제한되기도 하였으나, 동서독 간 협력의 물꼬를 거스를 수는 없었다. 기본조약 체결 이후 동·서독 간에 인적교류가 늘었다. 1975년 이후 서독의 동독 방문자 수가 급증하여 1975~76년간 312만 명을 기록했고, 매년 동독과 서독 간에는 무려 700~800만 명의 왕래가 가능하게 되었다(주독일한국대사관 1992, 97). 사람이 오고 가면서 자연스레 물자도 오고 갔다. 교류 협력의 규모와 범위가 크게 확대하면서 동독의 변화 촉진은 물론 통일의 밑거름이 되었다.

---

8) Bulletin des Presse und Informationsamtes der Bundesregierung vom 8. November 1972, Nr. 155, S. 1842-1844.

1) 교류·협력의 견인차로서 서독 상주대표부 역할

동서독은 「기본조약」 제8조 및 1974년 3월 체결된 '상주대표부 설치협정'에 따라 1974년 5월 각각 동 베를린과 본에 상주대표부를 설치하고 6월 양측 대표부 대표에 대한 신임장을 각각 제정하였다(김학성·윤대식 2008).[9] 상주대표부 관련 협상에서 동독은 국제사회로부터 국가성(國家性)을 인정받기 위해 대사 교환을 주장하는 등 적극성을 띤 반면, 서독은 양측이 특수관계임을 고수하였다. 이에 서독은 양독 의정서 협상과 체결을 총리실이 주도했지만, 국가 대 국가의 외교 관계로 인식한 동독은 외무성이 주관하였다(통일부 2019, 35-38).[10] 협상 과정에서 서독으로부터 지원이 절실했던 동독은 상주대표부 설치에 적극적이었고, 그 과정에서 서독의 입장을 전격적으로 수용하였다. 서독은 특수관계를 고수했지만, 상주대표부 설치 이후 특수한 법적 지위로 인해 국내적으로 의정서의 해석을 둘러싸고 논란이 거셌다. 특히 서독 내 보수층은 의정서가 사실상 동독을 법적으로 인정해준 것이라며 기본조약에 대한 첨예한 헌법 논쟁을 벌였으나, 헌법재판소가 합헌 판결을 내리면서 논란은 종지부를 찍었다(김영윤·양윤모 2009, 16-17).[11]

기본조약 체결 이후에도 동서독 간 갈등이 없었던 것은 아니나 상주대표부는 통일이 될 때까지 교류·협력의 견인차로서 역할을 하였다

---

[9] 연락사무소 및 상주대표부의 설치과정과 운영은 크게 적대국이나 비우호적 미수교 국가 관계와 분단국 사례로 대별할 수 있다. 전자는 미국과 중국, 미국과 베트남,미국과 리비아 사례가 대표적이고 후자는 동독과 서독, 중국과 대만 사례가 대표적이다.

[10] 동독은 내독관계부를 협상의 파트너로 받아들이지 않았기 때문에 서독은 총리실 산하에 외교와 내독관계를 담당하는 2실을 두었는데 독일정책 태스크포스팀은 직제상 2실에 속하였지만, 총리실이 직접관할하였다.

[11] 당시 연방헌법재판소는 기본조약을 형식적으로는 국제법상의 조약(국가인 동시에 국제법 주체)으로, 내용상으로는 내독 관계(특수 관계)를 규정짓는 이중 성격의 조약으로 평가했다.

(통일부 2016, 72).12) 본에 설치한 동독 상주대표부의 역할은 상대적으로 미미했던 반면, 지리적으로 분단의 중심에 위치한 서독 상주대표부(동베를린 소재)는 내독 관계의 발전에 중심 역할을 하였다(프란쯔 베르텔레 2003).13)

서독 상주대표부의 기능과 역할은 서독 정부와 '분업적' 성격을 띠었다. 서독 정부는 양독 간 차이점과 특수성을 강조하는 데 중점을 둔 반면, 상주대표부는 동독과 상시적인 접촉과 소통을 통해 양국 관계를 지속해서 개선하고 발전시키는 데 초점을 두고 업무를 추진하였다(김영윤·양현모 2009, 17). 서독 상주대표부는 상시 대화 및 협상 창구로서 △ 동독 내 상황 분석·보고 △ 동독을 방문하는 서독 주민들에 대한 편의 지원 및 정보 제공 △ 동독 주민에 대한 서독 관련 정보 제공 △ 동독 측과의 고위급 및 실무급의 대화 채널 △ 공무 여행 출장자 지원 △ 문화행사 및 각종 행사 후원 등 임무를 수행하였다. 상주대표부는 본연의 업무 이외에 비밀협상 통로로서 역할도 하였다. 동서독 관계가 진전되면서 상주대표부는 연락 및 대화, 동독에 대한 지원은 물론 정치범 석방을 위한 협상을 수행했다.

서독 상주대표부의 일상 업무 중 동독 기관에 의해 체포된 서독인들을 법적으로 보호하고 지원하는 일은 그중에서도 매우 중요한 일이었다. 동독 내 상주 서독 특파원의 추방 사건이 대표적이다. 1974년 5월 브란트 총리가 보좌관 간첩 사건으로 물러난 후 취임한 사민당 헬무트 슈미트(Helmut Schmidt) 총리(1974~1982년)는 친서방정책을

---

12) 동베를린 첫 상주대표부 단장이었던 귄터가우스(Günter Gaus)는 기본조약에 명시된 후속 협약의 협상 책임자로서 출범 초기 일정 기간 중요한 협상을 지휘하였다. 독일 통일로 본과 동베를린에 각각 설치했던 동·서독 상주대표부는 1990년 10월 2일에 폐쇄되었다.
13) 내독 교역의 실제 업무는 대표부 소관이 아니라 예전부터 이를 담당해 온 서베를린의 상공신탁처가 계속하였으나, 상호 긴밀하게 경험을 공유하였다.

추진하면서도 브란트 정부의 대동독 관계 개선 정책을 비판적으로 수용해 실용주의 정책을 표방하였다. 미소 관계가 악화한 상황에서 11년 만에 개최된 제3차 정상회담(1981.12.11.~13, 동베를린)이 개최되었다. 서독의 슈미트(H. Schmidt) 총리와 동독의 호네커(E. Honecker) 서기장은 소련의 유럽 핵무기 배치와 나토(NATO)의 중거리 핵탄두 서독 배치 등을 상호 비난하면서도 평화정착과 긴장 완화가 강조된 공동성명을 채택하였다. 유럽에 긴장이 조성되는 상황에서 3차 정상회담이 개최된 것은 동독의 경제 상황 악화로 서독의 지원이 절실하였기 때문이었다. 동서독은 스윙(Swing) 연장 문제·교통·환경보호·상호경제협력 등 실질적인 부분에서 합의를 끌어냄으로써 기본조약 체결 이후 동서독 관계가 진전되고 있음을 알 수 있었다(김영윤·양윤모 2009, 12-13).

한편으로, 동독은 서독 기자의 동베를린 상주에 정치적인 부담이 컸다. 동독은 기본조약 체결 이후 대외 이미지를 고려해 서독 특파원의 동독 내 활동을 허가하였으나,[14] 서독 특파원의 상주 허용에 앞서 취재와 보도를 엄격히 통제하는 등 일련의 조치를 취했다. 동독은 1973년 2월 「독일민주공화국 내 외국 언론사와 특파원 활동에 관한 규정」을 제정했는데, 이는 이후 동독 내 상주하는 서독 특파원의 보도를 문제 삼아 '내정간섭'이라는 명목으로 추방하는 수단으로 활용되었다. 동독 내 서독 특파원의 활동이 증가하면서 동독은 체제에 위협이 되는 비판적인 기사를 작성한 서독 언론인을 경고 또는 추방하는 선에서 그치지 않고, 사무소 폐쇄라는 극단적 조처를 하기도 하였다. 1975년 12월 슈피겔의 메트케(Jörg R. Mettke), 1976년 ARD의 뢰베(Lothar Loewe) 기자가 추방되었고, 1978년 동독 공산당 내 반체제 선언을 폭

---

[14] 동독은 서독 28개 언론기관의 특파원 주재를 허가하였는데, 1974년 10월까지 동독 활동을 허가받은 서독 언론인은 13개 언론사의 13명 수준이었으나 1976년에는 단기 취재 체류 서독 언론인이 680여명으로 급증하였다.

로한 슈피겔지는 「베를린」지국 폐쇄에 이어 1985년까지 동독입국을 금지당하기도 하였다(Spiege 1978/01).15) 서독 상주대표부는 동독 측에 특파원 추방에 대해 항의하고 언론사 지국 폐쇄 및 입국 금지 해제를 설득하는 등 적극적인 역할을 하였다.

서독 상주대표부는 동독 주민들의 서독으로의 탈주와 이주를 지원하는 역할도 하였다(김영윤·양윤모 2009, 33).16) 양독 인적교류와 이주가 확대되면서 방문객 신분으로 서독 상주대표부에 들어온 동독인들이 점거·농성을 통해 서독으로의 합법적 이주를 요구하는 사례가 증가하였다. 동독 정부는 서독 상주대표부에 체류하면서 출국 허가를 요구하는 동독 주민들에 대해 통상 수개월 유예기간 후 승인했으나, 출국 요구가 폭주하자 이에 대한 통제를 강화하였다. 동독은 양독 관계 진전에도 불구하고 동독 이탈자를 사살하고 접경지대에서 도발을 계속하였다. 동독 정부는 서독 상주대표부의 탈동독 지원을 "범죄행위를 정당화하고 있다"라고 비난하면서 검문과 검색을 강화하고 탈주 지원에 대해 최대 종신금고형까지 등 처벌 수위를 높였다. 동독 형법은 "출국 사주"와 "반국가적 인신매매 행위"에 대해 2-15년까지 처벌토록 했는데, 1977년에는 종신금고형까지 가능하도록 규정하였다(이동기 2009 5-8). 이에 따리 동서독 통행협정(1971 체결) 발효 후 6년간 서독인 9백52명이 탈주 지원 또는 방조 혐의로 체포돼 이 가운데 8백65명이 기소되고 6백34명이 유죄 판결을 받았다(월간조선 2000/03). 서독 상주대표부는

---

15) 주간지 슈피겔지는 1978년 1월 '독일 민주적 공산주의자 동맹 선언문'(Manifest des Bundes Demokratischer Kommunisten Deutschlands)을 공개 보도했는데 동독 지도부는 정권 붕괴를 목적으로 한 슈피겔지와 서독 정보기관의 공작행위라고 비난하였다. https://www.spiegel.de/spiegel/print/d-40693710.html (accessed : July 30, 2020).
16) 동독 탈출자는 동서독이 분단된 직후부터 발생하기 시작하여 1961년 베를린 장벽이 설치되기 전까지 연간 약 15만 명에서 약 40만 명에 달하기도 하였다. 장벽 설치 이후부터는 그 수가 급격히 줄어들었으나, 통일 전까지 매년 평균 2만 명에 가까운 동독 주민이 동독을 탈출하였다.

1978년 '기업형 탈출 지원'에 대해 마약 남용(탈주자를 운송 과정에서 마취시키는 경우) 규정 등을 적용해 일부 제한하는 조처를 하였으나, 탈출 지원 자체를 중단하지는 않았다. 서독 상주대표부가 탈동독 신청자를 수용하고 탈주를 지원하는 문제는 통일 전까지 양독 간 긴장과 갈등의 요인으로 작용하였다.

2) 콜 총리의 유연한 상호주의

'접근을 통한 변화'를 기조로 한 신동방정책은 1982년 헬무트 콜 총리(1982~1990년)가 이끄는 기민당 보수 정권이 들어선 이후에도 지속하였다. 기민당 역시 신동방정책의 실효성을 인정했기 때문에 신동방정책을 비판적으로 계승한 것이다. 콜 총리가 사민당 성향의 독일정책 팀장을 4년 동안이나 교체하지 않은 것은 사민당의 독일 정책을 기민당이 그대로 추진한다는 것을 보여줌으로써 동독의 신뢰를 유지하려는 방편이었다(통일부 2019, 38). 콜 정부는 체제 우월성을 부각하면서도 상호주의를 기반으로 실용주의적 협력을 대폭 확대해나갔다.

서독의 대동독 지원은 형태별로는 재정적 지원과 이전지출, 분야별로는 경제, 사회, 문화 및 인도적 차원의 지원으로 대별할 수 있다(<표 1> 참조). 가장 주축이 된 것은 재정적 지원이었다. 재정적 지원은 양독 간 채무청산용인 스윙(swing) 차관이라는 신용공여, 내독교역 범주 내 상업대부, 은행에 의한 재정차관 등의 형태로 이루어졌다. 이 가운데 동독에 제공한 대규모 재정적 지원은 1983년과 1984년 서독 정부의 주선으로 이루어진 은행 차관이다(김영윤 2020/05/23; 한국수출입은행 2009). 1980년대 들어 동독이 사회주의 계획경제의 실패로 경제가 어려워지자 외국은행들은 대외 신용도 저하를 이유로 차관 제공을 거부했다. 대외채무구조 개선을 위해 서독의 경제 지원이 절실했던 동독은 콜 정부의 거래에 응할 수밖에 없었다.

콜 정부는 국제 신용도가 떨어진 동독 정부에 1983년 7월(10억 마르크)과 1984년 7월(9억 5천만 마르크) 두 차례 차관을 제공하였다(김현호 2000/03). 반대급부로 동독은 △동서독 주민의 자유 왕래 △동독 탈출 주민에 대한 자동사격장치 제거 △양국 간 사회 문화교류 확대 등 11가지 화해조치를 이행하였다.[17] 동독은 1983년 10월 국경지대에 있던 기관총 자동발사 장치의 철거를 발표했다. 국경지대에 동독 탈출 주민을 자동 사격하기 위해 설치된「SM -70 자동발사 장치」(5만 4천여 개)와 잔여 지뢰들을 제거하고, 전자 감시 장치를 설치하는 등 양독 경계선 상의 긴장을 대폭 완화하였다(김영윤·양윤모 2009, 34).[18] 그다음 해 1984년 8월 동독은 대폭적인 여행완화 조치를 발표했다. 동독 주민들의 서독 체류 기간을 두 배로 연장(30일→60일)하고, 서독인들의 동독 방문허용 기간도 확대(30일→45일)하였다. 동독 방문 시 동독 마르크 의무 전환 액수도 하향 조정(25→15마르크)해 방문 부담을 줄여주었다(이동기 2009, 12). 그러면서도 동독 측은 이러한 완화조치가 차관의 대가라는 점을 명시하지는 않았다.

인적교류 완화조치로 동독에서 서독으로의 이주민은 1983년 7000명에서 1984년 3만5000명으로 무려 5배나 늘어났다. 1986년부터는 연금수혜자가 아닌 동독 주민의 서독 방문이 급속히 증가(매년 120만명 수준)하면서 서독으로의 합법 이주도 1984년부터 3~4배 증가하였다.

---

17) 동독은 국경지대에 설치된 5만4천 개의 자동발사장치 철거(발포 명령은 유효, 1983. 10) 및 자동 발사기 해체(1984.11), 지뢰 제거(1985.11) 대신에 전자 감시 장치를 설치하는 등 양독 경계선 상의 긴장을 대폭 완화. https://www.dw.com/de/erich-honecker-k%C3%BCndigt-am-5-oktober-1983-den-abbau-von-selbstschussanlgen-an-interview-mit-ottfried-hennig/a-4874430 (accessed : June 30, 2020).
18) 1972년 동서독 간 기본조약 체결 이후부터 동독 정부는 내독 간 국경에 더 많은 전자감음 자동 발사기를 설치하고 지뢰를 매설해 동독 주민들의 탈출을 사실상 봉쇄했다. 1982년에는 국경법을 제정, 탈출자에 대한 총기사용을 법제화하였다.

1986년 서독이 동독의 무역결제 자금 대부 등의 경제 지원을 하자 동독은 서독과 문화협정 체결과 동서독 도시 간 자매결연에 응했다. 1987년 동독 호네커 서기장의 서독 방문이 허용되면서 동독은 자국 주민의 서독 여행 확대, 양독 주민의 자유 왕래, 사회 문화교류 확대 등의 조치를 취했다(김영윤·양윤모 2009, 13-14).[19]

대동독 이전지출은 서독 정부가 동독에 지불하는 금전적(현금) 지원으로 주로 통행 및 통신부문에서 이루어졌다.[20] 서독 정부는「통과여행협정」에 근거해 서독 주민의 베를린 출입을 위한 '통행료'를 매년 현금으로 일괄 지불하였다. 서독 정부는 1972~89년간 일괄지불방식으로 부담한 통행료는 당초 동서독 정부의 합의금 11억6천만 마르크보다 훨씬 많은 78억 마르크(한화 약 5조 700억 원 ~ 5조 8500억 원)에 달했다.[21] 서독 정부 차원의 대동독 지원 중 가장 큰 비중을 차지하였다. 이와는 별도로 도로사용료로 약 5억 마르크(1980~89년 동안 년 5천만 마르크)를 지불했다. 이에 대한 반대급부로 동독은 국경 통과 시 수속절차를 완화, 상당한 시간상의 편의를 제공하였다(김영윤 2010; 한국수출입은행 2009, 26-27).

그 외 이전적 성격의 지출로는 서독이 동독의 교통시설 건설에 참여한 것을 들 수 있다. 서독은 동독으로의 통행조건이 완화되면서 급증하는 통행량을 감당하기 위해 서독과 베를린을 잇는 통행로 신설·보수·확장에 재정적인 지원을 했다. 동독의 사회간접자본에 대한 서독의 투

---

19) 4차 동서독 정상회담을 위한 호네커 서기장의 서독 방문은 동독 검문소에서 동독 군인의 강압으로 서독인 여행자가 사망한 사건과 서독이 동독에 대규모 차관을 제공한 것에 대한 소련의 불만 등 국내외 사정으로 연기되다가 고르바초프(M. S. Gorbatschow)가 등장함에 따라 가능해졌다.
20) 민간차원의 이전지출형태로는 동독 정치범 석방을 조건으로 한 서독 사회사업단체의 동독 지원, 서독 주민의 동독 가족·친지 등에 대한 현물 공여, 동독 지역을 방문하는 서독인의 강제교환금과 비자수수료 지불, 동독 통행로상에 설치된 면세상점(Intershop)들의 서독 주민 판매금 등을 들 수 있다.
21) 환율은 당시 기준 1마르크 : 650~750원으로 환산.

자는 결과적으로 통일비용을 감소시키는 효과를 거뒀다.

동독 정부가 정치범을 서독에 넘기는 대가로 물품을 지원하는 '프라이카우프'(Häftlingsfreikauf 또는 Freikauf)도 콜 총리 시대에 더욱 확대됐다. 브란트 정부 시절 시작된 프라이카우프는 개별 사안에 대한 협상 방식으로 시작해 점차 조직적인 형태를 띠게 되었다. 서독행을 원하는 동독인들의 대거 탈출 시도로 정치범 수도 그만큼 늘어났기 때문이다. 외채 부담에 시달리던 동독에 프라이카우프는 주요 수입원으로 인식되었다. 호네커 정부는 추가대가를 전제로 한 성탄절 맞이 특별교환을 먼저 제안하는 등 경제적 이익을 극대화하기 위해 적극적으로 프라이카우프를 추진하였다(손기웅 외 2008, 27). 1963년부터 독일의 통일까지 이어진 프라이카우프를 통해 석방된 동독인은 정치범 31,755명과 어린이 2,000명을 합해 3만3755명이다. 1963년부터 1989년 베를린장벽이 무너질 때까지 동독을 떠나 서독으로 이주한 동독인 전체 이주자 886,905명 가운데 Freikauf에 의한 정치범 석방자(31,755명)는 3.58%에 해당한다(Matthias Juth 1997, 546; 손기웅 외 2008, 65 재인용). 서독은 그 대가로 약 35억 마르크를 제공했다(손기웅 외 2008, 66-68).[22]

1972년 기본조약 체결 이후 통일 전까지 서독이 동독에 제공한 물질적 지원은 현금을 포함해 총 1,044억5천만 마르크(약 62조 원)에 달했다. 이 중 정부 차원의 지원은 약 268억 5천만 마르크로 연평균 15억 마르크 정도였으며, 민간차원에서는 약 748억 마르크, 연평균 44억 마르크가 지원되었다(<표 1> 참조). 서독 정부는 동독에 경제 지원을 계속하면서 규모에 상관없이 이에 상응하는 동독의 인도적 화답을 대가로 얻어냈다. 서독이 제공한 현물, 현금이 동독 체제를 유지하는데

---

22) Freikauf 사업 초기 정치범 1명당 약 40,000 DM에 해당하던 보상액은 1977년 이후에는 교육비 인상 등의 이유로 1인당 95,847 DM으로 두 배 이상 올랐다.

일정 부분 기여한 것은 부인할 수 없지만, 동독의 인권상황을 개선하고 정치범 석방과 동서독 이산가족의 대규모 재결합이 성사된 것은 긍정적으로 평가할 수 있다. 둘째, 서독 정부는 대동독 지원을 위한 현금 현물의 전달 창구로 교회 등 NGO를 활용하였다. 서독 신구교회는 동독 교회 및 소속 병원, 양로원, 유치원 등에 대한 직접 지원은 물론, 서독 정부의 재정으로 지원되는 원자재 제공과 프라이카우프(정치범 석방 및 이산가족 교류)에 대해서도 현금 현물을 건네주는 창구 기능을 하였다. 셋째, 서독 정부는 서독 주민들이 여행자와 면세점, 우편 등을 통한 동독 주민들에 대한 직접 지원을 허용하였다. 여행자 왕래를 통한 물품 직접 전달과 면세점 등을 활용한 증여 등의 직접 지원이 이루어졌다. 1949년부터 1989년까지 이를 통한 이전 거래 규모는 약 176억 마르크(88억 달러)로 추정된다. 또한, 우편을 통한 교류를 지속하였다. 양독 간 우편 교류는 다른 인적교류와는 달리 완전히 단절된 적이 없다는 것이 특징이다. 1956년부터 1989년까지 우편을 통한 비상업적 거래 규모는 약 450억 마르크(225억 달러)로 추정된다. 넷째, 통일경제 여건 조성을 위한 전방위적 접촉면 확대에 주력하였다. 서독을 방문하는 동독 주민에게 서독 방문 장려금을 지급하였으며, 대 동독 인프라 투자 지원, 접경지역 개발, 지방자치단체 간 자매결연, 상주대표부 설치 등 중장기적 측면의 경제 협력 기반 조성을 위해 노력하였다.

    동독 주민의 탈동독 신청자가 대폭 증가함에 따라 서독 상주대표부는 1984년과 1989년 두 차례 일시 폐쇄조치를 취하였다. 이는 탈동독 신청자 업무 폭주에 따른 조치로 대표부의 다른 업무는 계속 진행하였다. 이는 체코 주재 서독대사관도 마찬가지 상황이었다. 서독은 상주대표부 재개 문제는 전적으로 서독이 결정할 문제로 인식했기 때문에 재개 문제에 대해서는 동독 측과 협상하지 않았다. 1989년 8월 131명의 탈동독 신청자가 서독 상주대표부를 점거하는 상황이 발생하자(베르텔레 2003),[23]

동독은 외무 차관을 통해 이들의 대표부 강제 퇴거를 요구하였다. 서독 상주대표부는 동독이 출국 허가 거부 등 강경입장을 고수함에 따라 동독 정부를 압박하기 위해 동독인의 대표부 방문을 감당할 수 없다는 명분으로 상주대표부를 일시적으로 폐쇄하였다. 한편으로, 콜 정부는 연방 총리실 장관 등 고위급 대화를 통해 정치적 차원에서 동독 주민의 서독 이주문제 해결을 위해 노력하였다(베르텔레 2003). 1989년 11월 당시 동독 정부는 민주화를 요구하는 시민의 시위가 거세지자 이를 완화하기 위해 서독 여행 자유화 조치를 발표할 수밖에 없었고, 서독 상주대표부 업무도 재개되었다. 결국, 동독의 서독 여행 자유화 조치는 베를린장벽 붕괴라는 동독 정부가 의도하지 않은 결과로 이어졌다.

헬무트 콜 총리 재임 기간 동서독의 상호주의 거래 주요 사례

	서독의 경제지원	동독의 인도적 화답
1983년	동독이 서방 은행에서 10억 마르크 빌리는 데 정부 보증	동독 국경지대 탈출자 사살용 자동사격장치 5만4000개 제거
1984년	동독이 서방 은행에서 9억5000만 마르크 빌리는 데 정부 보증	동서독 간 여행 자유 확대 및 여행 시 율자교환의 자유 확대(서독인의 동독 방문료 인하, 방문 기간 확대, 동독 주민의 서독 이주 확대, 서적과 레코드 등의 동독 유입 확대)
1986년	서독의 재정적 기여(서독이 동독의 무역결제 자금 대부 등)	서독과 문화협정 체결, 동서독 도시 간 자매결연
1987년	동독 에리히 호네커 공산당 서기장의 서독 방문 허용	동독 주민의 서독 여행 확대, 동서독 간 관광 및 청소년 상호방문 확대, 우편 및 전화 증설, 서독 기자들의 동독 취재 확대

출처: https://www.donga.com/news/Society/article/all/20100925/31384478/1 (최종검색일: 2020.10.15.)

---

23) 서독 상주대표부에는 매일 한 번에 서너 명에서 스무 명 정도 탈동독 신청자가 있었으나, 통일 직전에는 백여 명을 웃돌았다.

<표 1> 서독 정부 및 민간차원의 대동독 지원 내역

지원구분		지원내역	지원액
정부차원	서독정부→ 동독정부	○ 통행일괄지불금(현금) ○ 도로사용료(현금) ○ 투자참여액(현금) ○ 정치범 석방거래(물자) ○ 철도청, 체신청의 일괄 정산금(현금) ○ 입국허가료(현금)	78억('72~'90), 5억('79~'90), 24.5억('76~'87), 34.5억('64~'89), 33억('75~'89), 3억('72~'89) 총 178억DM
	서독정부→ 동독주민	○ 단기방문환영금(현금) ○ 의료지원액(물자)	20억('59~'89), 5억('56~'89) 총 25억DM
	차관지불보증	○ '83~'84년 2회에 걸쳐 차관 지불 보증(현금)	19억5천만DM
	교역 지원	○ '75~'88년간 내독간교역시 물자 외상구입지원 및 흑자교역 등	약 74억DM
			총 296.5억DM
민간차원	서독주민→ 동독주민	○ 현금 및 선물제공	626억DM
	서독주민→ 동독정부	○ 서독주민이 동독지역 여행시 지급 수수료.강제환전금(현금)	66억DM
	서독교회→ 동독교회	○ 교회차원의 지원 (물자)	56억DM
			총 748억DM
총 계			약 1,044.5억DM

출처 : 김영윤, "동서독 교류협력 사례와 시사점," https://m.blog.naver.com/PostView.nhn?blogId=kimyyn&logNo=20106324962&proxyReferer=https:%2F%2Fwww.google.com%2F (최종검색일: 2020.08.12).

IV. 한반도에 주는 시사점

서독 정부는 기본조약 체결 이후 통일이 될 때까지 지속성과 연계성에 바탕을 둔 포괄적 상호주의를 추진했다. '접촉을 통한 변화'라는 신동방정책을 20년 넘게 일관되게 추진하였고, 동서독 화해 협력은 양독 교통로 확보, 여행업무, 우편·통신 업무, 환경 보호 및 문화교류를 중심으로 진행되다가 점차 탈동독 요청자 문제와 정치범 석방 등 정치적 거래로 그 규모와 범위가 확대되었다. 우편, 사람, 물자, 정보교류로 점진적, 단계적 확대는 통일에 큰 디딤돌이 되었다. 물론 동독은 기본조약 체결 이후에도 서독에 접경지대 도발 위협과 기본조약 파기 협박 등 다양한 형태의 압박을 시도하였으나, 서독은 유연하면서도 실용적인 상호주의 원칙으로 이질성 극복과 갈등을 완화할 수 있었다(프란쯔 베르텔레 2003). 이를 통해 동서독 통일은 평화적으로, 동독 주민의 자발적 의사에 의해 가능했다.

앞에서 살펴본, 서독의 포괄적 상호주의의 특징을 정리하면 다음과 같다. 우선, 동독에 경제 지원을 할 때마다 아무리 작은 것일지라도 반드시 대가를 받았지만, 동종등가(同種等價)는 아니었다. 서독은 경제적으로 어려운 동독을 지원하고, 동독은 인도적 조치로 화답을 했다.

둘째, 정경분리 원칙을 적용하되 대가의 동시성을 고수하지는 않았다. 동시 지불을 원칙으로 하되 상황에 따라 선공후득의 방식을 취하기도 하였다. 서독의 경제 지원에 대해 동독이 이산가족의 상봉, 결합 및 교통 통신 여행규제의 완화조치를 한참 뒤에 이행하기도 하였다. 동독의 사정을 고려해 상호주의 거래를 동시에 발표하지는 않더라도 비공개로라도 확실한 대가 이행을 약속받았다. 만약 이행이 안 되면 서독이 언제든지 경제 지원을 중단할 수 있다는 '미래의 그늘'을 동독 역시 학습을 통해 잘 알고 있었다.

셋째, 서독은 동독이 호응할 수 있도록 명분과 체면을 최대한 살려주기 위해 노력하였다. 대가는 외견상 동독의 대내외 위신에 손상이 가지 않도록 동독이 자율적으로 결정하는 방식을 취했다. 동독이 경제적 이익을 위해 인도적 사안을 팔아먹는다는 비난을 될 수 있으면 받지 않도록 하려는 배려였다. 서독은 조건 없이 지원하고 동독은 자발적으로 조치를 취하는 것으로 보였지만, 명백한 상호주의에 입각한 정치적 거래였다. 서독이 민족 대화합을 위해 선의의 협력사업을 발표하면, 수개월 후 동독측이 인도주의에 따라 인적교류나 이주 확대와 같은 규제완화조치를 발표하는 형식으로 진행되었다.

넷째, 유연한 상호주의에 대해 서독 내부적으로 광범위한 합의가 있었다. 서독 정부는 정치권은 물론 경제계, 언론계, 학계, 종교 및 민간단체 등과 공식·비공식적으로 긴밀한 사전 사후 협의 과정을 통해 여론을 수렴하고 설득하였다. 정경분리와 유연한 상호주의가 정책 발표 시점에서는 동독에 일방적인 퍼주기인 것처럼 보이지만, 결과적으로 교류, 화해조치가 이행된 시점에서 보면 분명 상호주의 원칙에 따른 것이기 때문이다. 서독 정부는 포괄적 상호주의 정책을 통해 동독과 협상에서 더 큰 성과를 확보할 수 있었다.

다섯째, 서독은 분단국 특성을 고려해 정부(통상적 외교 관계)와 상주대표부가 역할을 분담해 상시 접촉과 대화 및 화해와 협력 분위기 조성에 주력하였다. 상시 대화 및 협상 창구인 동서독 상주대표부는 인적·물적 교류가 활성화되고 '기본조약'이 체결된 후 2년이 지난 시점에서 설치하였다. 이는 현실적으로 연락기구 설치와 유지를 위해서는 관계 진전을 통한 교류 활성화가 전제되어야 한다는 점을 시사한다. 서독은 탈동독 주민 보호를 위해 상주대표부를 일시 폐쇄했다가 재개하기도 하였다. 하지만 이는 전적으로 서독이 결정할 문제로 협상의 대상이 될 수 없다는 원칙을 밀고 나감으로써 동독 측의 관여를 최대한 억제할 수 있었다.

여섯째, 서독의 상호주의는 우방국과 공조로 더 효과를 거둘 수 있었다. 유럽공동체(EC: European Communities)[24]는 동서독 교역을 내독 교역으로 인정해 관세 면제와 같은 특혜를 부여했고, EC 각국이 동독에 차관을 줄 때 서독의 차관보다 유리하지 않은 조건으로 시행하는 등 서독의 상호주의 교류에 많은 도움을 주었다(신동원 2000/05/04).

동서독과 남북한은 대내외 환경과 분단의 역사적 경험이 다르므로 독일 사례를 남북한에 그대로 적용하기는 어렵다. 한반도 문제는 남북 당사자 문제이자 동북아 질서 재편과 관련이 있는 국제 문제이다. 한반도 통일은 독일처럼 전승 4개국의 승인이 필요하지는 않지만, 주변 4강의 협력 없이는 어려운 것도 사실이다. 북한의 핵무력 완성, 미중 간 전략적 경쟁 심화 등으로 한반도 문제의 국제적 성격은 더욱 강화되고 있으며, 주변국의 영향력도 냉전 시기 전승 4개국의 영향력을 능가하고 있다. 특히 냉전 질서 재편기 존립 위기에 있던 소련과 달리 부상하고 있는 중국은 한반도 문제에 영향력을 행사할 가능성이 크다. 또한 남북 관계는 북핵 해결과 연계되어 있다.

통일 여건 조성을 위해 통일외교도 필요하지만 당장은 통일 논의보다는 교착된 남북관계를 풀기 위한 해법을 모색해야 한다. 동서독 사례를 통해 우리 인식의 지평을 넓히고 남북 교착국면을 타개하기 위한 창의적인 사고가 필요하다. 하노이 북미회담 결렬 이후 남북관계는 어두운 터널 안에 있다. 남북관계 경색으로 폭파된 남북 공동연락사무소

---

24) 유럽공동체(EC: European Communities)는 1993.11.1. 마스트리흐트 조약이 발효되면서 유럽연합(EU: European Union)으로 출범하였다. 외교부, "EU 개관," http://www.mofa.go.kr/www/wpge/m_3854/contents.do (최종 검색일: 2020. 11. 15).

재개와 상시 연락·대화 기능을 복원하는 문제도 녹록하지 않은 상황이다. 서독은 정치·경제적인 지렛대를 확보해 접촉과 대화의 기회를 증대하고, 동독의 호응과 변화를 유도하였다. 동서독 경제교류는 양국 연결고리 역할을 하였다. 동독에 대한 일방적인 지원보다는 이산가족 상봉과 같은 인도적 문제 해결과 이슈를 연계하였다. 이를 통해 이산가족의 자유 왕래, 양독 주민의 상호 여행, 상호 이질감 완화, 동독 정치범에 대한 인권 침해 완화 등 인적·물적 교류를 확대할 수 있었다.

동서독 사례와 달리 대북제재 국면에서 남북한 교류협력에 소극적인 북한의 입장을 고려한다면, 교류협력이 남북한에 상호이익이라는 점을 북한이 인식하도록 하는 작업이 우선되어야 한다. 그다음에 우리가 추구할 수 있는 현실적인 대안은 우리가 줄 것은 무엇인지, 북한이 원하는 것은 무엇인지 먼저 논의가 필요하다. 이를 위해서는 유연하면서도 실용적인 상호주의 로드맵이 필요하다. 이를 가지고 북한과 미국을 설득해야 남북관계 개선과 북미 관계 개선이 가능할 것이다. 우선, 대북제재 국면에서도 북한이 이산가족 상봉 정례화나 국군포로, 납북자 송환문제와 같은 인도적 문제 해결에 의지를 보일 경우, 우리의 인도적 지원 확대는 가능할 것이다. 남북한 공동 관심사인 접경지역 공동개발이나 임진강과 한강 등 공유하천 공동 관리 등도 성사 가능성이 크다. 물론 상호주의에 따른 거래방식은 북한이 수용해야 가능하다. 북한이 경제적 실리를 챙기기 위해서는 남한과 대화에 나서야 한다는 것을 인내심을 갖고 설득해야 한다. 결국, 북한의 변화는 내부로부터 나와야 한다.

남한 내부도 설득해야 한다. 보수 진영은 비핵화 노력 없는 북한에 경제 지원을 해서는 안 된다고 주장하고 있다. 과거 막대한 경제 지원에도 불구하고 인권 개선과 같은 구체적인 변화를 끌어내지 못했고 오히려 북한의 핵 개발을 부추겼다는 것이 보수 진영의 반대 논리이다.

엄격한 상호주의, 구체적 상호주의를 적용해야 한다는 것이다. 이런 찬반양론을 아우르는 상호주의적 해법을 찾아야 한다. 국민적 합의 도출은 대북정책을 추진하는 데 불필요한 비용을 줄이기 위해서도 중요하다.

아울러 내년 1월 출범하는 바이든 미국 행정부는 한미 간 긴밀한 협력을 통한 북핵 문제 해결을 강조하고 있다. 내년 상반기 미국의 한반도 정책이 구체화하기 전에 우리의 견해를 전달하고, 한미워킹그룹 등을 통해 현 교착상황을 돌파하기 위한 긴밀한 한미 협의도 필요하다. 남북관계 개선과 북핵 해결에 우호적인 외적 환경 조성을 위한 주변국 외교도 중요하다.

■ 참고문헌

고상두. 2015. "통일 25주년 동서독 사회통합에 대한 경제적 평가."『국제문제연구』제15권 4호.
김경미. 2002. "독일통일과 정당체제의 변화: 민주사회주의당(PDS)을 중심으로."『사회과학연구』제10집 (서강대학교 사회과학연구소).
김도태. 1996. "통일가정에서의 정당 역할 연구." 통일연구원 연구총서.
김병연. 2020. "독일통일 30주년."『지식의 지평』, 대우재단
김영윤. "동서독 교류협력 사례와 시사점," https://m.blog.naver.com/PostView.nhn?blogId=kimyyn&logNo=20106324962&proxyReferer=https:%2F%2Fwww.google.com%2F (최종검색일 : 2020. 8. 12).
김영윤·양윤모 편. 2009.『독일, 통일에서 통합으로 동서독 교류협력기』, 통일부.
김태현. 2002. "상호주의와 국제협력: 한반도 핵문제의 경우."『국가전략』제8권 3호.
김학성·윤대식. 2008. "남북연락·대화기능강화방안 : 외국사례의 시사점을 중심으로." 통일부 남북회담본부 용역과제.
김현호. 2000. "서독의 신동방정책이 한국의 햇볕정책에 주는 교훈 -「붕괴를 위한 지원」만이 있었다."『월간조선』(3월호).
데이비드 레이놀즈, 이종인 옮김. 2020.『정상회담: 세계를 바꾼 6번의 만남』. 서울: 책과함께.
박래식. 2008.『분단시대 서독의 통일외교정책』. 서울: 백산서당
손기웅 외. 2008. "동서독 정치범 석방거래 및 정책적 시사점." 정책연구용역보고서(11.30).
손성홍. 2005.『분단과 통일의 독일현대사』. 서울: 소나무.
송태수. 2006. "독일통일에서 정당의 역할."『사회과학연구』제14권 1호.
신동원. 2000. "[평화재단 남북포럼] 상호주의 지키되 유연하게."『동아일보』(5월4일). https://www.donga.com/news/Politics/article/all/20000504/7531980/1 (최종검색일 : 2020. 8. 30).

외교부. "EU 개관." http://www.mofa.go.kr/www/wpge/m_3854/contents.do (최종검색일: 2020년 11월 15일).
이동기. 2009. "동독에 대한 서독 정부의 인권정책 - 서독 연방 법무부의 인권 활동을 중심으로." 법무부 용역 연구.
이상준. 2020. "통일 30년, 독일의 교훈." 『국토』 (9월).
이창주. 1996. "'통일 선배' 독일이 주는 교훈." 『시사저널』 (12월 26). http://www.sisajournal.com/news/articleView.html?idxno=78224 (최종검색일: 2020년 9월 5일).
잉그리드 미테. 2020. "동-서독의 차이와 지배문화 : 독일통일 30년의 재평가를 위한 제언." 『경제와 사회』 통권 제125호 (9월).
주독일한국대사관. 1992. 『숫자로 본 독일 통일』.
통일부. 1998. 『상호주의원칙이란 무엇인가』. 서울: 통일부.
_____. 2000. 『동서독 정상회담 사례집』. 서울: 통일부.
_____. 2016. 『독일통일 총서 19 외교 분야 Ⅱ 관련 정책문서』. 서울: 통일부.
_____. 2019. 『연방수상청 분야 관련 정책문서』, 독일통일 총서 29. 서울: 통일부.
통일연구원. 1993. 『동서독 교류협력 사례집』. 서울: 통일부.
프란쯔 베르텔레. "동서독 기본 조약과 동베를린 상주 대표부 : 독일 분단 경영에 관한 비망록." 『해외 공법 및 국제법(Ausländisches öffentliches Recht und Völkerrecht Band)』 통권 162 (2003), http://www.fes-korea.org/media/German%20Unification/Staendige%20Vertretung-Bertele_kor.pdf (최종검색일 : 2020. 5. 20).
한국수출입은행. 2009. 『독일통일실태보고서(Ⅰ) : 독일 연방하원 앙케이트위원회 보고서』.
한승완. 2019. "2019년 독일 장벽붕괴 30년의 변화와 전망." 국가안보전략연구원, 「전략보고」 통권 55호.
『한계레신문』 1998/12/26.
『한겨레신문』 2014/02/16.
Axelrod, Robert. 1984. Evolution of Cooperation. New York: Basic Books.

Axelrod, Robert and Robert Keohane. 1988. Achieving Cooperation under Anarchy: Strategies and Institution." World Politcs Vol. 38, no. 1.

Nr. 155, S. 1842-1844. 1972. Bulletin des Presse und Informationsamtes der Bundesregierung vom 8. November.

DW. 2019. "German Unity Day: Reunification is 'ongoing process' says Merkel." (10월 3일), https://www.dw.com/en/german-unity-day-reunification-is-ongoing-process-says-merkel/(최종검색일: 2020/09/25).

Haas, Ernst B. 1980. "Why Collaborate? Issue-Linkage and International Regimes." World Politics Vol. 32, no. 3.

Juth, Matthias. 1997. "Deutschland und Außenpolitik," in: Matthias Juth (ed.), DDR-Geschichte in Dokumenten. Beschlüsse, Berichte, interne Materialien und Alltagszeugnisse. Berlin.

Keohane, Robert. 1980. "The Theory of Hegemonic Stability and Changes in International Economic Regimes, 1967-1977." in Ole Holsti, ed., Change in the International System. Boulder, Colorado: Westview Press.

_____. 1986. "Reciprocity in International Relations." International Organization Vol. 40, no. 1.

http://cefia.aks.ac.kr:84/index.php?title=4._%EC%A0%91%EA%B7%BC%EC%9D%84_%ED%86%B5%ED%95%9C_%EB%B3%80%ED%99%94_-_%EC%8B%A0%EB%8F%99%EB%B0%A9%EC%A0%95%EC%B1%85_%EB%B0%8F_%EC%8B%A0%EB%8F%85%EC%9D%BC%EC%A0%95%EC%B1%85 (최종검색일: 2020/09/25).

https://nkinfo.unikorea.go.kr/nkp/term/viewKnwldgDicary.do?pageIndex=12&dicaryId=77&searchCnd=0&searchWrd= (최종검색일: 2020/10/15).

7장
효과적인 해외 파병 임무 수행을 위한 군사통합 방향 연구 : 독일 군사통합 사례를 중심으로

강지연 (한세대학교)

Ⅰ. 서론

전쟁에 대한 통계적 집계가 시작된 1975년 이후 2000년부터 내전과 테러 형태의 전쟁이 국가간 전쟁 발생 건수를 넘어서기 시작하였다. 그리고 2019년 비전통적 전쟁은 전통적 전쟁의 약 2배에 이를 정도로 증가했다(UCDP 2020). 이러한 전쟁 형태의 변화는 군의 역할을 비전통적 폭력으로부터 국민 보호 및 국가 방어 체계를 구축함과 동시에 동맹국 및 국제 기구 등의 요청이 있을시 해외파병을 통해서 군사역량을 강화하거나 평화유지군 활동을 하는 평화 수호자의 역할로 변화시켰다.

대표적 해외 파병의 형태인 유엔평화유지군은 분쟁이 종식된 국가 및 지역에서 내전 종식, 지역 난민들의 안전한 귀국 및 국가 재건 등을 위해 분쟁 관리, 민간인 보호 등의 임무를 수행 한다. 평화유지군은 군사조직 임에도 1988년 노벨 평화상을 수상하면서 인도적 지원을 실행하는 구조를 유지하고 있으며, 2000년부터는 민간인 보호임무를 주요 활동으로 지정하면서 분쟁국 국민들의 생명을 보호하고 안전을 유지하기 위해 노력하고 있다. 그러나 이와 같은 노력에도 불구하고 유엔평화유지군의 비행행위 및 위법행위들은 끊이지 않고 발생하였다.

평화유지군 파병을 요청하는 국가들은 내전 및 분쟁이후 자력으로 국내 안정화가 불가능하여 국외의 도움이 필요한 국가들이다. 그렇기 때문에 임무지역에서 민간인 보호를 수행하는 평화유지군의 역할이 무엇보다 중요하다. 그러나 평화유지군들에 의해 발생하는 민간인 보호 임무 실패의 문제는 지역 주민들의 지속적인 안전뿐만 아니라 평화유지군의 정체성에도 큰 위해를 가하고 있다. 게다가 파병지에서 발생하는 위법행위들의 문제는 해외 파병시 자국군의 이미지에도 많은 영향을 주게 된다. 특히 민간인 보호에 가장 치명적인 오점을 남길 수 있는 성폭력(sexual exploitation and abuse) 및 민간인 보호(protection of civilians)요청 불응 등의 문제는 유엔이 '암적인 문제(a cancer in our system)'로 규정하고 있을 정도로 심각성을 나타낸다(Ban Ki-moon 2015).

평화유지군들의 비인도적 행위 문제는 평화협정을 통해 군사통합이 이뤄진 국가의 군대에 보다 집중되어 발생하고 있다(강지연·최현진 2017; 강지연 2019). 2020년 기준 평화유지군활동에 참여하고 있는 국가는 총 119개국이며, 평화협정에 의해 군사통합 경험이 있는 국가는 총 22개국가다(UN peacekeeping 2020; Pettersson & Magnus 2020). 평화협정 이후 군사통합이 이뤄진 파병국이 전체 평화유지임무 국가의 1/5임에도 불구하고, 성폭력 혐의의 경우 7배에 달하는 수치로 높게 나타나고 있다. 뿐만 아니라 콩고민주공화국과 중앙아프리카공화국 등의 임무가 수행되고 있는 지역에서는 평화유지군이 파병된 이후 민간인 사망자

가 증가하기도 했다(UN Conduct and discipline Unit 2020). <표 1>
에서와 같이 군사통합이 이뤄진 국가가 임무를 수행하고 있는 지역 가운
데 독일의 임무지인 Gao town을 제외한 나머지 지역은 파병이후 오히
려 민간인 사망자 수가 증가하고 있음을 확인 할 수 있다.

<표 1> 군사통합 유무와 민간인 사망자수 증감

임무명	국가명	파병기간	파병지역	파병전 민간인 사망자 수	파병후 민간인 사망자 수	군사통합 유무
MONUSCO	네팔	2009~2017	Beni town	0명	364명	통합
	볼리비아	2002~2010	Kindu town	177명	0명	미통합
MINUSCA	부룬디	2014~2017	Sibut town	3명	57명	통합
	모리타니	2016~2017	Bambari town	81명	28명	미통합
MINUSMA	세네갈	2014~2015	Kidal town	2명	4명	통합
	토고	2014~2017	Gossi town	0명	1명	미통합
	독일	2013~2019	Gao town	7명	0명	통합

출처: UN peacekeeping(2020); Pettersson & Magnus(2020), 필자 재구성.
주: 평화유지군임무지도(Mission Map)을 통해 파병지역이 확인된 국가 중 일 년
   이상 임무가 유지되고 있는 지역에서 민간인 사망자수가 가장 많은 임무만 기술.

군사통합을 통해 평화 협정 이후 새로운 형태의 군을 형성하는 국가
들은 다른 여타의 국가들보다 기존 군이 가지고 있던 이미지를 개선하
기 위한 노력이 필요하다. 그러나 해외 파병시 적대 세력과의 교전 결
과가 아닌 민간인을 상대로 한 범죄로 인해 발생하는 문제는 기존에
가지고 있던 군의 이미지를 탈피하고자 하는 통합된 군의 노력에 오히
려 부정적 영향을 미치게 된다.
이 글은 군사통합을 경험하지 않은 일반 정상국가의 군대가 아닌 분

쟁이나 내전 이후 평화협정에 의해 통합된 군대들 또한 성공적인 해외 파병 임무를 수행할 수 있음을 확인 하고자 한다. 특히 독일 통일 이후 동독군과 서독군의 통합과정에서 통일독일의 군사통합 특징을 살펴보고 독일이 군사통합이후 세계 평화를 선도하는 군으로써 어떠한 역할들을 하고 있는지에 대해 살펴본다. 이는 독일이 평화수호의 상징이라 할 수 있는 평화유지활동 중 성범죄 발생과 민간인 보호 임무 등에서 가시적인 긍정적 결과를 보이고 있으며, 점차적인 해외파병의 확대를 통해 과거 부정적 군의 이미지에서 탈피하고 있는 대표적 국가이기 때문이다. 이와 더불어 향후 한반도 통일 시 발생하게 될 군사통합에서 주의 깊게 살펴야 하는 부분에 대해서도 알아보고자 한다. 이는 성공적인 군사통합 모델의 제시를 통해 한반도 통일 이후 '세계 평화의 군'으로써 우리 군이 나아가야 할 방향에 대한 정책적 대안 또한 제시 가능할 것으로 보인다.

  이 글은 총 5장으로 구성되어 있다. 2장에서는 독일을 비롯한 군사통합에 관한 기존 연구들에 대해 알아보고자 한다. 3장에서는 통일 과정에서 군의 이미지 변화 및 성공적인 통합을 위한 과정에 대해 물리적 통합과 이념적 통합으로 나눠서 살펴보고, 그 과정 중에 나타나는 특징에 대해 살펴보고자 한다. 4장에서는 통일 독일의 평화유지군 활동 상황과 변화를 살펴보고, 군사통합 과정 중에 이뤄진 특징들이 얼마나 잘 반영되고 있으며, 통합된 군의 이미지에 어떠한 영향을 주고 있는지에 대해서도 알아보고자 한다. 마지막 5장은 이 글의 결론으로 독일이 실행했던 군사통합의 형태가 현 시대 군의 역할에서 중요한 교훈을 주는 이유에 대해 논하고, 한반도 통일 이후 세계 평화 수호의 군으로서의 역할을 수행하기 위해 군사통합 과정에서 고려되어야 할 사항에 대해서 살펴보고자 한다.

Ⅱ. 군사통합에 관한 기존 연구

현대 사회에서 이념적, 정치적, 민족적 갈등은 항상 상존하고 있다. 그렇기 때문에 통합이라는 문제는 지속적으로 연구되어야 하는 분야이다. 특히 국가간 분쟁이후 적대적이거나 상반되는 세력과의 통합에서 군사통합은 정치적 통합보다 이념적 통합 측면에서 더욱 어려운 일이라 할 수 있다. 그럼에도 군사통합과 관련된 다양한 연구가 이뤄지지 않고 있다.

군사통합과 관련된 기존 연구는 크게 군사통합의 위험성과 군사통합의 긍정성에 따라 분류된다. 군사통합 관련 기존의 연구들은 군사통합이 표면적 평화에만 기여하기 때문에 평화를 위한 단기적 수단에 불과하다는 입장과 평화협정 과정에서의 차이에 따라 군사통합이 지속적인 평화에 기여할 수 있다는 의견으로 나뉜다.

Kamais(2019)는 군사통합을 긍정적인 측면에서 고려한다면 평화를 달성하기 위한 가장 좋은 접근 수단이기는 하지만 장기적으로 봤을 때 평화 달성에는 불가능한 수단이 될 수 있다고 본다. 평화라는 결과만을 위해 군사통합을 서두르게 될 경우 통합의 기본적인 목적, 통합을 위한 세부 과정의 부족, 적으로 간주되는 무장단체들에게 주어지는 기득권 문제 등이 장기적인 평화를 가져오지 못하게 하는 요인으로 작용한다고 보았다. 충분한 자격을 갖추지 못한 군인들의 급속한 승진, 통합이후 지속적으로 이어지는 상대방에 대한 적대감 등이 평화 협정을 붕괴하게 되는 원인이 된다는 것이다. 그러나 Kamais는 통합 과정에서 내외부의 적절하고 충분한 지원과 더불어 적으로 간주되었던 조직을 통합 이후 통일된 국가에서 하나의 안보 구조로 인정한다면 장기적 평화로 이어질 가능성도 있음을 시사하고 있다.

Warner(2018) 또한 Kamais와 동일하게 군사통합의 위험성에 대해 언급하고 있다. Warner는 전쟁 이후 반정부 무장 단체를 정부군에 통합하는 과정에서 무장단체들을 무시한 채로 국내의 군사 세력을 세울 수 없다는 점에서 군사통합의 위험성을 찾고 있다. 군사통합을 이루는 과정에서 무장 세력의 존폐 문제에 대해 고려해야하는 상황이 발생하고, 이는 결국 무장 세력들의 의견을 정치적 뿐만 아니라 군사적 측면에서까지 수렴해야 하는 상황이 발생한다. 즉, 평화라는 결과만을 위해 선택한 무장 세력의 의견 수렴이 결과적으로 최악의 선택이 될 수 있다는 것이다. 뿐만 아니라 이러한 선택은 Kamais의 의견과 동일하게 단기적으로는 평화를 가져올 수 있지만 장기적으로는 그렇지 못한 방향으로 나아갈 수 있다고 본다. 그렇기 때문에 무장 세력들과의 통합은 군사통합 뿐만 아니라 정치적 및 사회적 차원에서의 통합 또한 촉진하기 위해 노력을 해야 하며, 이러한 넓은 차원의 안보 개혁은 결과적으로 장기적 평화로 이어지는 길이 될 수 있다고 보았다.

Bussmann(2019) 또한 군사통합에 대한 위험성을 경고 하고 있다. 평화협정 과정 중 군사통합 내용에서 군의 감축(정부군의 감축) 부분이 문제를 내포하고 있다는 것이다. 즉, 군의 감축은 평화 과정으로 가기 위한 강력한 신호가 될 수 있지만 이후 발생하게 될지도 모르는 긴장 상황에서 오히려 안정성을 위협할 수 있다고 봤다. 그리고 이러한 위협은 평화 협정이후 내전의 재발로 이어지는 중요한 요소가 된다는 것이다.

지난 1945년부터 2006년까지 126개의 내전 종식 국가 가운데 40%의 국가가 군사통합이 이뤄진 것과 같이 군사통합은 내전 또는 분쟁의 종식이후 가장 빈번하게 나타나는 수단이다(Hartzell 2014). 그리고 내전과 분쟁 등 전쟁 이후의 평화협정 과정에서 발생하는 군사통합의 문제에 대해 기존의 모든 연구들이 부정적인 측면을 나타내고 있는 것은 아니다. 비록 군사통합이 평화유지에 위험 요소로 작용될 수 있다고는 하지만 군사통합의 위험성을 주장하는 학자들 모두 군사통합의 긍정적 가능성을 부정하고 있지는 않다. 서로 반대되는 집단이지만 두 집단이 서로 권력을 공유했다는 것만으로도 정부의 평화구축 공약에 신뢰를 주고, 집단 안보가 가지는 공포를 감소시키는 역할을 할 수 있기 때문이다(Krebs and Roy 2015).

군사통합의 부정적 측면의 연구들에 비해 긍정적 측면을 강조하고 있는 연구들은 군사통합과정의 목표를 군 정체성 형성에 둠으로써 기존의 부정적인 연구들이 우려하는 내전의 재발 가능성을 불식시킬 수 있다고 보았다. 곽은경(2018)은 군사통합 과정에서 동독과 서독 사이의 집단 정체성을 일체화시킴으로서 집단 간 이질성을 해소시킬 수 있다고 보았다. 뿐만 아니라 일반적인 흡수 통합이 아닌 동독군을 새로운 구성원으로 이해하면서 서독군의 정체성을 동독군에게 전이하는 과정을 통해 동독군의 반발을 불식 시킬 수 있었다는 것이다. 곽은경은 성공적인 군사통합을 위해서는 집단정체성 개념을 군에도 적용하여 본인이 속한 군과 국가에 대한 소속감 그리고 연대감을 심어줄 수 있어야 한다고 보았다.

김법헌(2017) 또한 곽은경과 동일하게 군사통합의 성공적 결과를 위해서는 서로 다른 두 집단의 통일성을 강조해야 한다고 보았다. 이를 위해서는 통합과정에서 이념교육이 중요하며, 독일은 군사통합과정에서 발생하는 이념갈등을 해결하는 수단으로 이념교육을 통해 내적 통합을 달성했다고 보았다. 분쟁 또는 내전으로 인해 서로 다른 이념을 가지고 있는 두 군대가 통합을 하는 과정에서 발생하는 이념 갈등을 군사통합 과정에서 해결하기 위해서는 이념교육을 통한 통합 과정이 필수적으로 필요하다. 그리고 이는 병력, 장비 등의 외적통합 만큼이나 매우 중요한 수단이다.

독일 통일을 통해 군사통합의 긍정적인 측면을 논하는 사례를 언급하고 있는 연구들이 나오고는 있지만 소수에 불과하며, 독일 통일 과정에서 군사통합과 관련된 대다수의 논문들은 군사통합의 과정과 결과에 대해서만 설명하고 있다. 물론 통일 독일의 군사통합 과정에 대한 설명만으로 통일을 준비하고 있는 한국에게는 의미 있는 결과라 할 수 있다. 그러나 본 논문은 독일의 군사통합 과정에서 특징적으로 나타나는 정책 및 결정과 통일이후 평화유지군 활동 변화 등을 통해 한반도 통일 이후 국제 사회에서 세계 평화에 이바지하는 군으로서의 역할 및 군의 이미지 제고를 위한 정책적 함의를 제시할 수 있을 것이라고 보았다. 이와 더불어 현재 내전 상태에 있는 국가들의 향후 바람직한 군사통합을 위해서도 중요하게 작용할 수 있을 것이라 생각된다.

Ⅲ. 동독과 서독의 군사통합과 특징

1. 동독과 서독의 군사통합

독일의 통일이 급격하게 진행되었던 것과 같이 독일의 군사적 통합 또한 철저한 계획과 준비가 없던 상황 하에서 진행되었다. 그럼에도 동독군과 서독군의 통합은 무력과 강압 없는 평화로운 통합이라는 기본 원칙이 세워졌으며, 이 원칙 하에서 동독군의 즉각적 해체와 서독군으로의 통합이 순차적으로 진행되었다.[1]

독일의 군사통합 과정은 국제적 협력 요인과 국내적 통합인 물리적

---
[1] 동독과 서독의 군사통합은 결과적으로 통합된 군의 숫자만 보더라도 동독은 전체 통합된 군의 약13%만이 동독군으로 이뤄졌다.

통합과 이념적 통합에 의해 이뤄졌다. 국제적 협력은 동독군과 서독군의 통합이 가능했던 배경적 요인이라 할 수 있는데, 동독과 서독은 2+4(동독/서독 + 미국, 영국, 프랑스, 러시아) 회담을 통해 독일군 감축 결정 및 NATO 귀속 허용 등을 결정 하게 된다.

동독과 서독은 서로 다른 정치적 정체성을 가졌음에도 불구하고 성공적인 군사통합이 이뤄졌다(이승철 2013). 독일의 군사통합은 군 병력과 무기 통합으로 구성되는 물리적 통합과 동과 서가 가지고 있던 서로 다른 이념을 통합하는 이념적 통합으로 구분된다. 본 논문은 국제적 협력 요인보다 국내적 통합 요인을 군사통합 과정 중 주요 요인으로 보고자 한다. 이는 독일의 군사통합과정 중 나타나는 국내적 통합 과정이 국가 스스로의 의지에 따라 적대적 세력에 대한 통제 및 통합이 이뤄지는 부분이며, 각 국가만의 주요 특징을 가지고 있기 때문이다.

1) 물리적 통합

독일의 군사통합 중 국내적 요인은 크게 군 병력과 군사무기의 통합으로 나눠진다. 그리고 이 두 요소는 두 국가의 공평한 군사통합이라기보다는 동독군의 해체 또는 동독군의 기득권 포기 선언이라는 단어가 더 어울릴 정도의 내용이었다. 동독군은 통일과 동시에 모든 활동이 중지 되었으며, 해체된 동독군은 병력의 일부가 서독군으로 흡수되었다. 흡수된 약 2만 명의 동독군은 2년간 서독군에 임시 임용 되었고, 모든 훈련과 군사력은 서독군 중심으로 운용되었다(Schönbohm 1992; 이승철 2013 재인용). 2만 명의 동독군을 약 2년간 서독군에 임시 임용한다는 내용은 군사통합 당시 통일 조약(Einigungsvertrag)에서 동독군을 편입하는데 있어 호의적 판단에 따라야 한다는 내용에 의한 것이었다; 편입된 동독군은 2년간의 임시 임용 이후 심사 절차에 따라 추후 거취가 정해지게 되었다(이승철 2013).

<표 2> 통일 이전 독일의 군사 현황

(단위: 명)

구분	세부내용				
	육군	해군	공군	국경수비대	계
서독	345,000	39,000	111,000	20,000	515,000
동독	120,000	16,000	37,000	47,000	220,000

출처: 송병록(2007), 필자 재구성.

통일된 독일의 군 병력은 2+4의 합의에 따라 37만 명을 유지 하는 것에 합의 하였는데, 통일 이전 서독과 동독의 군 병력이 통합 73만 5천 명임을 가만하면 수적으로 매우 큰 조직 개편이었다. 위 <표 2>에 따르면 통일 이전 동독의 군 병력이 육해군 통합 22만 명이었음에도 총 병력의 3/4이 통일로 인해 전역을 하게 된 것에 반해, 서독은 전체 병력의 약 2/5만이 감축되었다.

특히, 군사 개편을 하는데 있어 동독 군인의 편입과 전역의 범위를 자세하게 설정하고 있는데 전역대상자의 경우 빠른 시간 내에 해체되어야 할 대상과 바로 해체되어야 할 대상으로 나누어 설정하였다. 이에 따라 대령급 이상, 55세 이상의 군인과 정치장교는 강제 전역하였으며, 병역의무 이후 대학입학 특전이 있던 젊은 하사관들은 자진 전역하였다(송병록 2007).

군사통합이후 흡수된 동독 장교들은 서독 장교들과의 균형을 위해 계급 강등 조치가 이뤄졌다. 일반병사들의 사기 증진을 위해서는 서독 군인들과의 동일한 급여 지급 및 전역금과 상여금이 지급되었다. 전역한 군인들에 대해서는 민간 기업 등의 재취업을 위한 직업교육을 강화했으며, 잔류한 군인들에게는 이념적 통합을 위한 정훈교육이 실시되었다(주독대사관 1992); 군사통합으로 인해 동독군의 실직률은 30%에 달했으며, 전역한 군인들(특히 25년 이상 장기 근무한 군인)에 대해서는 민간 기업 취업 지원 및 3,000~7,000마르크에 달하는 퇴직금이 일시 지급되었다(배안석 2007 재인용). 1995년에는 군사통합 이후 동독 출신 장교가 처음으로 대대장으로 진급하였으며, 367명의 동독 출신 장교들이 서독으로 전입 오게 된다(통일부 2013).

군 병력의 통합 및 해체에 이어 동독군의 무기와 장비의 인수 및 폐기 또한 이뤄졌다. 무기 체계의 통합 및 해체는 국내 규정에 더불어 유럽재래식 무기 감축조약까지 고려하여 이뤄졌으며 장기간 사용할 것, 잠재적으로 사용할 것, 폐기할 것으로 범주가 나뉘어 진행되었다(통일부 2013). 동독군이 보유하고 있던 무기는 아래 <표 3>과 같이 인수, 감축 및 처리 대상으로 나뉘어 고려되었는데, 인수된 무기 가운데 사용 가능한 무기는 전체의 7%에 불과했다.

<표 3> 동독군 인수 무기 및 감축 및 처리 대상 무기

구분	인수 대상 세부내용	감축 및 처리 대상 감축	처리*
전투 장비	- 전차 2,300여대 - 전투장갑차, 특수장갑차 9,000대 - 화포 및 대공포 5,000여문	- 전차 2,566대 - 장갑차 4,257대 - 화포 1,632문	- 전차 2,619대 - 장갑차 5,940대 - 기타 장갑차 3,381대 - 화포 2,161대
소화기	- 120만 여정		
항공기	- 전투기 368대 - 훈련기 59대 - 헬기 273대	- 전투기 140대	- 전투기 343대 - 공격형 헬기 47대 - 기타헬기 113대 - 훈련기 50대
함정	- 전투함 82척 - 기타 110척		
차량	- 화물차 약 85,000여대		
탄약	- 약 29,500톤		
액체 연료	- 약 4,500톤 (로켓추진 연료 포함)		

출처: 통일부(2013), 필자 재구성.
주) 통일조약에 따른 처리, 제3국 제공 및 판매, 박물관 제공 및 판매, VEBEG (연방장비 및 물자처리 회사)를 통한 판매, 산업체 파기.

2) 이념적 통합

물리적 통합이 외부 세력과의 합의와 국내 및 국제 조약에 따른 기준아래 이뤄진 보다 객관적이고 합리적인 통합이었다면, 이념적 통합은 물리적 통합에 비해 보다 복잡하고 섬세한 작업으로 이뤄졌다.

소련의 영향력 아래 있었던 동독군들은 정권에 대한 절대적인 믿음, 법을 벗어난 횡포, 비밀주의 등의 군 문화를 가지고 있었기 때문에 이에 대한 재교육은 필수적으로 필요했다(배안석 2007; 이승철 2013). 장교들은 일반병사들에 비해 정권에 대한 충성도와 당에 대한 무비판적 충성도가 높게 나타났다. 특히, 근무 근속 년수가 길수록 공산독재에 대한 충성도가 높게 나타났는데 이는 앞서 물리적 통합에서도 언급되었듯이 대령급 이상 및 정치장교에 대한 즉각적인 전역의 이유가 되었다. 그러나 동독군은 부사관과 병의 비율이 1:1인 구조로 되어 있어서 정치적 이유만으로 부사관급들의 전면적인 전역은 불가능한 상황이었으며, 이에 이들에 대한 이념적 재교육은 하나의 중요한 요소가 되었다(배안석 2007).

군사통합이후의 이념교육은 준비단계를 시작으로 인수단계, 개편단계, 정착단계까지 총 4단계에 따라 시행되었다. 아래 <표 4>에 따르면 이념교육은 통일에 의해 진행되는 군사통합에 대한 상황인지 교육을 시작으로 통합 이후 동독에서 편입된 조건부 기한제 군인들에 대한 지속적인 재교육 단계에 이르기까지 동독 군인들을 새로운 체제에 적응시키기 위해 지속적으로 이뤄졌다. 이처럼 통일시작 단계부터 계속적으로 이어지는 이념 교육은 통합과정에서 발생하는 이념갈등을 극복하기 위한 하나의 내적 통합 방법이라 하겠다.

<표 4> 단계별 군사통합과정에 따른 이념교육 내용

단계	시기	군사통합과정	교육 내용
준비 단계	1990.07 ~1990.08	- 군사적 신뢰 구축 단계 - 군사통합을 위한 서독군 연락단 250여명 동독 파견	- 군사통합에 대한 상황 인지 교육
인수 단계	1990.08 ~1990.10	- 동부사령부에 육군실무요원 850명 편성 - 동독 주요직위자 및 정치군인 전역 - 국경수비대 해체 - 동독인민군 지휘권 인수	- 새로운 연방군 형성에 따른 기존의 공산주의 사상에 대한 인식 전환
개편 단계	1990.10 ~1991.03	- 부대개편 - 교육지원팀 운용 - 동독인민군 편입인원에 대한 조기 동화 교육	- 재교육 프로그램을 통한 연방군으로의 동화 교육
정착 단계	1991.04	- 동독군의 편입과 재교육 - 독일연방군 축소	- 조건부 기한제 군인 등에 대한 지속적 재교육

출처: 김법헌(2017); 배안석(2007), 필자 재구성.

2. 통일 독일의 군사통합 특징

1) 권력 공유로써의 군사통합

일반적으로 내전이나 분쟁이후 국가 내 평화의 정착을 위해 서로 다른 세력 사이의 권력 공유(power sharing)가 이뤄지게 된다. 이 과정에서 권력 공유는 위험사회의 경쟁 파벌을 권력 안에 포함시키면서 무력충돌을 저지함과 동시에 갈등으로 인해 발생하게 될 위험을 최소화하기 위한 하나의 제도로 사용된다(Hartzell and Hoddies 2003; Mattes and Savun 2009; Wucherpfenning 2013).

Lijphart에 의해 주장된 초기의 권력 공유는 민주주의 제도를 수립하기 위한 하나의 과정이었으며, 분쟁중인 사회에 평화를 가져오는 도구로 사용되었다(Lijphart 2002). 그렇기 때문에 권력 공유의 개념은 대립되는 집단을 포용하는 민주주의 개념과 연결되고, 서로 다른 이해 집단을 전후 또는 분열된 사회에서 하나의 체제 안에 편입시켜 공정하고 안정적으로 관리할 수 있게 한다(Carvalho 2016; Lijphart 2008).

군사통합은 서로 다른 이념을 가진 집단들이 하나의 정치적 대표성 형성을 통해 평화로운 통합을 이루기 위한 권력 공유(power sharing) 과정 중의 하나이며, 권력 공유는 서로 다른 민족 집단의 분쟁 중 대연정 수립을 위한 포괄적 공유이다. 특히 민주적 모델은 다른 민족 집단뿐만 아니라 서로 다른 이해 집단이 평화적으로 정치에 참여가 가능하고, 안정적으로 갈등 체계를 관리한다는 점에서 서로 다른 이해집단의 권력 공유에 적용 가능하다고 보인다(Lijphart 2008).

권력 공유 과정에서 군사통합은 정치 및 경제적 공유보다 상호 비용이 많이 드는 부분이다. 대표적으로 군 병력 확대를 들 수 있다. 일반적으로 분쟁 이후에는 군 병력이 축소되거나 최소화로 정비되는 경우가 일반적이나 평화협정을 통한 분쟁 종식 이후에는 일반적 경우와는 달리 군 병력 확대가 발생한다. 이는 비용적 측면을 확대해서라도 반군 또는 적대적 세력이었던 군 병력을 새로운 군 조직에 편입 시킨다는 합의가 이뤄지기 때문이다. 즉, 적대 세력의 새로운 군 조직 편입은 통합이후 발생할지 모르는 쿠데타 가능성 예방을 위해 좋은 방법이다(Jarstad and Nilsson 2008; Bell eds 2018).

군사통합은 내전 및 분쟁이 종식된 이후 평화라는 수단을 위해 가장 유용하게 쓰임과 동시에 비용적 측면에서 가장 많은 비용이 드는 문제이기도 하다. 뿐만 아니라 군 병력을 통합하는 과정에서 적대 세력의 지위를 유지해주거나 과거 범죄에 대한 면책 특권이 이뤄지고 있다는 측면에서 평화유지에 대한 위험 측면이 존재하는 방법이기도 하다(Bell eds. 2018).

분열된 사회를 통합하는 과정에서 군사통합은 권력 공유를 실행하는 부분에서 가장 중요하다고 할 수 있으며, 특히 군사통합은 분쟁 종식 또는 분쟁 이후 무력 충돌 없이 평화적인 국가 안보를 보장하는데 효과적인 수단이라 할 수 있다. 군사통합은 어느 한쪽의 일방적인 무장해제를 위한 무력적 충돌 없이도 국가 안전을 보장 할 수 있는 수단이기 때문이다(Bell eds. 2018). 그리고 이 과정에서는 흡수되는 쪽에 대한 적절한 보상과 지원이 필요하다.

사회 통합을 위한 평화 협정(peace agreement)는 과정 보다 결과에 초점을 맞춰 진행하게 된다. 그 결과 흡수되는 단체들에게 통합 이후 그들의 지위를 통합 이전과 동일하게 유지시켜 주거나, 과거 범죄에 대한 면책 특권을 보상의 수단으로 제공하게 되는 문제점들이 발생한다(Bell eds. 2018). 그리고 이러한 보상은 평화 협정이후 통합된 집단들이 더 이상의 분열을 이루지 않는다는 약속의 대가임과 동시에 흡수되는 측의 지지자들 특히 군사 지지자들을 관리 하는 측면에서 지급된다. 즉 전쟁 중 민간인 학살 등에 가담한 주요 고위 전범들에 대한 처벌을 이행하지 않거나 새로운 통합 정부로 편입시키는 협상이 이뤄지고, 전역 군인들에 대해 새로운 지위를 제공하거나, 전쟁 중 범죄 행위에 대한 면책 등의 추가 조치들이 이뤄지게 된다(Gates eds. 2016). 결과적으로 분쟁이나 내전 이후 평화를 위해 이행되는 권력 공유 가운데 군사통합을 위해 지불되는 비용과 위험정도가 정치 및 경제적 통합 보다 더 높게 나타나는 것이다(Jarstad and Nilsson 2008).

2) 독일 군사통합의 특징

독일이 통일 과정에서 국가의 정치·경제·군사 등을 통합하는 과정은 여타 다른 평화협정 체결 국가들과 동일하게 평화라는 결과가 전제되었다. 왜냐하면 서로 다른 두 집단이 통합하는 경우 소수의 반대 입장을 가진 적대 세력들에 의해 물리적 전쟁이 발생할 가능성이 높기 때문이다. 그리고 독일은 군 복무기간이 길고 고위급일수록 정권에 대한 충성심이 높으며 간부와 사병의 비율이 1:1 이라는 점에서 물리적 충돌을 전혀 배제할 수 없는 상황이었다. 그러나 군사통합에 있어 독일은 서로 다른 이념적·정치적 정체성을 가진 동독군을 통합하는데 있어 단순한 흡수 대상이 아닌 새로운 구성원으로서 동독군의 정체성이 변화할 수 있도록 교육하는 방식을 택했다(통일부 2013). 즉, 여타 군사통합을 이룬 국가들과는 달리 시간을 두고 이념적 교육을 통해 정체성의 변화가 발생하도록 한 것이다.

통일 독일의 군사통합 과정에서 동독 및 서독 군인들에게 실시된 교육은 아래 <표 5>와 같이 크게 군사교육과 정치교육으로 나뉜다. 군사교육과 정치교육 모두 변화되는 체제 아래에서의 정신교육이지만 군사교육은 군인으로서의 실제적 사용 기술에 대한 교육, 정치교육은 통일 이후 변화된 체제하에서의 적응을 위한 교육이다.

<표 5> 동독 및 서독 군을 대상으로 한 통합 과정에서의 교육

군사교육	정치교육
- 동독군 초급 장교의 서독 내부중앙지도부(Zentrum Innere Führung) 입교를 통한 정신교육(1990년 7월) - 동독군 장교에 대한 부대단위 정기 과정 설정 및 교육 실시(1990년 10월)*	- 동독군을 대상으로 한 민주주의 가치, 시장경제체제, 다원주의 등 교육 - 시민군(Bürger in Uniform)으로서의 정체성 확립

출처: 곽은경(2018), 필자 재구성.
주) 동독군 관리에 필요한 동독군 장교 350명(탄약관리 또는 시설관리 장교), 1,200명의 중대장, 선임하사관 등이 대상(유명기 1996).

군사통합 과정에서 이뤄지는 교육은 민주적이고 시민적인 정체성이 바탕이 되어 이뤄진 것으로 동독 장병들의 저항 없이 서독군으로 흡수되어 연방군으로 자리 잡는데 중요한 역할을 하였다(곽은경 2018). 즉, 독일은 동독과 서독 군인들에게 가치관 정립을 위한 시민교육을 바탕으로 통합의 가장 큰 걸림돌이라 할 수 있던 이념갈등을 완화 시킨 것이다(배안석 2007).

교육적 측면과 더불어서 실제 배치에 있어서도 동독과 서독 군인들이 자연스럽게 일체화가 이뤄지도록 유도하였다. 1990년에는 동독과 서독 의무병들을 서로 교환하여 훈련하기도 하였으며, 교육 후에는 동부군 사령부에 재배치하였다(이명환 2010). 교차배치정책 즉, 상호 징집을 통해서는 통합된 군 내에서 생겨날 수 있는 출신 및 정치적 성향에 대한 격차를 줄였다. 이는 기존 타 국가들이 군사통합 과정에서 지역관리의 편리성을 이유로 교차배치정책을 실시하지 않는 경우와 대조적이라 할 수 있다. 이에 더하여 가장 중요하고 독일만의 차별성 있는 군사통합의 특성은 독일 통일 과정에서 군사통합시 전문적 지식 부족, 자질, 인원감축 등의 일반적인 문제를 제외하고도 동독시절 인도주의나 법치주의에 어긋난 행위, 인권탄압 가담, 국가보위부 활동 등에 참여했던 사람 모두에 대해 해고가 이뤄졌다는 것이다(박용한 2017). 이는 독일이 군사통합을 실행하는데 있어 여타 군사통합 국가들과 가장 특징적으로 다른 중요한 사항이라 할 수 있겠다.

서독의 정체성이 스스로의 개발에 대한 목표 의식을 중점으로 삼았다면 동독의 정체성은 사회주의의 전형으로 위계명령에 대한 절대적 복종을 미덕으로 삼고 있었다(형성우·이승철·이영근 2015). 뿐만 아니라 독일은 통일 이후 과거 전범국이라는 부정적 이미지에서 벗어나야만 했다. 결과적으로 동독이 서독에 흡수통일 된 형태를 띠었던 통일 독일에서 군의 정체성은 과거사를 제외하고 생각할 수 없었던 것이다. 통일된 독일의 연합군은 부정적 과거에서 벗어나 세계 평화에 이바지하는 이미지의 군 조직 형성이 필요했으며, 이를 위해서는 과거에 대한 반성과 인권 탄압에 관련된 군인들의 배제가 무엇보다 중요했던 것이다(형성우·이승철·이영근 2015).

Ⅳ. 독일의 통일이후 해외파병 활동

독일은 군사적 평화활동의 대표적 형태라 할 수 있는 유엔평화유지군 활동에 있어서는 후발주자라고 할 수 있다.2) 뿐만 아니라 통일 이후 자발적 변화를 통한 외부 활동보다 미국과 유엔 등의 외부 세력에 의해 변화를 시작했다. 특히, 독일의 평화유지군 활동은 최소한의 범위 내에서 이뤄졌으며, 현재도 여전히 최소한의 범위로 움직이고 있는 것이 사실이다; 2020년 8월 기준 총 8만 1,651명의 평화유지군 중 독일은 총 8개 임무에 504명의 인원만을 파병하고 있다(UN Peacekeeping 2020). 그러나 독일은 통일 이후 과거 나치 독일, 전범으로서의 독일이 가지고 있던 고정 관념에서 벗어나 세계 평화에 기여하는 적극적 형태의 군의 형태로 변화하고 있다.

독일의 군사력 사용은 학술적 및 국민의 인식 모두에서 평화주의에 입각해 거부 되어 왔으며, 이와 같은 인식은 해외파병 활동에서도 비전투적 분야에서만 군사 활동이 용인되는 결과를 가져왔다. 결국 이와 같은 인식에 따른 행동은 독일의 해외파병이 일종의 정치적인 '상징적 기여(token contributions)'로만 여겨지게 하였으며, 심지어 해외파병군

---

2) 물론 독일의 해외 파병 등은 냉전 기간에도 이뤄졌으나 본격적인 지상군 투입, 대규모 병력 등의 문제 등을 포함해서 볼 때 여타 다른 국가들에 비해 후발주자라고 할 수 있다.

을 '제복을 입은 원조 수행 노동자(aid worker in uniform)'로 인식하게 만들었다(Jakobsen 2013). 이는 독일연방군(The Bundeswehr)이 추구하는 확장적 개념에 따라 세계 평화와 국제 안보에 기여 하고 제공하는 역할을 수행하는 것을 목표로 하고 있지만 소극적인 군사적 활동을 추구하고 있기 때문으로 보인다. 즉, 적극적 개입보다는 냉전기간 동안의 민간인 의료 지원 및 병참기구 지원 등의 순수 인도주의 임무와 더불어 2000년 초반까지도 평화유지군 파병 인원이 40명을 넘지 않는 수준으로 이뤄졌기 때문이다(Bundesministerium der Verteidigung 2000; Kroops 2016). 물론 통일 독일이 이와 같은 소극적 해외파병만 이어온 것은 아니다.

1994년 소말리아 평화유지단(UNOSOM, United Nations Operation in Somalia) 파병을 통해 해외 파병 기회 확대와 지상군 배치라는 중요한 기회를 얻게 되었다(UN Peacekeeping 2020). 국회의 찬성, 단독 작전이 아닌 집단 안보 내에서의 임무 수행이라는 단서가 붙기는 하지만 약 1,700명의 대규모 파병을 이뤄낸 것이다. 그러나 이 또한 위험 지역보다 안전 지역 내 배치를 통해 학교재건, 우물시추, 댐건설 등의 인도적 지원 중심의 작전으로 시행되었다. 하지만 독일연방군은 본 파병을 통해 해외 작전 경험, 지역주민과의 교류 및 독일군 내의 공동체 정신 증진이라는 효과를 가져왔다(Heintschel von Heinegg and Haltern 1994; Naumann 2006; Kroops 2016 재인용).

대다수의 해외 파병을 수행하는 국가들과 마찬가지로 독일 또한 해외 파병시 군의 역할과 동맹국과의 관계성뿐만 아니라 국내 여론 및 국회의 동의를 얻어야 한다는 점에서 해외 파병시 안전지역 선호, 인도주의적 중심의 파병은 중요 고려 사항이 되었다. 그리고 이와 같은 고려 사항으로 인해 '상징적 기여'라는 외부 여론의 비판을 받았음에도 불구하고, 독일은 과거 가지고 있었던 역사적 경험에 대한 편견에서 벗어나 세계 평화와 국제 안보에 기여하기 위해 독일 연방군의 확장된 정의에 따라 지속적인 노력을 이어 나갔다.

독일은 해외 파병에 있어 파병의 범위, 참여 형태, 참여 불가 사항 등 여섯 가지의 참여 원칙을 세우고 있다.[3] 그리고 이 모든 원칙은 인도주의적 지원을 기본 바탕으로 하고 있으며, 통일 과정에서 발생했던 군사통합 과정의 주요 내용과도 동일하다고 볼 수 있다. 민주시민으로서의 연방군 창설, 인권 탄압에 가담한 병사에 대한 즉각적 전역 등이 해외파병의 주요 원칙인 인도주의적 지원의 연장이라고 할 수 있다.

독일이 국제 사회에서 평화유지를 위한 군사력을 사용하는데 있어 과거 전범국이라는 기억은 일반 대중들에게 아직까지 자국의 군사력을 해외에서 사용하는데 중요한 억제 요인으로 작용하고 있다. 그러나 독일 사회에서는 통일 이후 국제 사회의 문제에 대해 더 많은 책임을 가지고 행동한다는 담론이 지속적인 국제 평화유지 활동을 유지시켜주는 원동력이 되었으며, 국제 안보 문제에 책임을 지고 행동할 수 있는 장치로 작용하게 됐다(Koops 2016). 그리고 이와 같은 결과는 말리 주둔 평화유지군(MINUSMA, United Nations Multidimensional Integrated Stabilization Mission in Mali) 임무 참여를 통해 실현되었다고 볼 수 있다. MINUSMA 참여는 평화유지군 임무를 통해 독일이 가지고 있던 기존의 이미지를 탈피 하는 계기가 되었다고 할 수 있다.

독일이 MINUSMA 임무에서 활동하고 있는 Gao town 지역은 이슬람 극단주의 단체가 끊임없이 충돌을 일으키고 있는 위험 지역이다. 그

---

[3] 여섯 가지 참여 원칙은 다음과 같다. 첫째, 국제법상 허용되는 범위에서 파병이 이뤄져야 하며, 둘째, 단독 참여가 아닌 다른 국가와의 공동 참여 또는 국제기구의 틀 내에서 참여하여야 한다. 셋째, 명확한 임무를 가지고 성공 전망이 있을 경우에 파병을 하고, 파병기간은 파병 이전에 결정해야 한다. 넷째, 전쟁의 위험이 클수록 (독일군의 필요성 증가로 인해)참여가 더 독려되며, 다섯째, 모든 파병은 의회의 승인을 얻어야 한다. 마지막으로 독일의 참여로 외교적 측면 등에서 분쟁이 악화될 가능성이 있을 경우 참여하지 않는다(Kinkel 1994).

리고 기존의 적은 수의 파병만을 고집하고 있던 독일 의회에서 최대 650명까지의 병력 파병을 승인하면서 2020년 8월 현재 369명의 군 병력이 파병활동을 이어가고 있는 지역이기도 하다. '새로운 힘, 새로운 책임'이라는 담론 아래 독일은 말리에서 2016년부터 정찰, 정보수집, 의료지원 등 다양한 활동을 이어가고 있으며(Kroops 2016; UN Peacekeepeing 2020), 파병이후 독일군이 임무를 수행하고 있는 Gao twon 지역 내 민간인 사망자 감소라는 긍정적 결과 또한 가져왔다.

V. 결론

  전 세계의 국가간 전쟁은 제 2차 세계대전 이후 감소한 반면 내전과 테러 등의 비국가간 전쟁은 오히려 증가하는 상황이 발생했다. 그리고 내전과 분쟁이후 국가 안정을 위해 평화유지군의 파병을 요청하는 국가는 매년 새롭게 생겨나고 있다. 그러나 현재 평화유지군의 참여 현황을 보면 강대국들은 평화유지군 파병을 기피하고 있는 상황이며, 실질적이고 적극적인 참여는 사하라이남 국가 또는 아시아 국가들에 의해 이뤄지고 있다(Hille 2020). 그리고 강대국들의 평화유지군 활동의 기피, 평화유지군들에 의해 발생하는 성폭력 문제와 민간인 보호 요청 거부들은 평화유지군의 존폐 논의 및 파병국들의 이미지 하락으로 까지 이어지게 된다.

  평화유지 임무 지역 내에서 발생하는 민간인 대상 성폭력, 민간인 사망자 수 증가 등 민간인 보호 임무 실패 현황은 특이점을 가지고 있다. 분쟁 및 내전 이후 평화협정 등에 의해 군사통합으로 군이 재편된 국가에서 파견된 평화유지군에서 민간인 보호 임무 실패가 두드러지게 발생한다는 것이다.

　군의 역할은 과거와 같이 세계 체제 내에서 파워 게임의 행위자 중 하나로 행동하는 것이 아니라 세계 평화 수호를 위한 행위자로 변화되고 있다. 그리고 현재 평화수호자의 대표적 형태라 할 수 있는 평화유지군을 필요로 하는 국가들은 아프리카 지역을 비롯하여 인도-파키스탄 분쟁에 이르기까지 세계 곳곳에 만연한 것이 사실이다. 그러나 유감스럽게도 평화유지임무는 늘어난 반면 이에 필요한 평화유지군은 2015년 이후 약 2만 명 정도가 감소했다(Hille 2020). 그리고 현재 약 9만명에 달하는 평화유지군의 대다수는 강대국이 아닌 사하라 이남의 국가들 또는 아시아 국가들이다. 그리고 이들 국가들 대다수가 내전 및 분쟁을 경험했으며, 분쟁과 내전이 종식되는 과정에서 군사통합이 발생했다는 특징을 가진다.

　군사통합은 일반적으로 분쟁이나 내전이후 서로 다른 세력이 평화 협정을 위한 권력 공유의 한 분야로 나타난다. 군사통합은 분쟁이나 내전 종식 이후 무력적 충돌 없이 국가의 평화를 가져올 수 있는 가장 효과적인 수단임과 동시에 정치·경제적 통합에 비해 비용적 측면이 높게 나타난다는 특징을 가지고 있다. 이는 권력 공유의 과정보다는 '평화'라는 결과에 모든 초점을 맞추고 있기 때문에 주요 세력에 반대되는 세력이 흡수통합되는 것에 대한 지원이 필요하기 때문이다. 그 결과 통합 이후 통합 이전의 지위를 인정해주거나 과거 범죄에 대한 면책 특권이 주어진다.

　현대 사회에서 갈등이라는 문제는 늘 상존하고 있는 사안이며, 이로 인해 시행되어야 하는 군사통합이나 이념 통합은 쉽게 해결되는 사안이 아니다(배안석 2007). 그렇기 때문에 '평화'라는 결과를 얻어내기 위해 군사통합 과정에서 발생하는 지위인정의 문제 및 과거 범죄에 대한 면책 특권 등의 사안을 비난할 수만은 없다. 그럼에도 군사통합 과정에서 이러한 문제들에 조금 더 신중을 기해야 하는 이유는 평화유지군을 파병하고 있는 국가 가운데 군사통합이 이뤄진 많은 수의 국가가 파병지에서 문제를 발생시키고 있기 때문이다. 그러나 이 글은 독일의 통일 과정에서 시행되었던 군사통합의 형태를 통해서 군사통합이 이뤄진 국가의 군대 또한 현시대에서 평화를 주도하는 역할을 할 수 있다는 가능성을 찾을 수 있었다.

독일은 군사통합 과정에서 세 가지 측면의 중요한 요소를 보여주었다. 첫째, 군사 교육과 정치교육을 통해 서독군으로 흡수되는 동독군들이 저항 없이 민주 시민적 정체성을 찾아갈 수 있도록 하면서 이념갈등을 완화 시켰다. 둘째, 교차배치정책을 통해 군사통합 과정에서 발생할 수 있는 출신 및 정치적 성향의 격차를 줄였다. 셋째, 동독시절 인도주의나 법치주의에 어긋난 행위를 했거나 인권 탄압에 가담을 한 사람, 또는 국가보위부 활동에 참여한 사람에 대해 예외 없이 모두 해고 조치가 이뤄졌다.

이 글은 독일의 군사통합 사례를 통해 과거사 및 과거 범죄에 대한 정확한 처리, 통합 이후의 이념교육, 상호간의 원활한 융합을 도모할 수 있는 교차배치정책 등이 통합된 군의 정체성 및 향후 세계 평화를 위해 활동하는 군인으로 성장하기 위해 중요한 요인이라고 생각 한다. 그리고 이러한 정책들을 중심으로 군사통합을 시행한 국가일수록 평화유지군활동 및 연합군 파병 등의 국외활동에서 문제적 소지 없이 성공적인 임무 수행을 할 수 있게 될 것이라고 보인다.

독일의 군사통합 사례는 평화와 신뢰를 전제로 하는 사례임과 동시에 군사통합을 이룬 국가의 군대가 국외 활동에서 성공적 임무 수행을 할 수 있는 가능성을 보여주는 대표적 사례다. 뿐만 아니라 차후 한반도 통일 이후 군사통합을 위해서도 선행되는 중요한 사례라 할 수 있다. 한반도 통일시 한국과 북한은 서로를 '외부 세력'이라고 인식하고 있던 상황에서 상대방의 가치관과 인식을 주입함과 동시에 세계적으로 변화되는 군의 형태에 맞춰 국제 평화 질서를 지향하는 군의 모습을 새로운 지향점으로 삼아야 한다. 물론 향후 한반도의 통일 및 통일 방향의 가능성은 그 누구도 예측할 수 없는 사항이다. 그러나 통일 이후 군의 역할과 방향성은 세계화가 고착화된 상황 하에서 고립정책을 추구하는 국가가 설립되지 않는 이상 국제 평화 질서의 행위자로서의 역할 수행을 피해갈 수 없는 것이 사실이다. 이에 향후 한반도의 통일로 인해 군사통합이 필요할 경우 독일이 채택했던 교차배치 정책, 지속적인 정신 및 이념 교육, 인권탄압 등에 가담했던 인력의 우선적 배제 사항 등은 중요하게 검토 되어야 할 부분이다. 그리고 이를 바탕으로 한 군사통합은 변화되는 군의 역할 속에서 세계 평화를 수호하는 군의 모습으로 변화를 이룰 수 있을 것이라 보인다.

■ 참고문헌

강지연. 2019. "평화유지군은 왜 민간인 보호 임무에 실패하는가?" 경희대학교 박사학위논문.
강지연·최현진 2017. "평화유지군 성범죄의 결정요인분석." 『사회과학연구』 43권 3호, 299-322.
곽은경. 2018. "군정체성 형성을 통한 군사통합 방안 연구." 『국방연구』 61권 제2호, 107-134
김법헌. 2017. "분단국 군사통합 과정에서의 이념갈등 극복: 독일 사례 분석과 한반도 적용방향." 『한국군사학논집』 73권 1호, 95-120
박용한. 2017. "남북한 군사통합과 정훈교육의 함의: 독일과 이라크 사례를 중심으로." 『정신전력연구』 50권, 173-214
배안석. 2007. "군사통합 이전의 동독군." 『독일학연구』 23권, 79-99.
송병록. 2007. "통독시 독일의 군사적 통합이 통일한국에 주는 함의." 『정치정보연구』 10권 1호, 69-88.
유명기. 1996. "독일 군사통합의 분석과 한반도 군사통합 방안." 『국방대학교연구논문』
이명환. 2010. "독일의 통일과 군대통합." 『한국독일 사학회 학술발표대회 논문집』, 139-151
이승철. 2013. "통일 독일의 군 통합 전략 연구." 『군사연구』 136권, 65-92.
주독대사관. 1992. 『통독후 독일의 군사현황』.
통일부. 2013. 『독일통일 총서 1: 군사분야 통합 관련 정책문서』. 서울: 통일부.
형성우·이승철·이영근. 2015. "바람직한 군사통합방안 사례분석 및 교훈연구." 『군사』 97권, 309-347.

Ban Ki-moon. 2015. "Secretary-general's remarks to security council consultations on the situation in the central african republic." Statement. https://www.un.org/sg/en/content/sg/statement/2015-08-13/secretary-generals-remarks-security-council-consultations-situation
Bell, Christine., Sam Gluckstein and Robert Forster, and Jan Pospisil. 2018. "Military Power-Sharing and Inclusion in Peace Processes." *PA-X REPORT: POWER SHARING Series*, 1-63.
Bundesministerium der Verteidigung. 2000. "Armee der Einheit 1990-2000," 1-48.
Bussmann, Margit. 2019. "Military Integration, Demobilization,

and the Recurrence of Civil War." *Journal of Intervention and Statebuilding* Vol.13, no.1, 95-111.

Carvalho, Alexandre de Sousa. 2016. "Power-sharing: concepts, debates and gaps." *JANUS.NET e-journal of International Relations* Vol.7, no.1, 19-32.

Gates, Scott., Benjanin A.T. Graham, Yonatan Lupu, Håvard Strand, Kaare W.Strøm. 2016. "Power Sharing, Protection, and Peace." *The Journal of Politics* Vol.78, no.2, 512-526.

Hartzell, Caroline A. 2014. "Mixed Motives? Explaining the Decision to Integrate Militaries at Civil War's End," in Roy Licklider,ed., *New Armies from Old: Merging Competing Military Forces after Civil Wars* (Washington, D.C.: Georgetown University Press, 2014), 13.

Hartzell, Caroline A., and Matthew Hoddie. 2003. "Institutionalizing Peace: Power Sharing and Post-Civil War Conflict Management." *American Journal of Political Science* Vol.47. no.2, 318-32.

Heintschel von Heinegg, W., and U.R. Haltern. 1994. "The Decision of the German Federal Constitutional Court of 12 July 1994 in Re Deployment of the German Armed Forces 'Out of Area'." *Netherlands International Law Review* Vol.41, no.3, 285-311.

Hille, Peter. 2020. "UN peacekeepers: Numbers are going down." DW. (28.May).

Jakobsen, Peter Viggo. 2013. "Germany Won't Fight for International Security, Carnegie Europe." Carnegie Europe. (September 12).

Jarstad, A.K., and Nilsson, D., 2008. "From Words to Deeds: The Implementation of Power-Sharing Pacts in Peace." *Conflict Management and Peace Science* Vol.25, no.3, 206-223.

Kamais, Cosmas Ekwom. 2019. "Military Integration of Armed Groups as a Conflict Resolution Approach in Africa: Good Strategy or Bad Compromise?" *Open Access Library Journal* Vo.l6, 1-16.

Kinkel, Klaus. 1994. "Peacekeeping Missions: Germany Can Now Play Its Part." *NATO Review* 42, no.5, 3-7.

Krebs, Ronald R. and Roy Licklider. 2015. "United They Fall: Why the Iternational Community Should Not Promote Military Integration after Civil War." *International Security* Vol.40, no.3(Winter/16), 93-138.

Kroops, Joachim A. 2016. "Germany and United Nations peacekeeping: the cautiously evolving contributor." *International Peacekeeping* Vol.2, no.5, 652-680.

Lijphart, Arend. 2002. "The Wave of Power Sharing Democracy." Andrew Reynolds. *The Architecture of Democracy: Institutional Design, Conflict Management, and Democracy in the Late Twentieth Century.* Oxford: Oxford University Press, 37-54.

Lijphart, Arend. 2008. *Thinking about democracy: power sharing and majority rule in theory and practice.* New York: Routledge.

Mattes, Michaela, and Burcu Savun. 2009. "Fostering Peace after Civil War: Commitment Problems and Agreement Design." *International Studies Quarterly* Vol.53, no.3, 737-59.

Naumann, Klaus. 2006. "Der Wandel des Einsatzes: Von Katastrophenhilfe und NATO Manover zur Anwendung von Waffengewalt und Friedenserzwingung." *Militaire Specto* 175, no.3, 130-140.

Pettersson, Therese & Magnus Öberg. 2020 "Organized violence, 1989-2019." *Journal of Peace Research* Vol.57, no.4, 597-613.

Prendergast, John and David Smock. 1999. "Post genocidal Reconciliation: Building Peace in Rwanda and Burundi." *United States Institute of Peace, Special Report*, 1-15.

Schönbohm, Jörg. 1992. *Zwei Armeen und ein Vaterland. Das Ende der Nationalen Volksarmee* (Berlin, 1992), 31-32.

Warner, Lesley Anne. 2018. "The Role of Military Integration in War-to-Peace Transitions: The Case of South Sudan (2006-2013)." *King's College London*, 1-248.

Wucherpfenning, Julian. 2013. "The Strategic Logic of Power-Sharing after Civil War." *Paper presented at the Powersharing workshop in Lucerne*, Switzerland, May 1-3.

Uppsala Conflict Data Program. http://ucdp.uu.se/(검색일: 2020/09/08).
UN Conduct and Discipline Unit. https://cdu.unlb.org/(검색일: 2020/09/11).
UN Peacekeeping. http://www.un.org/en/peacekeeping/(검색일: 2020/09/12).

8장
독일통일 과정의 함의와 한국의 통일 준비

박휘락 (국민대학교)

Ⅰ. 서론

　북한과의 평화적 통일은 대한민국의 국가목표 중 하나이다. 대한민국 헌법 제4조에서는 "대한민국은 통일을 지향하며, 자유민주적 기본질서에 입각한 평화적 통일 정책을 수립하고 이를 추진한다."라고 규정되어 있다. 그래서 한국은 행정부마다 나름대로의 통일정책과 방안을 만들었고, 다양한 방법으로 평화통일을 꾸준히 추진해왔다. 그러나 수 십년의 노력에도 불구하고 지금까지 이룩한 통일에 관한 성과는 크지 않다. 설상가상으로 북한은 핵무기를 개발하여 남한의 안전을 위협하고 있다. 한국은 핵무기를 보유한 북한에 의하여 통일될 가능성까지 우려해야 하는 상황이다.
　핵무기를 보유한 북한이 한국이 주도하는 자유민주주의에 의한 통일을 수용하지 않을 것이라면 현 상황에서 기대할 수 있는 통일의 계기는 북한의 갑작스러운 체제변화 이외에는 없을 수 있다. 북핵을 차단하기 위하여 국제사회에서 부과한 경제제재가 서서히 효력을 발휘하고 있고, 코로나-19로 국경이 폐쇄되어 중국의 물자가 제대로 유입되지 못함으로써 북한이 자랑해온 자력갱생의 경제가 한계도 드러나고 있다. 1994년 김일성 사망 이후부터 한국은 북한 지도자의 갑작스러운 사망에 따른 '급변사태'를 생각하였지만, 이제는 경제난 등으로 인한 점진적인 체제의 붕괴의 가능성이 더욱 커지고 있다.

지금까지 한국에서는 급변사태가 주는 급박성이나 무정부성(anarchy)에 기초하여 헌법 제3조(대한민국 국토는 한반도와 그 부속 도서)에 근거하여 군대와 경찰을 북한으로 보내어 한국의 행정력을 북한지역으로 확대하면 통일이 되는 것으로 인식하였다. 그러나 남북한은 유엔에 동시 가입하여 국제사회에서 별도의 국가로 인정되고 있다는 점에서 북한이 불안정해졌다고 해도 한국이 군대와 경찰력을 북한에 일방적으로 보내는 것은 허용되지 않는다. 또한 어떤 연유에 의해서든 북한에 불안정 사태가 발생한다해도 무정부 상태로 악화되는 것이 아니라 새로운 정부가 들어서서 자체적으로 수습할 가능성이 더욱 크다. 이러할 경우 통일은 북한의 새 정부와 협의하지 않을 수 없고, 이러한 점에서 독일통일의 교훈이 유용할 수 있다.

지금까지 독일통일에 대해서는 너무나 많은 연구가 있었고, 최근까지도 연구가 추진되고 있다. 그러나 대부분 통일의 과정에서 동서독이 시행한 각 분야별 구체적인 통합의 방법론을 도출하여 참고하고자 하는 노력이었고, 이것은 최근까지 지속되고 있다(이준섭 2020; 오삼언 2020; 이혜경 2019). 그러나 이러한 연구는 분석의 내용과 깊이가 추가될수록 서독과 대한민국의 상이점이 부각될 수밖에 없고, 결과적으로 독일통일의 교훈을 남북한 상황에 적용하는 것은 어렵다는 결론에 이르게 된다. 동서독과 남북한은 국가 및 사회 체제와 문화가 상이한 것이 사실이기 때문이다. 그리고 이로 인하여 동서독 통일의 교훈을 한국에 적용하기 어렵다는 회의론이 증대되고 있다. 통합에 관한 지나친 세부적 교훈 발굴 노력이 초래한 부작용이라고 할 수 있다.

동서독 통일과 관련하여 한국이 필요로 하는 근본적이면서 현실적인 교훈은 각 분야별 통합의 세부적인 방법론이 아니라 통일 자체를 어떻게 달성했느냐에 관한 방향이다. 통일만 이룩되면 통합과정에 있어서 다소의 시행착오가 있더라도 해결해 나가면 되지만, 통일이 이룩되지 않으면 아무리 현실적인 통합방안을 보유하고 있어도 적용할 수 없기 때문이다. 특히 한국은 평화통일을 지향하고 있다는 점에서 그러한 결과를 도출한 동서독 통일의 과정을 참고해야할 필요성은 매우 크다. 이러한 점에서 필자는 북한의 급변사태 발생 시 독일의 통일 과정을 적용해야할 필요성과 그 방향을 발표한 바 있다(박휘락 2020, 119-144). 다만, 필자의 경우도 북한의 '급변사태'에 지나치게 주목을 한 나머지 북핵과의 관련성에 대한 분석은 제외한 측면이 있고, 합법적 과정을 보장하기 위한 준비의 중요성을 간과한 부분이 있었다.

이러한 문제의식을 바탕으로 이 글에서는 북핵 위협의 상황을 중요하게 인식하면서 북한에서 정권이 교체되는 현실적인 상황을 바탕으로 동서독이 추구했던 평화적 통일의 과정을 남북한에 어떻게 적용할 것인가와 그를 위하여 무엇을 그리고 어떤 절차를 중점적으로 준비해야 할 것인가를 분석해보고자 한다.

Ⅱ. 통일에 관한 절차적 정당성에 관한 검토

1. 절차적 정당성의 중요성

한국의 헌법 제3조에 의하면 대한민국의 영토는 전 한반도이고, 따라서 북한지역은 한국 영토의 일부분이다. 그렇기 때문에 법리적으로 따지면 대한민국의 헌법과 법률은 "휴전선 남방지역뿐만 아니라 북방지역에도 적용되어야" 한다(제성호 2010, 22). 북한은 한국의 헌법질서를 수용하지 않는 불법집단에 의하여 점유된 상태일 뿐이다. 이것은 남북한이 유사하여 북한도 남한을 별도의 국가로 인정하지 않고 있다. 그래서 1992년 남북한 정부는 '남북기본합의서'에 합의하면서 남북관계를 "잠정적 특수관계"로 명시한 것이다.[1] 이러한 인식에 의존할 경우 한국의 통일은 현 법률과 제도가 적용되는 지역을 북한지역으로 확대하는 사항으로서, 특별한 과정과 절차가 필요하지 않다.

그러나 한반도와 국제사회의 현실은 한국의 통상적인 인식과 다르다. 1945년부터 남북한은 별도의 국가로 병존해온 것이 사실이고, 유엔을 비롯한 국제사회에서도 그렇게 생각하기 때문이다. 남북한은 1991년 유엔에 함께 가입하였는데, 그것은 남북한이 서로를 별도의 정치체로 인정한 것이라고 봐야 한다. 국제사회에 의하면 남북한은 서로 다른 국가이다.

또한 남북한 통일과 관련해서는 정부도 중요하지만, 국민들의 의사도 매우 중요하다. 제1차 세계대전 직후인 1918년 2월 11일 미국의 윌슨(Woodrow Wilson) 대통령이 미 상하원 합동회의에서 국민(people)[2]의 자결권(self-determination)을 강조하였듯이 특정한 지역에 거주하는 사람들의 의견은 그 지역의 소속을 결정하는 데 매우 중요하다(박현숙 2011, 154-155). 따라서 통일의 성사에는 남한 국민의 의견과 동등하게 북한 주민들의 의견도 반영되어야 한다. 따라서 주민들의 의견을 수렴하는 절차나 과정을 거치는 것이 통일에는 필수적일 수밖에 없다.

---

1) 남북기본합의서 전문에는, "쌍방 사이의 관계가 나라와 나라 사이의 관계가 아닌 통일을 지향하는 과정에서 잠정적으로 형성되는 특수관계라는 것을 인정하고..."라고 되어 있다.
2) 지금까지 한국에서는 people을 '민족'으로 번역하여 오해가 적지 않았다. '인민'으로 번역할 수도 있지만 북한이 사용하는 용어이고, 링컨이 말한 'people'을 '국민'으로 번역하고 있다.

통일은 기본적으로 쌍방 국가의 합의에 의하여 성사되는 것이지만, 국제적인 동의도 필요할 수 있다. 그래야 국내적 및 국제적으로 정당성을 확보할 수 있을 것이기 때문이다. 특히 남북한은 휴전상태이고, 강력한 주변국들에 둘러싸여 있어서 어떤 식으로든 주변국의 의견을 유의하지 않을 수 없다. 법리적으로는 한국 헌법에 의한 일방적 흡수통일이 불가능한 것은 아닐지라도, 상당한 저항을 각오해야 하거나 국제사회의 반대에 부딪쳐 불가능해질 가능성도 없지 않다. 법리보다 절차적 정당성을 중요시하여 국제사회의 동의를 받는 것이 더욱 필요하다고 할 것이다.

2. 통일의 정당성 요건

2개 국가나 정치단체가 하나로 결합되는 데 관하여 국제적으로 정립되어 있는 명확한 과정이나 절차, 또는 그를 위한 근거가 존재하는 것은 아니다. 그럼에도 불구하고 일반적이면서 상식적인 몇 가지 요건은 손쉽게 제시할 수 있다(박휘락 2020, 124). 그 몇 가지를 설명하면 다음과 같다.

정당한 통일로 국제사회에서 인정받기 위한 첫 번째의 요건은 "평화적 통일"일 것이다. 제2차 세계대전 이후 국제사회는 어떤 명분으로든 무력을 행사하지 않도록 금지하고 있고, 평화적 과정을 통한 해결을 강조하고 있기 때문이다. 유엔헌장의 제2조에서도 "모든 회원국은 그 국제관계에 있어서 다른 국가의 영토보전이나 정치적 독립에 대하여 또는 유엔의 목적과 양립하지 아니하는 어떠한 기타 방식으로도 무력의 위협이나 무력행사를 삼간다."라고 되어 있다. 무력통일이라고 규정되는 방법으로의 통일이 불가능한 것은 아니라고 하더라도 국제사회에서 인정받기 어렵다. 강대국의 압력에 취약한 한국과 같은 약소국은 더욱 일방적인 무력통일을 추진하거나 끝까지 성공하기가 어렵다.

정당한 통일로 국제사회에서 인정받기 위한 두 번째의 중요한 요건은 "국민들의 의사"이다. 앞에서 언급한 윌슨의 주장도 있지만, 기본적으로 민주주의 국가에서는 국민의 의사가 중요하기 때문이다. 미국 링컨(Abraham Lincoln) 대통령이 1863년 게티즈버그(Gettysburg) 연설에서 말한 "국민의, 국민에 의한, 국민을 위한 정부"(government of the people, by the people, for the people)가 민주주의의 원칙으로 공인되고 있다. 민주주의의 중요한 특징은 대의정치라서 국민들을 대표하는 정부가 국민들의 의사를 대행할 수 없는 것은 아니지만, 통일과 같은 중요한 정책은 국민들의 의사를 묻지 않을 수 없다. 통일과 같은 중요한 일에 "주권자인 국민의 참여 결핍"이라는 민주주의의 한계를 그대로 적용해서는 곤란하기 때문이다(송기복 2010, 401). 통일에 대한 국제적인 동의를 얻는 데도 국민들의 의사 확인은 중요하다.

정당한 통일로 국제사회에서 인정받기 위한 세 번째의 조건은 통일과 관련한 제반 내부 절차의 준수 여부이다. 평화적이거나 국민의 의사에 기반한 것인지는 절차의 준수 여부로 나타날 것이기 때문이다. 적용될 수 있는 절차가 미리 마련되어 있을 수도 있고, 당시 필요한 절차를 협의 및 설정해나갈 수 있지만, 어쨌든 두 지역의 정부 또는 국민들이 절차적 정당성을 거쳐서 통일을 달성하는 것이 중요하다. 그래야 국제사회도 수용할 것이고, 통일도 지속될 것이기 때문이다.

추가적으로 두 개 정치체의 통일에는 국제적 절차가 필요할 수도 있다. 통일을 추진하는 정치체 일방 또는 쌍방 모두가 국제사회와 합의해 둔 어떤 조약이나 제약사항이 있다면 통일되는 상황에 부합되도록 그것을 제거하거나 변경하지 않을 수 없기 때문이다. 한국은 '유엔 : 중국+북한'의 군사령관들이 휴전협정에 서명하여 현재의 평화상태와 국경이 유지되기 때문에 이를 평시로 변화시키기 위한 국제적 절차가 필요할 것이다. 현대와 같이 상호의존성이 높은 국제사회에서는 더욱 국제사회가 요구하는 절차적 정당성을 거쳐야 국제적 동의를 획득할 수 있다.

3. 독일통일 교훈의 한국통일 적용 가능성

독일과 한반도의 상황은 시각에 따라서 공통점이 많다고 평가할 수도 있고, 상이점이 많다고 평가할 수도 있다. 같은 민족이 제2차 세계대전의 결과로 분단되어 통일을 희망한다는 측면에서는 다른 어느 경우보다 유사성이 크고, 유럽과 동북아시아라는 지리적 위치와 동서양의 제도와 문화 차이를 고려하면 차이점이 크다. 그래서 한국에서는 한편으로는 독일통일의 교훈을 한반도의 통일 촉진에 적극적으로 활용해야 한다고 생각하면서도, 다른 한편으로는 독일의 사례가 한반도에 적용될 수 있을 것인가에 관한 회의가 존재해왔다. 특히 독일통일 이후 30년이 경과되었음에도 한반도에서는 유사한 변화 가능성이 거의 없자 독일통일의 사례 연구도 점점 감소되고 있다.

그러나 현재 상황에서 한국이 통일을 지향한다면 참고할만한 가장 근사한 사례가 독일임은 부인할 수 없다. 1975년 베트남은 북베트남의 무력에 의하여 통일된 사례이고, 1990년 독일통일보다 몇 개월 앞서서 예맨이 합의통일에 성공하였으나 다시 분열되어 아직도 내전에서 벗어나지 못하고 있다. 현대에 분단되었다고 통일된 사례 중에서 독일이 한반도와 '최대유사체계(Most Similar Systems)'인 것은 분명하다. 특히 독일통일과 관련하여 세부적인 방법론까지 들어갈 경우 상이성이 커질 수 있지만, 통일의 방향이나 과정과 같은 개략적인 사항에서는 유사성이 클 수도 있다.

서독과 대한민국의 경우 자유민주주의 이념을 바탕으로 제2차 세계대전 이후 고도의 성장을 지속했고, 국민들의 통일열망이 낮지 않으며, 무엇보다 공산주의 이념을 고수하면서 상대적으로 매우 저발전 상태를 지속하고 있는 국가와의 대치 상태를 통일을 통하여 해소해야하는 상황이라는 점에서 유사성이 크다. 특히 독일은 한국이 헌법에서 제시하고 있는 "자유민주적 기본질서에 입각한 평화적 통일"을 성사시켰다는 점에서 독일통일의 사례는 유용할 수밖에 없고, 이것이 본 논문의 기본적인 접근방법이라고 할 것이다.

Ⅲ. 독일의 통일 과정 분석

동서독의 통일과정은 겉으로는 극적으로 보이지만 내면적으로 분석해보면 절차를 중시하면서 점진적으로 이룩되었을 뿐만 아니라 주민들의 의사를 충분하였다. 몇 가지 중요한 이벤트로서 그것을 함축한 후 앞 장에서 설명한 정당성의 요건 측면에서 분석해보고자 한다.

1. 고르바초프의 개혁과 동독 주민의 탈출

독일의 통일은 1985년 3월 10일 소련 공산당 서기장에 민주적인 사고를 지닌 고르바초프(Michael Gorbachev)가 임명됨으로써 시작되었다고 할 정도로 그의 노선변화가 주는 영향을 컸다. 그는 개혁(Perestroika)과 개방(Glasnost)을 강조하였을 뿐만 아니라 소련이 연방 내 다른 국가들의 내정에 간섭할 수 있도록 한 1968년의 브레즈네프 독트린을 폐기하였고, 동구권 국가들의 민주화와 서방과의 협력을 권장하였으며, 이로써 동독의 민주화가 가능한 여건이 마련되었다(김동명 2010, 108-109). 이에 자극받아 동독 주민들은 1989년경부터 표현, 언론, 집회, 여행의 자유를 확대할 것을 요구하였고, 이것을 동독 정부가 수용하지 않자 동독을 탈출하기 시작하였으며, 그것이 동독의 변화 나아가 통일로 연결되었다.

동독 주민의 탈출을 폭발적으로 증폭시킨 중요한 계기는 1989년 5월

2일 헝가리가 오스트리아와 국경지역에 설치된 철조망을 제거한 것이다. 이로써 동독 주민들은 헝가리와 오스트리아를 거쳐서 서독으로 이동할 수 있게 되었다. 이 철조망이 제거된 이후부터 매일 수 천명의 동독 청년들이 헝가리를 통해 서독으로 탈출하였고, 그러자 서독 정부도 동독 주민의 대량 탈출을 어떻게 처리할 것인지에 대하여 고민하지 않을 수 없었다. 이러한 와중에서 1989년 9월 30일 서독 정부는 체코 프라하의 독일대사관에 진입한 동독 주민 6,000명을 기차로 동독지역을 통과시켜 서독으로 입국시키기도 했다. 서독 정부는 동독 탈출자를 전원 수용한다는 방침을 설정하였고, 이 또한 동독의 변화를 자극하였다.

이러는 가운데 동독에서는 다수의 새 정당들이 창설되기 시작하였다. 그리고 1989년 10월 7일 동독 창설 40주년을 기해 전국에서 반정부 시위가 발생하였고, 이 시으위에서 동독 국민들은 당시 집권당인 사통당(SED)의 해체를 요구하게 되었다. 결국 당시의 호네커 당 서기장은 1989년 10월 18일 이 요구에 굴복하면서 사임하게 되었고, 이로써 동독에서는 힘의 공백, 정치적 불안정이 조성되었다. 11월 8일에는 사통당 정치국 요원 전원이 퇴진하여 그러한 공백과 불안정의 사태는 더욱 악화되었다. 이러한 와중에 11월 9일 베를린 장병이 무너짐으로써 동독의 징부는 국민을 통제할 수 없는 상황이 되었고, 따라서 근본적인 변화가 불가피하게 되었다.

2. 동독의 정치개혁과 통일 요구

동독은 힘의 공백과 정치적 불안정을 해소하기 위하여 1989년 11월 13일 동독 인민의회를 소집하였다. 이 회의에서 한스 모드로(Hans Modrow)가 새로운 총리로 선출되었는데, 그는 현 동독의 사태 해결을 위해서는 서독의 도움을 받아야 한다고 생각하였고, 그러한 방향으로 노력하였다. 그는 서독과 "계약공동체(Vertragsgemeinschaft)" 관계를 정립하고자 하였고, 이를 논의하기 위하여 서독의 콜(Helmut Kohl) 수상과의 2차례 회담을 실시하기도 했다. 다만 모드로 총리가 처음부터 통일로 방향을 잡은 것은 아니다. 통일보다는 협조적인 관계의 모색이었고, 여기에 대해서는 서독의 콜 총리도 유사한 생각이었다. 콜 총리는 통일이 아니라 동·서독 간의 '국가연합(Confederation)' 수준을 제안하기도 했다(김동명 2010, 114).

독일의 통일 요구는 동독 주민으로부터 시작하였다. 동독 주민들이 1989년 11월 하순과 12월에 접어들면서 "우리는 하나의 통일된 독일 국민(Wir sind ein Volk)"이라면서 통일을 적극적으로 요구하기 시작한 것이다. 이러한 와중에 동독의 새 정부는 체제 개혁을 단행하여 슈타지라는 비밀경찰의 명칭을 '국가보안청'으로 바꾸었고, 12월 1일 동독의회는 사통당이 동독을 선도한다는 조항을 헌법에서 삭제하는 등으로 공산주의 국가의 색채를 지우기 시작하였다. 또한 12월 8-9일에 실시된 사통당의 전당대회에서는 호네커 전수상을 비롯한 동독 고위인사들의 직권남용 또는 수뢰혐의를 조사하기 시작하였고, 사통당 당명도 "민주사회주의당"으로 바꾸었다. 정치가 국민들의 요구를 반영하기 위하여 노력한 것이다.

동독 국민들의 통일 의사가 커지면서 정치권도 이를 적극적으로 반영하려는 태도를 보이자 1989년 11월 28일 서독의 콜 수상은 독일통일을 위한 "10개항 프로그램"을 제시하는 등 동서독이 통일문제를 논의하기 시작하였다(정용길 2013, 472). 이에 근거하여 1989년 12월 19일 동서독은 "협력 및 근린 공동 협정"을 체결하였고, 이 협정에서 독일통일을 목표로 포함시키게 되었다. 그 동안의 협력적인 관계 모색에서 통일로 방향을 전환한 것이다. 그리고 이러한 정부의 노력은 통일에 대한 주민들의 요구를 더욱 강화하였고, 서로가 상호작용하여 통일지향성을 갖게 되었다.

3. 통일에 대한 동서독과 전승국의 합의

동서독 통일에 관한 골격은 1990년 3월 18일 실시된 동독 선거에 의하여 결정되었다. 이 선거에서 독일동맹(Allianz fur Deutschland: AFD)은 서독 기민당(CDU)의 후원을 받으면서 통일을 지향하는 정강을 발표하였고, 특히 독일의 기본법 제23조(동독이 서독의 몇 개 주(州)로 편입되는 통일의 방식)에 의한 통일을 지향하겠다는 방향을 제시하였다. 그리고 이 독일동맹이 48.1%의 지지를 획득하여 승리하였고, 따라서 통일의 방향과 절차가 이 선거에 의하여 결정된 셈이 되었다. 선거결과에 의하여 구성된 동독 인민의회는 1990년 4월 12일 독일동맹의 데 메지에르를 수상으로 선출하였고, 서독 기본법 제23조에 의하여 동독을 서독에 편입하기로 결정한 것이다(김동명 2010, 117).

동독의 서독 편입을 통한 통일이 가시화되면서 동서독은 기능적인 통합에도 박차를 가하였다. 1990년 5월 18일 '경제·화폐·사회연합'('국가조약'으로 지칭되었다)에 서명함으로써 기본적인 국가의 기능을 통합하였고, 1990년 7월 1일부로 동독이 서독 마르크화를 사용함으로써 화폐도 통일시켰다. 1990년 7월 6일 동서독 정부는 '통일조약'(Einheitsvertrag)을 협의하기 시작하였고, 1990년 8월 23일 동독 의회는 기본법 제23조에 의한 통일을 최종적으로 결정했다. 그리고 1990년 8월 31일 양국은 '통일조약(Einheitsvertrag)'에 서명하였고, 1990년 10월 3일에는 5개의 동독지역 주를 독일연방공화국의 주로 승인하면서 베를린을 수도로 정하였다. 이로써 동서독의 통일은 성사되었고, 10월 3일이 기념일이 되었다.

동서독은 제2차 세계대전의 패전국이라서 전승국들과 협의해야할 사항도 없지 않았다. 법률적으로는 그들이 동서독을 점령하고 있었기 때문이다. 따라서 1990년 5월 5일부터 동서독도 참여시키면서 미국, 영국, 프랑스, 러시아 4개국 간의 특별회담('2+4')이 개최되어 독일의 통일에 관한 사항을 협의하였고, 특히 통일 독일의 북대서양조약기구(NATO) 참가 여부와 군대 규모의 설정이 쟁점이 되었다. 결과적으로 소련이 통일독일의 나토 참가를 양해하는 대신에 독일은 기존 국경선을 존중하면서 37만명 수준의 군대를 유지하기로 약속함으로써 타결되었다. 그래서 1990년 9월 12일 '2+4' 국가의 외상들이 최종적인 조약에 서명하였고, 이로써 독일통일은 국제적인 합의를 확보하게 되었다(김동명 2010, 119-120). 그 후속조치로서 1990년 9월 24일 동독은 바르샤바 조약기구를 탈퇴했고, 10월 2일 인민회의를 해산했으며, 1990년 10월 3일 통일되었다.

통일 후 1990년 12월 2일 전체 독일연방 하원의원 선거가 실시되었다. 여기에서 콜 수상이 이끄는 기민·기사연합이 압승함으로써 통일은 완전한 국민적 지지를 확보하게 되었다. 그 결과 1991년 1월 17일 콜 수상이 최초의 통일독일 수상으로 취임하였고, 이로써 동서독은 하나의 국가로 출발하게 되었다.

4. 분석

1) 평화적 과정 측면

동서독의 통일 과정에서는 어떤 심각한 무력충돌의 사례도 발생하지 않았다. 시위도 평화적이었고, 동서독의 통일 과정 자체도 평화적 과정을 통하여 이룩되었다. 그렇기 때문에 통일과정에 대하여 국제사회에서 우려를 제기하거나 간섭할 것이 없었고, 동서독 간의 합의가 존중될 수밖에 없었다. 특히 소련의 고르바초프가 동독주둔 소련군이 시위에 개입하지 않도록 하였고, 유혈진압을 반대한다는 의사를 표명함에 따라 동독 정부도 무력을 사용할 수가 없었으며, 이것이 평화적 과정을 보장하는 데 중요하였다(염돈재 2012, 129). "독일통일이 평화적으로 달성될 수 있었던 가장 중요한 전환점은 동독의 시위가 평화적으로 진행된 것"이라고 평가되는 이유이다(양창석 2011, 36).

이러한 평화적 통일은 동서독의 통일이 이념보다는 실용에 근거하였기 때문에 가능해진 측면도 있다. 동독 주민들은 서독과의 통합이 그들의 생활수준을 향상시킬 것이라고 생각하여 서독과의 통일을 요구하였고, 서독 주민들이 그것을 허용한 것이다. 동독 주민들은 경제적 이유로 서독을 선택하였는데, 화폐, 경제, 사회 분야에 대한 통합이 조기에 추진되면서 경제적 이익이 가시화됨으로써 그들의 통일 동기는 더욱 커졌다(양창석 2011, 85-97). 이념이 아니라 경제적 문제가 우선순위를 차지함으로써 폭력에 의존할 필요가 없어졌다고 할 것이다.

역설적이지만 동서독 정부는 물론이고 국민들까지 통일에 대하여 크게 집착하지 않은 것이 폭력 사태를 예방했을 수도 있다. 서독인의 경우 1957년에는 '통일이 가장 중요한 과제'라고 생각하는 사람이 43% 정도까지 이르렀으나 1987년에는 0.5%로 줄었을 정도로 통일에는 별 관심을 보이지 않았다. 통일의 가능성에 대해서도 3%(1957년에는 60%)만 가능하다고 판단하면서 대부분은 회의적이었다(염돈재 2012, 128). 따라서 통일의 열망이 적었기 때문에 쌍방이 추구하는 특정한 방안이 없었고, 따라서 동서독은 사태가 전개되는 것을 보면서 최선의 결정을 내리고자 했는데, 그것이 다행히 통일로 연결된 것이다.

2) 주민의사 측면

독일의 통일에는 동독 주민들의 의사가 가장 중요하게 반영되었다. 동독 주민들은 대규모로 동독을 탈출하거나 시위를 통하여 정부의 개혁을 요구하였고, 통일에 소극적인 정부로 하여금 적극적인 통일에 나서도록 촉구하기도 했다. 특히 1989년 12월에는 시민단체와 정당의 대표들로 구성된 '민족책임정부'가 출범하였고, 여기에서 선거법을 제정하거나 민주 동독을 위한 헌법초안을 마련하기도 하였다(양창석 2011, 141-144). 시민이 주축이 된 과도적인 의회와 정부가 민의를 반영함으로써 민주적인 변화를 견인했다고 평가할 수 있다.

서독의 콜 수상이 동독 기민당을 위하여 선거유세에 직접 참여하자 동독의 선거는 서독 정당의 대리전 양상을 띠게 되었고, 결과적으로 민의의 반영도는 더욱 커졌다. 서독의 정당들이 자신과 이념을 같이하는 동독 정당들의 선거운동을 적극적으로 지원하였기 때문이다. 이 때 동독의 기민당은 서독 헌법 제23조에 의한 편입을 주장했고, 사민당은 헌법 146조 즉 통일헌법 제정을 통한 통일을 주장하였는데, 이러한 대립으로 선거가 치러짐으로써 투표 결과는 통일의 방식까지 결정하게 되었으며, 결과적으로 통일을 간단한 절차로 달성할 수 있도록 만들어 줬다고 할 수 있다.

동독의 선거 결과는 독일의 통일에 대한 주변국들의 간섭을 예방하는 데도 유효하였다. 다수 국민들의 지지에 의하여 선출된 정부가 국민들의 의사를 반영하여 통일을 추진하겠다는 것을 다른 국가가 반대하기는 쉽지 않았기 때문이다. 그래서 원래 소련은 독일 통일에 비협조적이었고, 평화조약 체결을 요구하려는 생각까지 했지만, 독일 주민들의 의사가 결집되자 독일 통일을 지연시키려는 노력의 부작용이 더욱 클 것이라고 판단하여 협조하게 되었다(양창석 2011, 152)

3) 내부 절차 측면

독일통일에서 내부 절차는 동독 주민들이 투표결과를 통하여 서독 헌법 제23조에 근거하여 서독에 편입되는 것을 선택함으로써 결정되었고, 따라서 매우 단순해졌다. 통일헌법 초안을 만들기 위한 과정이 생략되었기 때문이다. 당시 동서독의 법학자, 사회과학자, 철학자 등의 학자들은 동독 국민들의 자존심을 존중한다는 측면에서 제146조에 의한 통일(새로운 헌법이 제정되면 독일의 헌법이 종료된다는 규정, 즉 새 헌법 제정을 통한 통일)을 주장하기도 했다. 그러나 그렇게 했다면 예상하지 못하는 다양한 장애 요인이 발생할 수 있었다. 통일헌법의 각 조항을 결정할 때마다 상당한 논란이 발생하였을 것이기 때문이다. 대신에 동독의 서독 편입이라는 절차를 따름으로써 통일 반대론자들이 개입할 여지가 없었다.

4) 국제적 절차 측면

독일통일의 경우 국제적 승인의 절차가 필수적인 측면이 존재했었다. 독일은 제2차 세계대전의 패전국으로서 전승국이었던 미국, 소련, 프랑스, 영국이 어느 정도의 권리를 갖고 있었고, 그 권리와 책임을 이행하기 위하여 그들의 군대가 주둔하고 있었기 때문이다. 또한 제1, 2차 세계대전을 경험한 영국, 프랑스, 소련이 독일 통일을 지지하는 것이 쉽지 않았다. 베를린 장벽이 붕괴되는 시기에는 전승 4개국 중에서는 미국 만이 독일의 통일을 지지했다고 분석되기도 한다(양창석 2011, 190). 실제로 소련의 고르바초프는 '4대국 대사 회담'과 '평화조약 체결을 위한 회의'를 제안하여 통일을 지연시키려는 의도를 나타내기도 했다(양창석 2011, 195-196)

'2 + 4 회담'에 쟁점이 되었던 것은 통일 독일의 나토 가입 여부(소련이 반대), 제2차 세계대전 후 소련과 폴란드로 병합된 독일 영토에 대한 포기 여부(현 국경선의 인정을 독일에게 인정할 것을 요구), 통일 독일의 군대 규모에 관한 사항이었으나, 대부분 타결되었다. 그 결과 1990년 9월 12일 모스크바에서 열린 제4차 회담에서 '독일 문제의 최종 해결에 관한 조약'을 체결하였고, 이로써 통일 독일의 국경, 독일의 무력 불사용 선언, 독일의 핵무기 및 생화학 무기 제조·보유·사용 포기 등 군사력 제한, 소련군 철수 문제, 독독지역 군사력 배치 문제, 독일의 동맹 가입권리 보장, 전승국의 권리와 책임 종료와 통일 독일의 완전한 주권 회복, 비준 및 발효 등이 확정되었다(양창석 2011, 226)

이외에도 독일은 통일 후 미국, 영국, 프랑스와의 관계 정립과 그들 군대의 주둔을 위한 다양한 다자 및 양자 협정을 체결하였다. 특히 통일 독일은 1990년 11월 9일 소련과 '우호·친선 협력 조약'을 체결하였을 뿐만 아니라 동독이 소련과 맺은 조약과 소련군과 관련된 동독의 채무를 모두 인수하기로 하였다. 또한 소련군 철수에 따른 대규모 비용을 지원하기도 했다(양창석 2011, 226-229). 이러한 노력을 통하여 독일은 소련이 통일에 반대하지 않도록 배려하였고, 이로써 통일이 가능해진 셈이다. 콜 총리를 비롯한 서독 지도자들의 지혜와 추진력이 높게 평가되는 이유이다.

5. 종합

동서독의 통일은 전반적으로 일정한 과정과 절차를 따라서 이행되었고, 이로 인하여 불필요한 국내외적인 반대가 발생하지 않았다. 통일과정에서 우려할 시위도 발생하지 않았다. 평화적 통일, 주민의사 확인, 국내적 및 국제적 절차의 제반 측면에서 모든 것이 합리적으로 시행되었고, 따라서 원만한 통일에 도달할 수 있었다. 통일의 전 과정에 걸쳐서 불상사가 발생하지 않았을 뿐만 아니라 투표를 통하여 동독 주민들의 통일 의사를 분명하게 확인함으로써 독일 내부의 반대 세력이나 강대한 통일독일의 등장을 우려하지 않을 수 없었던 주변국들도 통일을 지지하지 않을 수 없었다.

콜 수상을 중심으로 하는 서독 정부의 적극적인 노력도 통일에 크게 기여하였다(김병호 2014, 128). 동독 주민들을 설득하는 노력은 물론이고, 적극적인 외교적 노력을 경주하여 전승 4개국의 지지를 끌어내었기 때문이다. 특히 서독 정부는 동독의 모든 채무를 인수하고, 동독이 소련에 공급하던 상품을 계속 공급하기로 하였으며, 소련군 철수를 명분으로 150억 마르크(철군 비용 120억, 대소 무이자 차관 30억)를 지원하기로 하였고, 10억 마르크 상당의 동독산 농산물을 제공하는 등(양창석 2011, 226-228) 과다하다고 생각들 정도로 소련의 요구를 충족시킴으로써 통일을 지원하도록 만들었다.

IV. 통일에 관한 남북한의 현 상황 평가

1. 북한의 핵무력 증강으로 남한 주도 자유민주주의 통일 곤란

북한은 6.25전쟁 직후부터 끈질기게 핵무기 개발을 추진해온 결과, 사실상의 핵보유국이 되는 데 성공하였다. 북한은 2013년 2월 12일 제3차 핵실험을 통하여 원자폭탄 개발에 성공하였고, 2017년 9월 3일의 제6차 핵실험을 통하여 수소폭탄까지도 성공하였다. 당시 북한이 실험한 수소폭탄의 위력은 108-250kt에 달하는 것으로 평가되었다(Zagurek, Jr. 2017), 가장 보수적으로 평가했을 때 북한은 2020년 4월 현재 최소한 35발 수준의 핵무기를 보유하고 있는 것으로 판단되고 있는데(Kristensen and Korda 2020), 매년 7-10개를 만들 수 있는 능력이 있다는 점을 고려할 경우(유철종 2018) 시간이 갈수록 핵무기 숫자는 매우 늘어날 것이다.

또한 북한은 핵무기를 탑재하여 미국을 공격할 수 있는 능력을 구비하기 위하여 노력하고 있다. 북한은 2017년 '화성-12형'와 '화성-14형'의 시험발사를 거쳐서 2017년 11월 29일 '화성-15형'을 시험발사함으로써 워싱턴과 뉴욕까지도 타격할 수 있는 잠재력 즉 ICBM 능력을 가진 것으로 평가받기도 하였다(조의준·김진명 2017). 북한은 SLBM도 지속적으로 개발하고 있다. 북한은 2020년 10월 10일 '화성-16형'과 '북극성-3형' 즉 신형 ICBM과 신형 SLBM을 과시함으로써 그 위력을 지속적으로 강화하고 있음을 드러내었다.

북한이 이와 같이 막강한 핵능력을 지속적으로 보유하게 될 경우 남북한 합의에 의한 평화적 통일을 기대하는 것은 어렵다. 핵보유국 북한은 오히려 자신의 이념과 체제에 의한 통일을 추구할 가능성이 높다. 다른 말로 하면, 북한의 핵무기를 없애는 비핵화에 성공하지 못할 경우 한국은 자유민주주의에 의한 통일을 기대하기는커녕 북한 주도의 통일을 당할 가능성도 염려해야할 수도 있다.

2. 북한의 급변사태의 발생 가능성 하락

북한의 경제가 어려워지면서 한국에서는 북한에서의 급격한 불안정 상황, 즉 급변사태의 발생 가능성을 예상하면서 이로부터 통일의 단초를 찾고자 노력하였다. 지금까지 논의된 북한 급변사태의 원인으로는 지도자 유고로 인한 정권 붕괴, 경제난으로 북한 정권 통제력 상실 및 체제 붕괴, 권력 내부의 쿠데타 발생, 외부의 군사적 공격에 의한 붕괴, 백두산 화산폭발과 같은 대규모 자연재해 등이었는데, 이 중에서 가장 강조되었던 것은 지도자의 유고였다. 그래서 한국에서의 북한 급변사태 논의는 김일성의 사망, 김정은의 건강이상설, 김정일의 사망 시기에 활성화되었다.

그러나 지도자의 유고로 북한에서 급변사태가 발생할 가능성은 낮다. 지도자가 사망하거나 잘못되더라도 다른 지도자가 곧 대체할 가능성이 높기 때문이다. 한국의 경우 장기집권을 했던 박정희 대통령이 1979년 갑작스럽게 사망하여 상당한 혼란이 있을 것으로 예견되었지만, 다소의 혼란 후 금방 안정을 찾았다. 북한에서도 김일성이 사망하였거나, 김정일이 사망한 이후에 예상하던 급변사태는 발생하지 않았다. 현 북한의 지도자인 김정은의 건강이 좋지 않다고 하지만, 아직 젊은 나이라서 사망할 가능성은 낮고, 사망해도 다른 사람에 의하여 대체될 것이다.

3. 경제적 상황 악화로 인한 붕괴의 가능성 상승

북핵 개발 과정에서 국제사회에서 다양한 경제제재가 부과되었고, 계획경제도 한계를 보임에 따라서 북한의 경제사정은 지속적으로 악화되어 왔고, 이로 인하여 북한 내부에 심각한 불안정이 발생할 가능성이 높아지고 있다. 동독의 경우에도 경제사정의 악화가 내면적인 원인으로 작용하고 있었고, 서독의 경제적 지원을 받겠다는 동독 주민들의 요구가 통일로 연결되었는데, 그와 유사한 상황이 전개될 가능성이 발생하고 있는 것이다.

실제로 심각한 경제난 등으로 북한 체제의 내구성이 점점 약화되고 있는 것은 사실이다. 북한의 전반적 산업 능력이 정체 상태이고, 밀수를 통한 외화획득도 거의 불가능해진 상황이며, 외화벌이의 직접적 수단인 관광도 거의 중단되었고, 해외 노동자의 대부분도 복귀하였으며, 이로써 외화보유가 급감하고 있다. 특히 코로나 사태로 국경이 봉쇄되면서 북한 경제가 더욱 피폐해지고, 물자의 부족 현상이 심화되고 있다. 어떤 계기로 북한 정권의 통제력이 약화될 경우 이러한 요소들이 전반적인 불안정으로 번질 개연성은 충분히 존재한다.

4. 남북한 헌법 제정 통일방안의 비현실성

한국은 현재 현실을 주도적으로 추진하기 어려운 상황이다. 북한의 핵무기를 제거해야 대등한 입장에서 통일에 관한 협의가 가능할 것인데, 2018년 4월 27일 판문점 남북 정상회담을 통하여 "완전한 비핵화"에 노력한다는 합의를 이끌어 내었고, 그 이후 두 차례의 미북 정상회담과 두 차례의 남북 정상회담을 실시하였지만, 북한의 핵무기 폐기를 위한 실질적인 조치는 전혀 유도하지 못하였기 때문이다. 이러한 환경 속에서 북한마저 남한 정부와 교류 및 협력을 전혀 하지 않겠다는 입장을 정립함에 따라서 난감한 상황에 빠져 있다.

현재 한국이 정립하여 보유하고 있는 통일방안은 "민족공동체 통일방안"인데, 그 내용은 ① 남북평의회에서 통일헌법 초안을 마련하고, ② 민주적 방법과 절차를 거쳐 통일헌법을 확정·공포하며 ③ 통일헌법에 의한 민주적 총선거를 실시하고, 그 결과의 의거하여 ④ 통일정부와 통일국회를 구성하는 것이다(통일부 2020). 그런데 이 방식의 경우 단일의 통일헌법 초안을 마련하는 방안은 현실적이지 않다. 그 조문에 합의하는 것이 너무나 어려울 것이기 때문이다. 이런 점에서 독일이 서독헌법 제23조에 근거하여 동독을 편입시킨 사례를 중요하게 참고할 필요가 있다. 통일에 대한 원칙에 남북이 합의했더라도 통일헌법을 둘러싸고 벌어지는 갈등이 그 합의를 붕괴시킬 수도 있다.

5. 진단

한국은 지금까지 통일을 위한 다양한 방안들을 논의했지만, 남한의 자유민주주의 이념과 체제를 중심으로 하는 통일의 가능성은 점점 낮아지고 있다. 그의 핵심적인 변화는 북한의 핵무기 보유로서, 핵무기를 가진 북한은 남한에 대하여 전략적인 우세를 지니게 되었고, 따라서 자유민주주의 이념을 바탕으로 한 남한 주도의 통일에 합의할 가능성은 거의 없다. 오히려 북한은 핵무기 사용이나 그 위협을 통하여 북한 주도의 통일을 추구할 가능성이 높다.

남한에게 유일한 가능성은 북한의 경제가 계속 악화되어 동독처럼 국가 체제가 붕괴되는 것이다. 그렇게 될 경우 핵무기에 대해서는 국제적인 통제가 이루어질 수 있고, 북한에서 다소 합리적인 지도세력이 등장할 가능성이 있으며, 그 합리적인 지도체제가 동독의 경우처럼 남한과의 통일만이 그들 문제의 해결책이라고 생각할 수 있기 때문이다. 그렇게 될 경우 남한은 북한의 새로운 정부와 협력하게 될 것이고, 그러한 분위기 속에서 서독처럼 북한의 안정과 민주화를 지원하게 되면서 통일에 합의할 수 있다.

이러한 점에서 중요한 것은 북한과의 합의적 평화통일을 준비하는 것이다. 남한은 한편으로는 북한의 핵무기 위협에 적극적으로 대응함으로써 북한이 핵무기 사용이나 그 위협을 통하여 강압적인 통일을 추구하지 못하도록 하면서, 북한의 지속적인 경제난의 영향으로 합리적인 지도체제가 들어섰을 경우 그들과 협의 및 합의 하에 통일을 달성할 수 있도록 다양한 사항을 준비해두어야 한다. 동서독 통일의 과정에 대한 학습과 한국에의 적용이 중요한 이유이다.

V. 평화적 합의통일을 위한 과제

1. 북핵에 대한 효과적인 억제 및 방어방책 구비

남북한의 통일을 위하여 가장 중요한 사항은 북한이 핵무기의 사용이나 위협이라는 방법을 동원하지 못하도록 확고한 억제태세를 구비하는 것이다. 핵무기가 소용없다고 판단되어야 북한은 남한과의 대화나 교류, 통일을 위한 협의에 응할 것이기 때문이다. 따라서 한국은 비핵화에 대한 미련에서 벗어나 북한의 핵무기 사용을 억제하는 데 정책의 중점을 전환하면서 재래식 전력이지만 자체적인 억제책을 구비하고, 미사일방어망을 강화하며, 북한이 핵무기로 공격하고자 할 경우 선제타격하여 파괴할 수 있는 대책을 강구해야 한다.

그러나 현재 상태에서 가장 확실한 억제방책은 미국의 확장억제를 강화하는 일이다. 미국은 세계 최강의 핵전략을 구비하고 있기 때문에 미국의 확장억제가 이행되는 것만 확실하다면 북한이 아무리 많은 핵무기를 개발해도 선뜻 사용할 수 없을 것이기 때문이다. 한국은 전반적인 차원에서 한미동맹을 강화하고, 한미 양국 국방부 간에 편성되어 있는 '억제전략위원회'나 정부 차원에서 구축된 '확장억제정책협의체'를 활성화하며, 한미연합사령부도 더욱 강화하여 북핵에 대한 효과적인 억제책을 강구하도록 해야 한다.

최근 북한이 ICBM과 SLBM을 개발함에 따라 미국의 확장억제가 불안해지고 있다는 점에서 이제는 한반도 주변에 미 핵무기를 전진배치하여 확장억제의 신뢰성을 강화하는 문제도 심각하게 논의해볼 필요가 있다. 과거처럼 지상에 배치하는 방법도 있지만, 전술핵무기를 탑재하고 있는 미국의 전략잠수함으로 하여금 동해안에서 상시 활동하도록 하는 것도 효과적일 수 있다. 더욱 극단적인 상황에서는 자체적인 핵무기를 개발할 수 있도록 핵무기 개발의 잠재력도 점검하면서 대비해야 할 수도 있다. 가용한 모든 노력을 경주하여 북핵을 억제한 상태에서 통일방안을 검토 및 추진해야 실효를 기대할 수 있다.

2. 평화적 합의통일에 대한 의지와 비전 보유

한국 정부와 국민은 북한의 경제사정이 악화되어 불안정 사태가 발생할 경우 한국이 경찰이나 군대를 보내어 북한을 편입시킬 수 있다는 생각에서 벗어나, 동서독의 경우처럼 북한의 지도자와 북한 주민들의 의견을 충분히 수렴하여 합의통일을 달성한다는 생각을 하여야 한다. 북한의 지도자나 주민들이 요구 및 합의하지 않을 경우 통일은 불가능하고, 따라서 평화공존 상태로 살아갈 방도를 강구해야할 수도 있다. 이러한 점에서 정치권, 언론과 지식인, 전문가들은 물론이고, 대부분의 국민도 북한에서 심각한 불안정 사태가 발생하였을 경우 동서독의 사례를 참고하여 합의통일로 전환하려면 어떤 조건이 필요하고, 이를 위하여 평소에 무엇을 어떻게 준비해야할 것인가를 적극적으로 논의할 필요가 있다.

평화적 합의통일을 위한 최우선의 조건은 이에 관한 국가지도층의 확고한 의지, 비전, 그리고 상황처리에 대한 단호함과 지혜이다. 독일 통일의 경우 콜 총리를 비롯한 서독 수뇌부들이 모범적인 태도를 가졌다는 점에서 이를 참고할 필요가 있다. 이들은 통일에 대한 신념과 지혜로써 동독과의 통일과정을 체계적으로 추진하였을 뿐만 아니라, 미국, 러시아, 프랑스, 영국이라는 전승 4개국의 동의를 받아내는 데 성공하였다. 따라서 현 정부는 북한의 새 정부와 평화적 합의통일을 추진하는 데 필요한 기본적인 방향과 계획을 수립하고, 지속적으로 발전시켜 나가야할 것이다. 국가의 지도층은 이 문제를 깊게 고민하고, 전문가의 의견을 경청해야 할 것이며, 무엇보다 독일의 성공사례를 구체적으로 학습하여 한국의 상황에 맞도록 적용하고자 노력해야할 것이다. 평화적 통일달성을 위한 개략적인 방향이 국가 지도층들에게 공유되어야할 것이고, 정부가 교체되더라도 지속적으로 인계되면서 보강되어 나가야 한다.

3. 한국 주도위한 국제적 여건 조성

남북한 간의 평화적 합의통일을 위해서 한국 정부가 우선적으로 노력해야할 일은 한국의 주도적 역할에 대한 주변국의 지지를 확보하는 것이다. 국제법적으로 한국이 개입할 수 있는 명분이 불분명하고, 한국은 약소국이라서 강대국이 허용하지 않는 상태에서 독단적으로 통일을 추진하려면 상당한 위험을 각오해야할 것이기 때문이다. 문제는 주변국들 설득해 나가는 논리인데, 민족동질성이나 한국의 헌법 제3조와 같은 국내적인 사항으로는 설득력이 크지 않다. 한국은 제2차 세계대전 이후 강대국의 분할 점령에 의하여 분단되었기 때문에 국제사회가 이를 복원시켜줘야 한다는 점을 강조하거나, 북한 주민의 생활이나 북한 경제의 재건을 비롯하여 북한이 직면하고 있는 모든 문제를 한국이 담당하겠다고 약속함으로써, 즉 책임을 자임함으로써 권한을 확보할 수도 있다. 독일이 동독에 대하여 했듯이 한국도 북한의 모든 채무를 인계받겠다는 것을 약속할 수도 있고, 통일 이후 남북한의 보유하는 군대규모도 주변국이 허용하는 최소한의 수준을 준수할 것임을 약속하여 외부의 우려를 불식시켜야 할 것이다. 북한 문제 처리를 위한 자신감, 미래 수립해놓은 계획, 인적 및 물적 자원의 가용성 등을 적극적으로 설명하거나 과시함으로서 한국의 주도적 처리에 대하여 주변국이 신뢰하도록 하는 것도 중요하다.

한국 주도의 통일 추진을 위하여 북핵 처리는 주변국에게 위임한다는 자세를 가질 필요가 있다. 핵무장한 통일한국을 허용할 주변국은 없을 것이기 때문이다. 일부 충성심이 강한 북한군이 핵무기를 장악한 후 남한을 공격하겠다고 위협할 수 있다는 점에서 미국은 물론이고 중국과 함께 북한의 핵무기를 우선적으로 장악하여 처리도록 허용하지 않을 수 없다. 북한에 존재하는 핵무기 생산 관련 시설들에 대해서도 미국을 중심으로 한 강대국들이 협의하여 처리하도록 보장해야할 것이다.

북한의 불안정 사태를 평화적 합의통일로 연결시키고자 한다면 정부는 평소부터 북한 지도층 및 주민들과의 우호적인 관계를 유지하여야 한다. 이들이 남한을 우호적으로 생각하지 않으면 남한에 의한 처리를 요청하지 않을 것이고, 북한이 한국을 초청하지 않으면 한국이 북한 사태에 개입할 수가 없기 때문이다. 이러한 점에서 한국은 북한 정권보다는 북한 주민들을 더욱 우선시하는 대북정책을 수립 및 추진할 필요가 있고, 다양한 방법으로 개혁 성향의 북한 인사들을 잘 식별하여 유대관계를 구축해둘 필요가 있다. 통일이 될 경우 그들에게 피해가 가지 않는 것을 물론이고 상당한 혜택도 돌아갈 것이라는 점을 전달하여 안심시켜야할 것이다.

한국 주도의 문제 해결을 국제사회가 쉽게 인정해주지 않을 경우 차선책으로 한국은 유엔이 주도하는 해결방안을 수용할 수도 있다. 이 방안은 한국이 주도하는 것보다는 못하지만, 중국이 주도하는 것에 비해서는 훨씬 안전하고, 시행 과정에서 한국 주도와 유사한 효과를 기대할 수도 있기 때문이다. 유엔이 주도할 경우 중국이나 러시아가 사사건건 거부권을 행사할 우려도 있지만, 반대로 중국이나 러시아가 의도하는 바가 있어도 미국, 영국, 프랑스가 거부권으로 차단할 수 있다. 유엔이 주도하더라도 행동력의 대부분은 한국이 담당해야할 가능성이 높고, 그렇게 되면 자연스럽게 한국이 바라는 결말로 유도할 수도 있다. 유엔의 의한 북한 문제 해결은 민족문제의 "자주적 해결"을 허용하지 않는다면서 반대여론이 국내에서 발생할 가능성도 없지 않는 바, 언론과 지식인들은 이 방안에 대한 심도 깊은 논의를 통하여 장단점을 국민들에게 정확하게 전달할 필요가 있다.

4. 평화적 합의통일 조건 준비

평화적 합의통일을 위한 여건이 조성되면 그 다음은 그것을 실제로 구현하는 일인데, 이것은 제3장에서 독일의 사례를 통하여 설명 및 입증한 바가 있다. 그 사항을 한국의 상황에 적용하여 필요한 준비방향을 설명하고자 한다.

1) 평화적 통일 측면

북한의 불안정 사태나 정권교체를 평화적 합의통일로 연결하기 위해서는 북한을 대표하는 지도자 또는 정부와 긴밀하게 협력하지 않을 수 없다. 북한을 대표하여 결정하는 사람이나 조직이 존재하지 않을 경우 합의통일은 불가능해지기 때문이다. 이러한 점에서 북한에서 불안정 사태가 발생하여 혼란스러워지면 한국은 흡수통일을 추구할 것이 아니라 새로운 지도자나 정부가 조기에 수립되도록 북한을 적극적으로 지원해야 한다. 그런 다음에 그 새 정부를 최대한 존중하면서 필요한 사항을 협의하고, 합의된 부분을 차근차근 이행해 나가야 한다. 합의통일이 완성될 때까지 북한에 대한 통제권을 북한 정부가 갖고 있다는 점을 유의하고, 그 정부가 자유민주주의 질서를 선택하도록 지원해야 한다.

평화적 합의통일을 보장하고자 한다면 한국은 어떤 상황에서도 군대의 투입을 자제해야 한다. 군대가 투입되는 순간 평화적인 이미지는 없어질 것이고, 주변국들은 물론이고 북한 주민조차 합의통일의 의지를 의심할 것이기 때문이다. 이것 또한 북한 정부와 협력해야할 사항이지만, 북한 정부가 자체의 조직과 인원으로 내부적인 치안을 유지할 수 있도록 적극적으로 지원해줄 필요가 있다. 상황이 워낙 심각해져서 북한 정부가 요청할 경우 경찰병력을 우선적으로 보낼 필요가 있고, 요청에 따라 군대를 보내더라도 무장의 정도를 상황에 부합되도록 적절하게 잘 조절해야 할 것이다. 그 과정에서 북한 주민이 살상당하는 등 예기치 않은 사고가 발생하지 않도록 최대한 유의하는 것도 매우 중요하다.

평화적 합의통일은 의도는 좋지만 기간이 오래 걸리고 협의 및 합의 과정에서 어떤 상황이 발생지 알 수 없다. 상황이 악화되거나 북한의 정부가 합의하지 않아서 통일 자체가 어려울 가능성도 없지 않다. 이렇게 될 경우 군대를 동원하여 조기에 통일과정을 마무리하고자 하는 유혹도 발생할 수 있지만, 통일을 지체하더라도 폭력사태는 허용하지 않겠다는 태도가 필요하고, 그렇게 해야 한다. 폭력을 동원할 경우 통일도 어려워지지만, 통일을 이룩한다고 해도 상당하면서도 지속적인 후유증이 발생할 수 있다. 정치지도자부터 어떤 상황에서도 평화적 합의통일을 추구하겠다는 자세를 보유해야 하고, 국민들도 그러한 자세를 공유하면서, 북한측에도 이러한 점을 전달할 필요가 있다.

2) 주민의사 확인 측면

남북한 간 합의통일을 위해서는 통일에 대한 북한 주민들의 의사를 확인하는 절차를 반드시 거쳐야 한다. 그러한 절차를 무시할 경우 도중이나 나중에 통일의 정당성 여부에 대한 시비가 제기되어 무산될 수도 있기 때문이다. 북한 주민의 의사는 대의기관인 최고인민회의를 통하여 확인할 수도 있지만, 그것으로는 미흡할 가능성이 크다. 북한의 최고인민회의가 공정한 선거에 의하여 선출된 것도 아니고, 선거 시에 남한과의 통일 방향을 두고 주민들의 의견을 물은 것도 아니기 때문이다. 따라서 통일 자체에 대한 주민들의 찬반 의견을 묻거나 아니면 독일처럼 기존의 최고인민회의를 해산한 후 통일에 대한 찬반을 물어서 새로운 최고인민회의를 구성할 수도 있다.

통일에 대한 주민의사를 확인하는 주체는 북한의 새로운 정부여야 한다. 남한 정부는 지원할 수 있지만, 주도해서는 곤란하다. 한국 정부가 간섭한다는 느낌을 갖는 순간 북한 정부나 북한 주민이 반발할 수 있고, 그렇게 되면 전체적인 통일과정이 잘못될 수 있기 때문이다. 객관성을 가진 국제사회 요원들이 참여하여 투표를 공정하게 관리하거나 지원할 수는 있을 것이다. 북한 주민의 경우 자유로운 투표의 경험이 적다는 점에서 공정성 보장을 위한 국제사회의 적극적인 조치가 매우 중요할 수도 있다.

추가적으로 간과하지 않도록 유의해야하는 사항은 북한에 존재하는 구(舊)세력의 통제와 회유이다. 일부 이외에는 이들의 대부분은 새시대의 흐름에 동참시켜야 할 것이기 때문이다. 이러한 점에서 이들이 불안하게 생각하는 바를 사전에 파악하여 안심을 시킬 필요가 있고, 이들에 대한 린치 등이 발생하지 않도록 유의할 필요도 있다. 다만, 이들 중의 상당수가 세력을 형성하여 변화에 저항할 수도 있다는 점에서 그렇게 될 경우 이들을 확실하게 통제할 수 있는 방안도 마련해 두어야 할 것이다.

3) 내부 절차 측면

평화적 합의통일을 위한 내부 절차에 관한 사항에 있어서 한국은 상당한 연구와 토론이 필요하다. 지금까지 대부분이 주장하는 것은 '통일헌법'을 통과시키는 것이고, 이를 위한 초안을 만들어 제시하는 경우도 없지 않다. 한국의 공식적 통일방안인 '민족공동체 통일방안'도 1단계 화해협력과 2단계 남북연합 단계를 거쳐서 3단계 통일국가로 이행하는 과정으로서, 통일헌법 초안을 만들어서 이것을 민주적인 방법과 절차를 거쳐서 확정한 다음에 총선거를 실시한 후 정부를 구성하도록 되어 있다. 그러나 남북 정부가 합의하는 통일헌법 초안을 작성하는 것 자체가 너무나 어렵고, 토론 과정에서의 심각한 이견이 발생할 경우 통일 자체를 어려워질 수 있다.

독일통일은 한반도와 동일한 분단의 상태에서 한쪽이 불안해진 결과로 다른 한쪽이 주도하는 통일의 성공사례라는 점에서 통일의 절차에 관해서도 독일의 모델을 수용하고자 노력할 필요가 있다. 동독이 서독의 헌법 제23조를 수용함으로써 통일의 절차가 무척 간편해졌고, 그로 인한 이견이 전혀 발생하지 않았기 때문이다. 이러한 점에서 남북한의 경우도 대한민국 헌법 제3조, 즉 "대한민국의 영토는 한반도와 그 부속도서로 한다."는 조항을 북한 주민이 수용하여 한국의 일부가 될 것이냐에 대한 의사를 물어서 결정하는 방식을 검토해볼 수 있다. 이 조항을 선택할 경우 북한이 남한에게 편입되는 것으로 해석되어 북한 주민이 반발할 수 있고, 남한에서도 이의를 제기할 가능성이 높지만, 내부 절차는 통일을 위한 편의라고 한다면 가장 손쉬운 통일을 보장하는 방법일 수 있다.

그럼에도 불구하고 유사시에 이를 적용하고자 할 경우 명분론에서 북한이 반대할 가능성이 높고, 내부적으로도 통일헌법 제정을 주장할 사람이 적지 않을 것이라는 점에서 헌법 제3조를 선택할 것이냐, 통일헌법 제정을 추구할 것이냐에 대해서는 평소부터 충분히 토론하여 장단점을 국민들에게 알리고, 대체적인 합의를 형성해둘 필요가 있다. '통일헌법'을 추진하는 쪽으로 합의가 이뤄질 경우 그에 따른 부작용을 해소할 수 있는 철저한 조치가 병행되어야할 것이다. 또한 이후에 한국이 헌법을 수정할 기회가 발생할 경우 북한이 편입을 원할 경우 쉽게 수용할 수 있는 절차를 포함시킬 필요가 있다.

이 외에도 통일과정에서 남북한이 협의 및 합의해야할 실질적인 사항이 적지 않을 것이다. 독일의 경우처럼 화폐를 통일하는 문제가 우선이고, 군사통합의 방향도 협의 및 합의할 필요가 있다. 북한에서 불안정 사태가 발생하였기 때문에 협의 과정에서 북한에게 불리한 사항이 부과될 가능성이 있는데, 그렇게 되지 않도록 남한이 더욱 많이 양보한다는 자세를 가질 필요가 있다. 이러한 점에서 남북한 수뇌부가 긴밀하면서도 솔직하게 협의하고, 독일보다 더욱 평화롭고 더욱 부작용이 적은 합의통일을 성사시키겠다는 각오로 국민들을 설득해 나가야할 것이다. 필요하다면 독일의 전문가를 초청하여 중재역할을 부탁할 수도 있다.

4) 국제적 절차 측면

남북한의 합의통일과 관련하여 필수적인 국제적 절차가 존재하는 것은 아니다. 남북한은 패전국이 아니고, 동시에 유엔에 가입한 정상의 국가이기 때문이다. 그렇지만, 한국은 미국과 동맹이고, 북한은 중국과 동맹관계라는 점에서 이들로부터 통일에 적극적으로 협력 및 지지한다는 공개적인 의사표명을 요청할 필요는 있다. 여기에 러시아와 일본이 참가할 수 있고, 그렇게 될 경우 합의통일은 더욱 신속하면서도 내실있게 추진될 수 있을 것이다.

1953년 휴전협정에 대한 국제적 처리는 필요할 수 있다. 현재 남북한이 국경을 존중하여 대치하고 있는 것은 이 휴전협정에 근거하는 것이고, 남북한이 통일되면 이것은 폐기되어야할 것이기 때문이다. 이 휴전협정의 서명 당사자가 남북한이 아니라 중국과 북한의 군사령관, 그리고 유엔군사령관이라는 점에서 국제적인 협의가 필요할 수 있다. 이들이 만나서 휴전협정의 종료를 선언해야 하는지, 아무런 행동이 없이 자동적으로 사멸되도록 하는 것이 타당한 지에 대해서도 토론이 필요하고, 특히 미국과의 협의가 선행되어야할 것이다.

VI. 결론

 지금까지 한국은 남북한 통일은 당연히 남한이 주도하는 자유민주주의에 의한 통일이 될 것이라고 생각하고 이를 위한 논의를 전개하여 왔다. 그러나 북한의 핵무기 개발로 상황은 매우 달라졌다. 북한은 군사력으로는 남한에 대하여 우위를 갖게 되었고, 따라서 북한이 통일을 주도할 가능성이 높아진 것이다. 이러한 점에서 한국은 통일방안을 논의하기 이전에 북한의 핵무기 사용이나 위협을 억제할 수 있는 확고한 방책부터 강구해야 한다. 특히 유사시 확장억제의 이행 가능성을 높일 수 있도록 잠수함 형태 등으로 미국의 핵무기를 한반도 또는 그 주변에 배치함으로써 현장 억제력을 강화하는 방안을 적극적으로 고려해야할 것이다.
 북핵을 억제하는 상태에서 한국은 북한 내부적인 변화가 발생하거나 정권이 교체되는 상황이 발생하면 이를 통일로 연결시켜야 하는데, 그 때 가장 유용할 수 있는 모델은 독일통일의 사례이다. 서독은 동독이 불안정해진 상황에서 통일을 추진하였고, 동독의 정부 요청에 의하여, 동독 주민들의 요구를 바탕으로 평화적 합의통일을 추진하였기 때문이다. 이러한 과정을 거쳐야 통일의 국내적인 후유증도 없어질 것이고, 국제적인 승인을 받는데도 문제가 없을 수 있다. 당연히 한반도와 독일의 상황에는 차이점이 존재하겠지만, 차이점을 잘 유념하면서도 공통점을 찾아서 한반도 상황에 맞는 새로운 합의통일의 모델을 만들어 나가야할 것이다.
 북한에서 내부 정세가 불안정해지면서 정권교체가 발생하는 상황에서 통일에 대한 합의를 이끌어내고자 한다면 한국의 정치지도자와 국민들은 평소부터 평화적 합의통일에 대한 확고한 의지와 비전을 구비해야 한다. 지금까지는 북한에게 불안정 사태가 발생하면 저절로 통일로 연결된다거나 한국이 군대를 보내어 접수하는 방안이 주류를 이루었는데, 그것은 현실적이지 않기 때문이다. 정부와 지식인들은 북한의 불안정을 활용하여 남북한 간의 평화적 합의통일을 달성하는 데 관한 제반 사항을 세부적으로 검토하여 분명한 정책방향을 설정하고, 이를 구현하는 데 필요한 세부계획을 발전시키며, 그러한 사항들을 국민들에게 적극적으로 설명하여 폭넓은 공감대를 형성하도록 만들 필요가 있다. 그런 다음에 북한의 불안정 사태를 한국이 주도적 해결해 나가는 데 대한 국제사회의 승인을 획득하거나 강대국을 설득해 나가는 논리들을 발전시켜 나가야 할 것이다.

평화적 합의통일을 위한 조건을 준비하는 데 있어서 가장 중요한 것은 대한민국 헌법 제3조 즉 "대한민국의 영토는 한반도와 그 부속도서로 한다"는 것을 수용함으로써 절차를 단순하게 할 것이냐, 아니면 새로운 '통일헌법' 초안을 제정하여 장기적으로 이상적인 국가체제를 확립할 것이냐이다. 현재로서 대부분의 국민들은 후자를 선호하겠지만, 통일헌법 초안의 내용을 논의하는 과정에서 통일의 모멘텀을 상실하는 것은 물론이고, 오히려 분열이 가중될 수 있다. 한국의 헌법 개정이 얼마나 어려웠는지를 상상해보면 알 수 있다. 따라서 이 문제도 이상에만 치우칠 것이 아니라 합의통일이라는 결과를 만들어내는 것이 중요하다는 현실적 차원으로 접근할 필요가 있다.

북한에서 불안정 사태가 발생하거나 정권교체가 일어날 경우 한국이 일방적으로 통일을 추진하는 것이 아니라 독일식의 모델을 참고하여 평화적 합의통일을 이룩하겠다는 점을 사전에 대내외에 분명히 천명하는 것도 유용할 수 있다. 그렇게 되면 모든 사람들이 통일이 어떻게 진행될 것인지를 분명하게 이해할 수 있고, 따라서 실질적인 토론도 보장될 것이기 때문이다. 국제사회도 한국의 움직임을 예측할 수 있다고 판단하여 반대하거나 의심하지 않을 것이다. 독일이라는 선례가 있는데 그것을 최대한 활용하지 않는다는 것은 잘못된 것이다.

■ 참고문헌

김동명. 2010. 『독일통일, 그리고 한반도의 선택』. 서울: 한울아카데미.
김병호. 2014. "독일통일의 현장 경험에서 본 한반도통일 담론." 『한국독일사학회 학술발표대회 논문집』.
박현숙. 2011. "윌슨의 민족 자결주의와 세계 평화." 『미국사연구』 제33집.
박휘락. 2020. "북한 급변사태 시 독일식 합의통일의 적용: 당위성과 과제 검토." 『입법과 정책』 제12권 2호.
송기복. 2010. "정보사회 민주주의의 이론적 재검토: 직접민주제 구현 vs. 대의민주제 보완." 『美國憲法硏究』 제21권 3호.
양창석. 2011. 『브란덴부르크 비망록: 독일통일 주역들의 증언』. 서울: 늘품플러스.
염돈재. 2012. "독일통일의 교훈과 한반도 통일." 『한국보훈논총』 제11권 2호.
오삼언. 2020. "독일 통일과정 산림 및 환경분야 협력 분석: 동독(독일) 정책문서를 중심으로." 『북한연구학회보』 제24권 1호.
유철종. 2018. "러 핵전문가 "북한 30~35개 핵탄두 보유…연 7개 생산 능력." 『연합뉴스』 (6월 11일).
이준섭. 2020. "독일통일에 있어 경제통합의 기조도서의 상법, 화폐, 기업회계제도의 통합에 관한 연구." 『기업법연구』 제34권 3호.
이혜경. 2019. "독일 통일 이후 신연방주 교육제도 통합과정 연구." 『북한연구학회보』 제23권 2호.
이호근. 2020. "독일 통일 30주년과 분리통합에 대한 연구: 독일의 전후 '분리와 통합'의 동학을 중심으로." 『동서연구』 제32권 3호.
정용길. 2013. "독일통일과정에서의 동서독관계와 남북관계에의 시사점." 『저스티스』 제134권 2호.
제성호. 2010. 『남북한 관계론』. 서울: 집문당.
조의준·김진명. 2020. "北, 美전역 때릴 수준까지 왔다." 『조선일보』

(11월 30일).

통일부. 2020. "민족공동체통일방안." https://www.unikorea.go.kr/unikorea/policy/Mplan/Pabout/(최종검색일: 2020/10/27)

Kristensen, Hans M. and Korda, Matt. 2020. "Status of World Nuclear Forces,"https://fas.org/issues/nuclear-weapons/status-world-nuclear-forces/ (최종검색일: 202/10/19).

Zagurek, Michael J.. Jr. 2017. "Hypothetical Nuclear Attack on Seoul and Tokyo: The Human Cost of War on the Korean Peninsula." *38 North Informed Analysis of Events in and around North Korea* (October 4).